国内首部提供K线公式设计源码的实战作品

一根K线决定成败

曹明成　谭文◎著

一个操盘手年均获利2-3倍的技术心法

- 作者在网易民间高手模拟炒股大赛中，名列前三强
- 超级畅销书《一本书看透股市庄家》姊妹篇，百万散户翘首以盼
- 中国最大的专业财经类网站和讯网隆重推荐
- 单日K线、组合K线、见底K线、攻击K线、见顶K线、整理K线、底升顶落K线，为你点亮跑赢大盘的道路

立信会计出版社
LIXIN ACCOUNTING PUBLISHING HOUSE

图书在版编目（CIP）数据

一根K线决定成败/曹明成,谭文著.——上海：立信会计出版社,2015.2

（擒住大牛）

ISBN 978-7-5429-4472-6

Ⅰ.①一… Ⅱ.①曹… ②谭… Ⅲ.①股票投资-基本知识 Ⅳ.①F830.91

中国版本图书馆CIP数据核字（2014）第296007号

策划编辑　蔡伟莉
责任编辑　陈　旻
封面设计　久品轩

一根K线决定成败

出版发行	立信会计出版社
地　　址	上海市中山西路2230号　邮政编码　200235
电　　话	（021）64411389　传　真　（021）64411325
网　　址	www.lixinaph.com　电子邮箱　lxaph@sh163.net
网上书店	www.shlx.net　电　话　（021）64411071
经　　销	各地新华书店
印　　刷	廊坊市华北石油华星印务有限公司
开　　本	787毫米×1092毫米　1/16
印　　张	19.5　插　页　1
字　　数	347千字
版　　次	2015年2月第1版
印　　次	2017年1月第7次
书　　号	ISBN 978-7-5429-4472-6/F
定　　价	48.00元

如有印订差错，请与本社联系调换

序一 我为什么不讲价值投资[1]

理财一周报记者/林奇

"在中国的资本市场,我从来不讲价值投资。所谓的价值,不过是给庄家炒作的理由而已。我选股思路是跟庄,操作理论讲究趋势为先。"

——曹明成

私募大鳄曹明成是私募圈内资深的操盘手,曾在多家咨询公司及投资机构任职,直接参与过多次大资金的操盘。

1999年"5·19"行情中,曹明成因成功阻击网络科技股而一战成名。

在互联网行情中,曹明成亲身领教了亿安科技、海虹控股等庄家李彪、蔡明的狠辣操盘手法。

在股海中摸爬滚打十几年的老曹,博客名为"十年股灰",在东方财富网的财经博客中排名第十四位。

从湘财证券的一名普通经纪人做起,再到操盘手、主操盘手、私募基金经理,曹明成经过10多年的实战,总结出"曹氏八线",并著有《吃定庄家》、《擒庄实战技法》、《庄家内幕揭秘》、《K线实战技术精要》和《庄股经典出货模式》等书。

"11月还有两本书出版,今年可能还有两本书稿,有出版社约稿了,但还没写完。"曹明成如是介绍。

10月26日,曹明成接受《理财一周报》专访,揭露了许多不为人知的坐庄、跟庄内幕。

阻击网络股一战成名

理财一周报:像许多私募基金经理一样,您也是从经纪人做起的?

曹明成:差不多,早年和李华(第二代操盘手)是一批。最早是在湘财证券。离

---

[1] 2009年11月7日,东方早报理财一周对曹明成先生的人物专访,刊登在"资本大亨"版面。原文标题为:"私募大鳄曹明成:坐庄岁月里的那些往事"。

开湘财证券后，跟老板做操盘手，后来干脆出来单干了。

理财一周报：是不是因为做操盘手待遇都不太高？

曹明成：操盘手要看是什么样级别的，资深的主操盘手负责决策，与老板有分成，待遇还可以。

理财一周报：当时做操盘手都经历过哪些比较大的战役？

曹明成：最早是阻击网络科技股的那一年了，阻击网络科技股不是自己坐庄，是跟庄。当时发现有大批私募资金成堆地扎入了网络科技概念类的股票，不少同类题材的股票都在底部放量，大资金入驻明显，就开始关注这个题材。

理财一周报：发现此类股票后是直接跟进吗？还是后来跟进的？

曹明成：先是试探性跟进。后来科技概念股开始成为当时的热点。与以往的概念炒作不同，这次很意外的是：炒作之后，入驻的庄家资金不见撤退，这在以往的概念炒作中是很少见的。当时经过考虑之后，就把所有的资金全线投入该类题材股。

理财一周报：这样追题材股会不会很冒险？

曹明成：这是很大胆的做法，当时遭到其他辅助操盘手的非议。因为这样做风险大，概念股炒作成热点后，一般都开始进入高位，这个时候介入，弄不好就成了庄家出货的牺牲品。

理财一周报：那为什么还决定满仓追进，当时是怎么考虑的？

曹明成：当时是依据庄家的操盘手法判断的。大量的庄家资金入驻了该类题材股，而在第一轮炒作之后，还在高位加仓。显而易见，目标不在短期。

理财一周报：当时网络股您跟的是哪只？

曹明成：做了很多只，蔡明的海虹控股就是其中的一只。

理财一周报：这波物联网炒作海虹控股也是龙头，您觉得这波物联网会不会像当初的互联网一样爆炒起来？

曹明成：这波物联网入驻的庄家资金还远远不够，暂时没有那种可能。但庄家的炒作计划可能会因为行情的变化而变化。就像当年的网络科技股，并不是开始大家都看好，后来"5·19"井喷，人气被完全带动，大量的私募资金进入了。因此，就出现了炒作一波后，新资金大量入驻，造就了一轮两年的行情。

亲身领教李彪跌停板洗盘法

理财一周报：当时最有名的应该是罗成操控下的亿安科技，您跟的是这只吗？

曹明成：网络科技股的行情从1999年5月开始，直到2001年，经历了1年多时间，这轮题材的炒作，只要与网络科技挂边的都被炒作起来了。其中的龙头亿安科技、海虹控股、四川湖山都被炒作到了非理性的高度。亿安科技是第一个百元股，是罗成坐庄，操盘主要是郑伟和李彪负责。海虹控股是蔡明坐庄。去年李彪去世的时候我知道消息的。

理财一周报：李彪总感觉对不起自己的弟弟，知道具体是为什么吗？

曹明成：他弟弟是李彬，当时坐庄亿安科技用的是金易投资公司，郑伟是控制人，法人代表写的是李彬的名字，但李彬是圈外人，后来被扯进去了，被搞得很惨。据说李彪没有办法救无辜的弟弟，导致了李彬的破产，并差点入狱。

理财一周报：李彪是什么样的人？

曹明成：现实中的李彪长得比较斯文，光头戴眼镜，但行事泼辣，脾气有些暴躁。郭庆、李彪、蔡明，这些都算是第一代操盘手，他们比我早一代，我那时候是小字辈。李彪操盘非常凶悍，他当时发明了跌停板洗盘法，鬼神莫测。

理财一周报：连续跌停，只要看盘操作无一幸免，当时亿安科技启动前就是连续3个跌停板。

曹明成：这种手法在当时很难判断。

理财一周报：为什么很多早年的庄家都不得善终？

曹明成：早年的操盘手生活都不太好，心理压力大，真正功成名就的极少。一部分人是被查了或逃亡了，另一部分人在后来的4年熊市（2001-2005年）中又赔进去了。

理财一周报：那4年熊市够惨的，2008年也很惨。

曹明成：2008年的大熊市也是套了很多的庄家。

理财一周报：当时为什么没有跟进亿安科技？

曹明成：亿安科技不敢跟。开始完全是逼空。强势股就是这样，一开始逼空，散户不跟进，继续逼空，开始震荡，散户眼红了，进去了，再拔高，出货了。

亿安科技当年也是被逼上去的，前期的计划肯定没想要炒那么高。拉到40元的时候，没有人敢买了，怎么办，接着拉。亿安科技控盘最后达到90%以上。其实玩到那个时候已经算失败了，最后出货比较艰难。

理财一周报：有个庄家跟我讲过，说很多筹码是在跌破100元后卖给了抢反弹的人。

曹明成：平均没有那么高。出货的平均价格，我们那时候判断应该在40元左右。60元左右制造假反弹，结果还是很少有人买。市场信心没有了，下跌趋势形成了。最大的抢反弹成交量在27元左右。平均出货价位在40~50元。

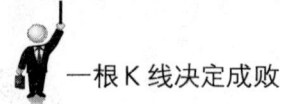

理财一周报：庄家要出货一般都要先跌很多吧？

曹明成：一般庄家拉到离谱的位置，出货的价位定在下跌一半的位置，通过做假反弹出货。

信奉自己的操盘理念

理财一周报：您信奉价值投资吗？

曹明成：在中国的资本市场，我从来不讲价值投资。所谓的价值，不过是给庄家炒作的理由而已。我选股思路是跟庄，操作理论讲究趋势为先。

理财一周报：看来您是趋势派。

曹明成：我自己有一套操盘理念，在趋势形成之后，形态明朗之后才操作。但又不等同于右侧交易，我的买入点在次低点或次次低点，卖出位在次高点或次次高点。

理财一周：那您的这些东西是跟谁学的呢，还是自己悟的？

曹明成：自己悟出来的。早年是受一位老股民的启发，一位比较执著的老股民，他完全依据10日线买卖，获利很稳定。

理财一周报：线上持股，线下持币？

曹明成：是的。简单地说，可以用这8个字来概括。

理财一周报：这方法最厉害，化繁为简了，但很多人不经过多年的实战永远不理解。可是单独只看一个10日线会不会有点片面？

曹明成：我当时研究这个10日线很长时间，但也发现很多弊端。首先一点，如果不判断趋势，依据10日线买卖会在平衡市里不知所措。另外，10日线经常被庄家作为洗盘的工具。实战中操作纪律最重要，比如下降通道就是线下持币，需要放弃所有的诱惑和机会。

理财一周报：您现在主要看些什么指标？

曹明成：都是一些我自己的指标，帮我写指标的有一个工作室，我提供我的思路，他们帮我完成。我有个学生叫谭文，他是这方面的高手。现在计算机信息技术太发达了，把传统技术分析与计算机分析相结合，真的是事半功倍。我们原来为了总结一个形态，自己画图，花大量的时间统计，再分析和总结，现在计算机可以在很短的时间内全部做完。

（原文中对当时行情的看法，作了删节。本期采访的电子版地址在：http://www.licaiyizhou.com/content.jsp? category=00008&id=1074）

序二 我认识的"小曹"与"老曹"

李 华

近年来市场上的股票类书籍渐有泛滥之势，且良莠不齐，多有鱼目混珠之作，真正能指导投资者实战应用的作品可谓少之又少。然最近读曹明成先生主笔的实战系列丛书，感觉甚好。细读之下，书中不乏作者多年实战的经验心得与"不传之密"，实为"用心之作"，相信读者阅后当有所裨益。

我与曹明成先生相识已久。初识其人，还是1997年在湘财证券的营业部，当时因本人虚长几岁，故称他为"小曹"。其时的"小曹"瘦瘦小小，貌不惊人，书生气十足，亦没有什么名气。后常有散户打听"曹明成"，发展到不断有大户托我的关系来约"曹先生"吃饭，这才让我刮目相看。再到1999年的狙击网络科技股一战成名，早年的"小曹"已经成为了当时湘楚一带赫赫有名的"老曹"。

几年后我们也相继开始了单干，都有了自己的事业，与曹明成先生联系渐少。偶闻他的消息也只是在报刊杂志上见他的跟庄理论的文章。这次接他的电话让我为丛书写序，颇感意外。在我的印象中，他身体并不太好，甚至可用"体弱多病"四个字来形容，又常沉溺于股票实战之中，写书这种耗时耗力之事，以他一人之力怎能办到？

见面后我才知道，原来他这几年收了一个得意门生——谭文。谈论间他得意之色溢于言表："已得我九成功力。"小谭属于新时代的复合型人才，精通计算机编程，自行钻研了传统技术分析与计算机海量数据模拟测试相结合的分析方式，丛书的写作过程就曾大量使用计算机模拟测试的论证，纠正了许多人力所无法克服和发现的错误，使书中的理论更趋于完美，大有青出于蓝更胜于蓝之势！真是后生可畏！

"曹氏八线理论"是曹明成与谭文师徒两人多年实战理论研究的结晶，曾被股民朋友冠以"零风险操作理论"的美誉。该理论我个人觉得至少有两点值得推崇：一是最大限度地回避了风险；二是几乎不会错过任何一波有价值的行情。炒股不是纸上谈兵，能在实战中真正做到稳定获利的理论才是好理论。

我了解曹明成先生的实力，更了解曹明成先生的为人。他不会忽悠人，他主笔的丛书更不会忽悠人！

鉴于此，我愿为此丛书作序，并向全国的广大股民朋友们推荐。

（作者原为湘财证券高层管理人员，现为广东某私募基金总裁）

序三　跟庄是战略，K线是战术

中国的证券市场有两个特征：一是政策市；一是庄家市。中国的庄家有翻天覆地之能，基本面一塌糊涂的股票经过庄家的精心包装，便穿上了漂亮的外衣，翻出数倍的行情，最终还能体面地甩卖给市场上的投资者。而大多数的散户在这个过程中并不知情，深深落入了庄家事先策划、设置好的各式陷阱之中，一次又一次地成为埋单者，亏损累累，苦不堪言。

散户朋友若想摆脱这个困境，在与"庄"博弈之中占据赢面，就需了解庄家、研读庄家，清楚庄股炒作的种种潜规则。本书试图对庄家的内涵予以剖析，让投资者从中对照，减少掉进陷阱的概率，增加实战的成功率。

笔者早年曾参与过大资金的运作，接触过大大小小不少的庄家，熟知其中的一些故事。本书以笔者的亲身经历，介绍了庄家坐庄的详细手法，揭秘了庄家内部一些鲜为人知的内幕，以及与上市公司、股评和其他中介机构相互勾结的种种黑幕。书中所列举的一些违规案例，都是经过了监管部门的查处和媒体的披露，皆有根可查，非笔者杜撰。在此，借用思想型学者章诒和的话来说："往事并不如烟。"

今天，随着监管力度增强和相关法制的完善，这些违规现象将会越来越少。2009年5月15日，证监会主席尚福林在出席陆家嘴论坛演讲时表示，市场法律环境日益改善，执法效率得到加强。5年来，我国共制定和修订各类法律、法规307件，占资本市场现行有效法律文件的73.1%，为我国股票市场规范发展提供了重要的保障。

本书的编写，感谢北京兴盛乐书刊发行有限公司的策划约稿，感谢立信会计出版社蔡伟莉等老师的编辑指导。由于笔者水平有限，书中的观点与理念不一定成熟，很高兴与各位朋友探讨。我的邮箱caomingcheng@yeah.net，QQ：150610568，网址：www.8stock.net。同时我们也接收大资金的理财合作，欢迎来函交流。

曹明成　2011年1月初稿

2014年12月二稿

序四　修订再版时的话

2011年我写作的《K线技术精要》《庄家那些事儿》两本书出版后获得了很好的市场反响，得到了和讯网、新浪财经、搜狐财经、凤凰网、中国财经网等众多媒体的联合推荐。《K线技术精要》被认为是国内首部提供公式源代码的实战作品，填补了形态分析、电脑操作与中国股市大数据相结合的市场空白；《庄家那些事儿》一书更是被誉为"中国版《股票大作手回忆录》"。

这些都是笔者始料未及的。从笔者的角度来说，也仅是自己十多年来的股市经历与操盘心得，整理归纳之后与读者朋友们分享，远谈不上经典。感谢同行的认可，感谢投资朋友们的厚爱。这也是我和谭文在紧张的投资之余，笔耕不辍的动力源泉。

其实读者朋友们对丛书的喜爱和追捧，更多的应该是来自追求与"庄家"的信息对称、交易平等与市场自由的心底渴望。笔者曾接到一些读者的来信："曹大师，您那一套庄家理论已经过时了吧？新时代股市已经没有庄家操控了吧？"可惜的是，这还只能是一个美好的愿景。资本的贪婪本质决定了股市的博弈永远是血腥的。在各项政策法规未完全规范之前，操纵的快感决定了庄家对股市不会放弃。我们对庄家的研究远未结束。

在过去的2014年，大盘行情在8月启动，但创业板和小盘股的牛市行情早在一年前就来到了，过半数的庄股都提前实现了翻番。这两个板块中存在着大量的庄家暴力操作痕迹。如果要寻根问祖，在笔者的书中都能一一找到对应的原型。

在书中，笔者希望通过对庄家操作手法的透视、对庄家内幕的揭露，让真相接近我们，让证券市场的雾霾远离我们！

修订版根据当前市场的变化增补了一些庄家新的操作手法，对部分章节进行了修改与合并，剔除了部分重复内容。如此"与时俱进"和"去芜存菁"之后，形成了一个渐趋严整的新套系，第一辑先出版三本，分别是：

- 《一本书看透股市庄家》，以亲身经历讲述庄家坐庄的流程与手法。
- 《一根K线决定成败》，延续第一版的基本内容，重新验证了K线组合在实战中出现的概率。

- 《一本书看透买点与卖点》（待出），从实战盘口分析入手，讲述买卖点时机的把握之道。

人生有涯，而知也无涯。祝愿投资朋友能感受到学习实战技术的乐趣，然后学以致用，用投资改变人生，用智慧创造财富。

感谢修订再版本书的立信会计出版社及蔡伟莉女士，也感谢图书策划人赵涛先生的真诚和努力。

曹明成

2015年元旦

目 录

第1章 破解K线的奥秘 1
K线及其起源 2
K线本质及庄家骗线 4
K线图上的买卖点 8
高胜率选股模式 11
公式源码的应用 19

第2章 单日K线应用技巧 23
K线应用基础 24
不同大小K线的应用法则 27
光秃型K线的应用法则 30
长影型K线的应用法则 32
星型K线的应用法则 38

第3章 组合K线应用技巧 41
组合K线的投资要领 42
组合K线的六字形态 43
攀援线与滑行线 45
跳高线与跳水线 47
压迫线与奉承线 48
覆盖线与切入线 50
包容线与孕妊线 52

第4章　见底形态K线组合 · 55

早晨之星 · 56
好友反攻 · 62
曙光初现 · 65
旭日东升 · 70
低位五连阳 · 74
三阴抄底 · 79
跳空三阴 · 82
跳空下跌三星 · 85
布林突破 · 89
定海神针 · 96
突出重围 · 99
金鸡报晓 · 101
裂谷反转 · 104
雄鹰展翅 · 109
一阳包两阴 · 111
突变性阳线 · 113
芝麻开花 · 115
夹心饼 · 117
平底谷 · 120
周线三阴 · 122
谷底惊雷 · 125
双　底 · 130
圆　底 · 136
头肩底 · 141

第5章　攻击形态K线组合 · 149

红三兵 · 150
三个白武士 · 154
三阳开泰 · 157

上升三部曲	161
平台突破	164
巨阴洗盘	168
步步高	172
三阳反转	174
冉冉上升	177
跳空上涨	179
低位并阳	181
连续上下影	183
波段买点	185
鸭头上攻	188
孕育线	192
上升三角形	194

第6章 见顶形态K线组合 199

黄昏之星	200
乌云盖顶	203
淡友反攻	206
倾盆大雨	208
双飞乌鸦	211
三只乌鸦	214
一阴穿三线	216
三阴反转	218
裂谷下跌	220
两阴一阳	222
高位避雷针	224
后继无力	231
节节败退	233
平顶	235
黑云压城	239

双　顶 241
头肩顶 244
圆弧顶 249

第7章　整理形态K线组合 253

下降三部曲 254
高位五连阴 257
连续十字星 259
跛脚阳线 261
下降覆盖线 263
上升分离线 265
下降分离线 267
连续假三阳 269
连续并列线 271
对称三角形 273

第8章　底升顶落型K线组合 279

黑三兵 280
穿头破脚 283
镊子线 286
尽头线 288
身怀六甲 291
十字胎 294

第1章
破解K线的奥秘

毫无疑问，K线理论已经成为世界上最权威、最古老、最通用的股市技术分析理论，被广泛应用于股市和期货市场。K线图有直观、立体感强、携带信息量大的特点，代表市场上的多方和空方势力消长的情况，能充分显示股价趋势的强弱、买卖双方力量平衡的变化，因此可用于探测股价的趋势，并可较为准确地预测后市走向，是一种在各类传播媒介、电脑实时分析系统中应用较多的技术分析手段。

从本质上来看，K线就是市场行为的具体体现，是市场参与者用资金与筹码博弈后留下的痕迹，表现了市场参与者真实行动的轨迹。通过仔细研究K线所表达出的含义，就能更早地获知市场上的准确信息，先入两步知道市场的运行方向，把握买入卖出的最佳时机。因此，K线分析是股市实战和操盘技巧中最重要的一环，也是投资者研究技术分析的必修课之一。

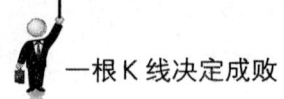 一根K线决定成败

K线及其起源

什么是K线？K线就是记录市场价格变化情况时所使用的一种图示法，又被称为蜡烛图。由于K线来自日本以前的米市中买方和卖方喊价情况时所留下来的记录，因此又有米线之称。K线的发明者是日本德川幕府时期的本间宗久，当时他在大阪的堂岛大米会所进行大米的期货交易。他深入研究了大米价格的历史纪录，凭借过人天赋，很快积累了大量的财富。后人根据他的交易心得以及记录价格的方式，逐渐将价格图表演变成蜡烛图。而他进行交易时所使用的方法被称为酒田战法。

这一起源于18世纪日本米市用来表示米价变动的分析方法，后被引用到证券市场，其间经过了一番修正与改进。进而演变成为目前我们所熟识的K线图，同时也成了股票技术分析的一种理论。

一根K线记录的是股票在一天内价格变动的情况。将每天的K线按时间顺序排列在一起，就组成了股票价格的历史变动情况，即K线图。K线是一种特殊的市场语言，其不同的形态有着不同的含义。

K线是由实体和上、下影线组成的图形。开盘价与收盘价之间的部分称为实体，实体以上的部分称为上影线，实体以下的部分称为下影线。将某一周期的最高价和最低价，垂直地连成一条直线，然后找出这一周期的开市价和收市价，把这两个价位连接成一条狭长的长方柱体。假如这一周期的收市价较开市价高（即低开高收），则以红色来表示，或者在实体上留白，这种柱体就被称为"阳线"。如果当日或某一周期的收市价较开市价低（即高开低收），则以绿色表示，又或是实体涂黑，这种柱体就是"阴线"了。如下页图1-1所示。

K线的另外一种形态叫同价线。同价线是指收盘价等于开盘价，两者处于同一个价位的一种特殊形式的K线。同价线常以"十"字形或"T"字形表现出来，故又被称为十字线或T字线。

根据计算周期可将K线分为分时K线、日K线、周K线、月K线、季K线和年K线。日K线是指以一天中的四个价位确定。周K线是指以周一的开盘价、周五的收盘价以及全周最高价和全周最低价来画的K线图。月K线则是指以一个月的第一个交易日的开盘

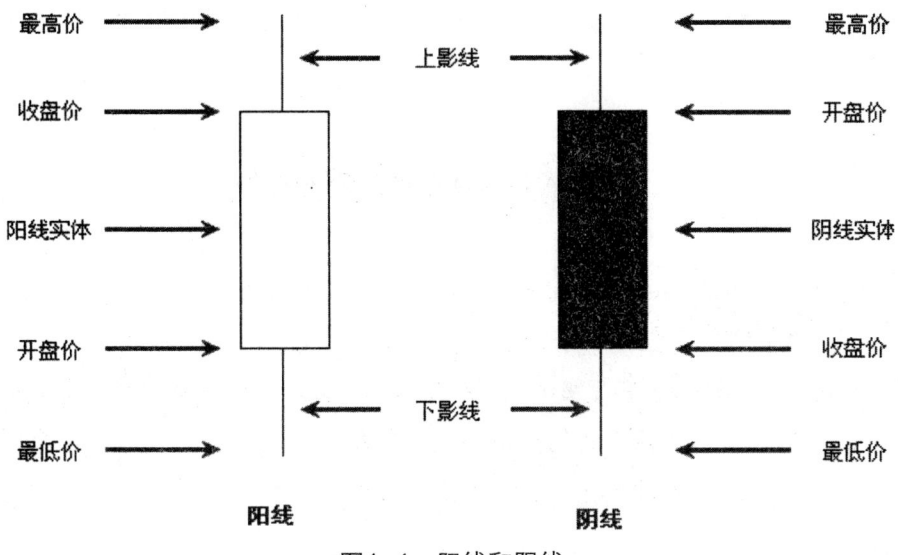

图1-1 阳线和阴线

价、最后一个交易日的收盘价以及全月最高价与全月最低价来画的K线图。同理可以推得季K线和年K线的定义。周K线和月K线常用于研判中期行情。对于短线操作者来说，则要研判日K线和分时K线。分时K线由短时间内的开盘价、收盘价、最高价和最低价组成，包括5分钟K线、15分钟K线、30分钟K线和60分钟K线等。分时K线反映的是股价超短期走势。

　　人工绘制K线图非常繁琐，现在电脑股市软件已很普及，无论绘制什么样的K线都很方便。由于电脑自动操作代替了手工劳作，因此，能够身体力行、亲自动手绘制K线图的投资者越来越少。但作为投资者，必须懂得绘制K线的原理和方法，这对研判股市走势和买卖股票都很有好处。初学股票技术分析的投资者，最好能在最初的一段时间内亲自绘制大盘或某些个股的K线图，用心体会，仔细思考为何如此开盘，为何如此收盘，为什么会有如此之长的上影线或下影线，为什么会形成这样或那样的K线组合，这对于培养自己的技术分析能力、提高预测行情动态的胜算等大有裨益。比如，笔者当年带操盘手，都要求操盘手必须在事先手工绘制K线。一只股票坐庄完成，每个操盘手绘制K线的纸张都堆积如山。

K线本质及庄家骗线

一、K线走势及其本质

K线所包含的信息是极为丰富的。以单根K线而言,一般上影线和阴线的实体表示股价的下压力量,下影线和阳线的实体则表示股价的上升力量。若上影线和阴线实体较长,则说明股价的下跌动量比较大;若下影线和阳线实体较长,则说明股价的扬升动力比较强。

多根K线按不同规则组合在一起,又会形成不同的K线组合。这样的K线形态所包含的信息更为丰富。例如,若在涨势中出现乌云盖顶K线组合,则说明可能升势已尽,投资者应尽早离场;若在跌势中出现曙光初现K线组合,则说明股价可能见底回升,投资者应不失时机地逢低建仓。可见,各种K线形态正以它所包含的信息,不断地向人们发出买进和卖出的信号,为投资者看清大势、正确地买卖股票提供了很大帮助,从而成为投资者手中极为实用的操盘工具。

K线的本质决定了K线在上涨或下跌过程中会出现暂时性表现和决定性表现。K线的暂时性表现就是当价格上升趋势过程中出现的暂时性下跌或价格下降趋势过程中出现的暂时性上升。K线的决定性表现就是K线价格的真实走势,在上升趋势中的上涨就是K线在上升过程中的决定性表现,在下降趋势中的下跌就是K线在下降趋势过程中的决定性表现。K线的决定性表现是市场的真实反映,而K线的暂时性表现是市场的骗线,如后面章节提到的"连续假三阳"。

二、K线图中的骗线

骗线可分为两类,即技术骗线与庄家骗线。技术骗线信号只是偶然性因素造成,出现原因如下:一是由K线价格运动中的偶然性因素造成的;二是由大盘指数的助涨或助跌作用造成的。而庄家的骗线则是人为的故意伤害。一般来说,技术上的骗线通常是极少的,我们平常提到的骗线主要是指庄家骗线。

顾名思义,庄家骗线是指庄家设计出"美妙绝伦"或"惨不忍睹"的股票走势线路图,诱骗那些主要靠技术分析中的线路图来作为自己投资决策的投资者掉进"多头陷阱"或"空头陷阱",从而便于庄家自己高价出货或低价进货。

作为一种基础技术分析手段,K线不可避免地在某些场合被庄家所利用。一般来说,短周期的K线容易出现骗线,长周期的K线极少出现骗线,因为对于庄家来说,长期制作骗线的风险与成本都是巨大的。从散户的角度来看,骗线也是市场参与者在当时用真实的资金或筹码来实现的,所以研究骗线也是具有一定的意义。

精通和熟悉技术分析的投资者都知道,一旦股票"出线",即超过支撑点或压力带,就预示着新的低价或新的高价时期可能来临。此时投资者自然不会轻易放过做多头或空头的机会,以便获取丰厚的利润。

《孙子兵法》中的始计篇曰:"兵者,诡道也。故能而示之不能,用而示之不用,近而示之远,远而示之近……"庄家在策划运作过程中是深谙"兵者,诡道也"的妙用的,K线中的暂时性表现呈现出来的骗线就是庄家在股市战场上"兵者,诡道也"的使用。在K线价格运行于上升趋势过程中,K线的暂时性下跌就是"故能而示之不能";在下降趋势过程中,K线的暂时性上升就是"近而示之远,远而示之近"。股价的真实性是下跌,但却示之以反弹上升。兵不厌诈是战场上的常态,股市博弈中的骗线也是股市投资中的常态。

庄家设计"骗线"的关键点在于让股票"跌破"成交密集的支撑位(即所谓"破位"),或是"穿越"牢不可破的"压力带"(即所谓"出线"),诱使投资者卖盘杀出,抑或买盘抢进,从而中计。

三、庄家常用的骗线手法

股市里真相与假象混杂,馅饼与陷阱同在,庄家手法真真假假、虚虚实实、似进实退、欲涨先跌。特别是在撤退过程中庄家经常采用各种骗线手法,以吸引跟风盘。下面列出一些庄家常用的骗线手法。

(一)拉尾市

有些个股在整个交易日内都风平浪静,而在邻近收市的几分钟庄家却突然袭击,连续数笔大单将股价迅速推高。此类拔苗助长式的拉抬通常表明庄家并无打持久战的决心,而是刻意在日线图上制造出完美的技术图形。有时则是该股已进入派发阶段,庄家在盘中减仓之后,尾市再将股价拉高,一可避免走势图出现恶化,二是将股价推高,为次日继续派发腾出空间。如银山化工(000675)某年4月17日的走势平稳,基本在上日收盘价之下运行,尾市庄家迅速出击,将股价拉至涨停,收一根带长下影线的

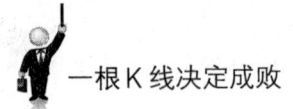

长阳。如此刻意做作，反而说明庄家去意已决。果然，第二天该股股价冲高后快速回调，成交超过600万股。拉尾市使庄家派发的空间一天扩大了10%。

（二）假突破

一个整理形态的向上突破，常能吸引技术派人士纷纷跟进。例如有效突破三角形、旗形、箱形时，常会出现一定的升幅。庄家往往利用人们会抢突破的心理制造骗线。如长江投资（600119）从7月开始，股价进入高位箱体内整理。9月15日长阳突破箱顶，价涨量增，从第二天继续拉出长阳，但强势并未能持续多久，第三天即冲高回落，同时放出巨大的成交量，跳水动作开始，短短两个月股价即被腰斩。投资者一旦发现为假突破，应及时止损。

（三）假填权

不少个股摆出填权的架势，股价在除权后亦短暂走强数天，但很快便一蹶不振。如某年4月6日华信股份（0765）10送转5除权，留下10元左右的除权缺口，除权后股价不断走高，但仅将缺口封闭一半，填至29元附近便连续收阴。类似的个股较多。对于除权类个股能否填权，投资者首先要把握大盘的走势。一般来说，大盘处于牛市时，庄家多会顺势填权；而大盘走弱时，填权走势十有八九为假，投资者买股时要特别小心。

实战中在分析一幅K线图表时，若发现K线走势中的虚假骗线信号越多，则庄家存在的可能性就越大。

四、上、下影线的骗线

上、下影线对K线的判断非常重要，但由于市场内大的资金可以操控个股价位，影线偶尔也会被大资金用作骗线。上影线长的个股，并不一定有多大抛压；而下影线长的个股，并不一定有多大支撑。也就是说，见到个股拉出长上影线或长下影线，就立即抛股或买入并不一定正确。

首先以下影线为例，如果下影线是由于盘中快跌吸引了大量资金的介入，从而推动股价恢复上涨的，则表示下档支撑强；如果盘中出现全天慢跌，直至尾盘才被突然拉高，这说明庄家资金仅仅是为了维持强支撑的假象，后市该股仍然有进一步下跌的趋势。

其次以上影线为例．有些庄家在拉升股票时，操作谨慎，当欲创新高或股价行进到前期高点时，均要试盘，即用上影线试探上方抛压。如果上影线长，但成交量未放大，股价始终在一个区域内收带上影线的K线，这多是庄家试盘；如果在试盘后该股放量上扬，则可安心持股；如果转入下跌，则证明庄家试出上方确有抛压，此时可跟庄抛股，一般在更低位可以接回。还有些刚刚启动不久的个股，有些庄家为了洗盘、震仓，往往用上影线吓走一些不坚定持仓者，吓退欲跟庄者。因此并非所有的上影线都是抛出的信号。

在实战中，投资者要注意观察K线形成的过程。例如，同样一根中阳线，而盘中呈现稳步推高的中阳线和尾盘瞬间拉高的中阳线虽然外表一样，但是其技术含义是不同的。操盘中观察的要点大致有以下几个方面：

（1）股价是先涨后跌，还是先跌后涨，这对次日开盘乃至全日都可能产生较大影响。

（2）应排除早盘和尾盘的人为因素，如大幅高（低）开或高（低）收。

（3）比较K线涨跌的时间、力度或角度。

（4）观察与K线配合的成交量，过强的走势不但不能延续，而且通常预示中短期的重要转折即将出现。

综上所述，投资者在运用K线理论时，不仅要看K线形成的结果，还要看盘中股价的形成过程；不仅要看K线的四个价格，还要看成交量的配合情况以及均线系统的变化；不仅要看单日K线，还要看K线组合。这样才能得到更加全面准确的分析结果。

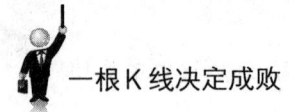
一根K线决定成败

K线图上的买卖点

在实战操作中,寻求波段上理想的买点和卖点,一直是技术派人士所孜孜追求的。依据K线图寻求合适的买、卖点,依然可以参考波浪理论的精髓:越不过高点一跌,不破前低点一涨。

一、不破最低价的买点

(1)在大盘或个股下跌一段时间后,股价运行在前一交易日的最低价之上,有止跌趋稳迹象。此时,空仓者可考虑适量建仓,持仓套牢者可注意第二天的走势。若连续两天盘中探至前一日最低价处,要立即止跌;若下影线上移,可适量补仓,摊低成本。

(2)在大盘或个股的上升途中,若股价维系在前一天的最低价之上,可买进或继续持股。即使震荡洗盘或盘整,也可逢低买入。持股者不必急于抛出,以免错失行情。

(3)若股指或股价跌至支撑位,仍在前一天最低价之上,则属强势,可逢低买进。

(4)若指数下跌了25%~30%,个股长时间下跌后突然翻转回升,且3~6天内不创新低,即是买进时机。这比第一根放量阳线时买进更安全。

(5)从K线上看到高空跳水30%~50%的套牢庄股,在底部横走,或N型,或M头,或W底,只要收盘不创新低,可以买进。

(6)若成交量极度萎缩,KD和RSI指标在20以下,指数或股价在各条均线的下方甚远,此时日K线不管是阴是阳,都可考虑买进。

(7)大盘或个股的利空出台,但前日的最低价不破,此乃诱空陷阱,或利空出尽,应即刻买进。尤其是当股价超过前一天的最高价时,更应加码买进。

二、突破最高价的买点

(1)在下跌趋势中,若股指或股价不仅不创前一日新低,反而连续突破前期最高价,且有量支持,这是庄家在拉高建仓,或想快速脱离成本区,可买进。

(2)在上升趋势,若股指或股价收在前一天最高价之上,呈持续强势,若属初涨期,可以买进;若属中期,持股者可不必急于了结。

(3)股指或个股长时间在底部盘整后,往上突破了颈线位,只要不放巨量,KD

和RSI指标在50左右，仍可买进，后市还能创新高。若放巨量，突破颈线拉，走出长阳线，且KD和RSI指标在70以上，可持股至次日开盘后半小时，再作处理。

（4）个股在低位经长时间盘整，若冲破上一周、上一月、60天内的最高价，甚至上一波的顶部，仍可适量买进。

（5）遭利空袭击，大盘指数创新低，各股均应声而落，唯有少数个股仍坚守前一天最高价之上，且成交量异常放大，则为强庄股，或有利多支撑，可适量买进。

三、无法突破高价的卖点

在股市中，卖出比买进更难。因为这常涉及个人的利益。卖得早了，就失去了股价再涨一段的利润；卖得晚了，则被套后，不仅账面赢利减少，甚至可能被彻底套牢。因此，股市中的卖点尤其重要。

（1）在大盘或个股K线上涨过程中，若无法超过上一个交易日的最高价，便有滞涨转弱之迹象。若连续多日无法超过前一天最高价，则需要考虑卖出。

（2）在大盘或个股下跌过程中，若反弹无法超过前一天的最高价，且量急速放大，表明庄家在压价出货，反弹已结束，应坚决抛空。

（3）连续上扬后，若指数和个股几次试图突破某一高点，均无功而返，高位出现M头或三重顶等顶部形态，量增价滞，或价滞量减，应卖出。

（4）在中高位，成交量急剧放大，但股指或股价收平，或K线上留下很长的上影线，表明上方抛压甚重，即应择机卖出。

（5）在高位，若成交量急剧放大，甚至创天量，KD和RSI指标均已达80以上，指数和股价在各条均线上方甚远，这是卖出的极佳时机。若持仓量大的投资者需要果断分批了结。

（6）大盘或个股的利多出现，但无法突破前期高价，此乃诱多陷阱，或利多出尽，应卖出。

（7）大盘创新高，但个股无法超过昨日的最高价，此乃弱势征兆，可卖出。

四、跌破此前低价的卖点

（1）大盘和个股K线在上升过程中，若盘中跌破上一交易日的最低价，甚至收盘价亦在前一日之下，表明走势较弱，即应卖出。

（2）在下跌过程中，若指数或股价无法回升到前一天的最低价之上，则将继续下跌，可卖出。

（3）调整时，若下午指数或股价无法回升到上午的最低点之上，亦应了结。

（4）在中高位，若日K线的上、下影线都很长，表明庄家在震荡中伺机出货，只是出不尽才于尾市拉高，应注意减磅。

（5）日K线在连续大幅上涨后，在高位出现巨量长阴，且无下影线，以最低点收盘，预示还将下跌，甚至暴跌，收盘前应卖出。

（6）若股指或个股跌破上一周、上一月、60天内的最低点，甚至跌破前一波行情的低点，则预示仍将下跌，应卖出股票。

（7）大盘或个股长时间横向盘整，最后却跌破前一日最低价且放量以长阴线收市，表明盘整失败，大跌在即，可以卖出。

值得投资者重视的是，上面以K线考察买、卖点，主要是从技术意义上来理解。在实际投资过程中，还必须结合基本面、政策面、消息面、市场面和庄家动向等方面的变化，灵活加以运用。

高胜率选股模式

K线蕴含着市场双方多空博弈的信息，正确解读K线中的"密码"，破解K线奥秘，无疑能更好地指导实战操作，精准地把握买卖时机。笔者这里以计算机海量数据统计的客观分析方式和大家一起探讨高胜率的选股模式。

一、传统技术分析模式的缺陷

股市中的技术理论总是让人充满了迷惑。美国投资专家葛兰威尔，发明了名扬天下的均线理论"葛兰威尔法则"。他在20世纪70年代美国股市涨到1200点时预测股市会大跌，结果，在其预测后的半年内的时间内，道琼斯指数涨到了2000多点。自此以后，他便在市场上消失了，从此再也没有见到他。有人说，他肯定后来也没赚什么钱，否则早上富豪榜了。许多经典的技术理论在实战中都有可能遭遇到如此的尴尬，看起来不错，用起来却不是那么回事。我们平时也会遇到一些类似的例子，某位专家总结的某个形态听起来很玄乎，举的案例好像也很经典，但自己用起来成功率并不高。这在一定程度上是传统技术分析模式的缺陷造成的，绝大部分使用者都在盲目地凭经验和感觉使用这些理论，并不清楚其实战成功率有多高。葛兰威尔法则能揭示股市运行的某些规律，但若在实战中简单运用该法则操作，其效果必然不会理想。

下面我们以分析家和大智慧新一代软件中的条件选股成功率测试程序为模型，用计算机对一些K线经典形态进行概率统计。我们对沪深两市所有A股股票进行测试，采用的是以买进目标股票20天内获利10%的成功率大小的国际标准为测试依据来判断投资方法的好坏。即在选出后的20天内，目标股票的利润最高至10%为成功。测试阶段选择1999年1月1日至2009年1月1日，这10年基本涵盖了慢熊、快熊、慢牛、快牛等各类市场环境，具有较好的模拟测试效果。而1999年之前股票市场的成熟度和市场规模相对稍差，与现在的市场环境相去甚远，一般不作为测试阶段。

"红三兵"K线组合在传统技术理论中被视为一个经典，不少的所谓"专家"在解盘的时候也常常提到这个名词，但其成功率有多高？我们用计算机的历史数据统计一下概率。

我们看到平均成功率仅有40.66%！如果依据该形态指导实战操作，那还不如掷硬币来得实在。如图1-2。

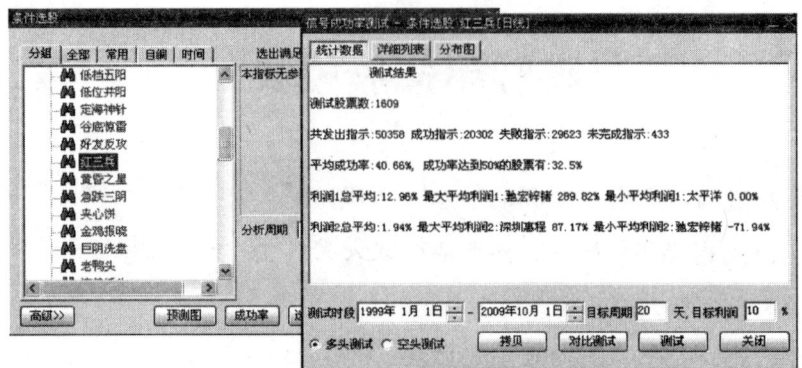

图1-2　"红三兵"日线

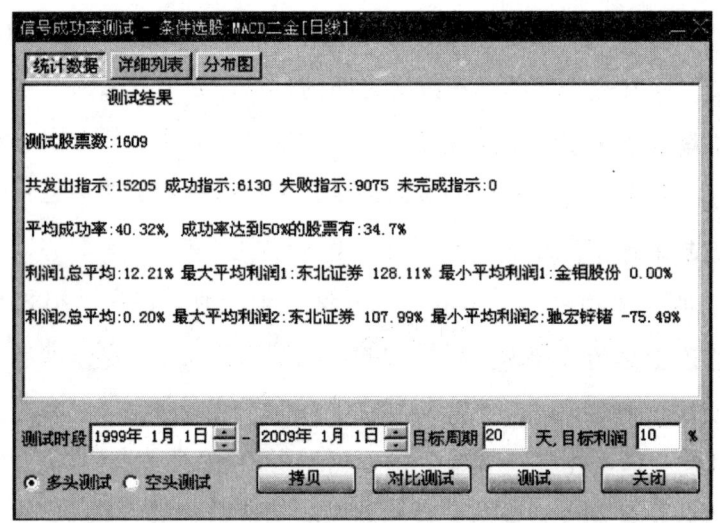

图1-3　"MACD二金"日线

如图1-3，MACD低位二次金叉选股的成功率仅为40.32%。

再看某位专家吹嘘的经典理论"老鸭头"，经计算机的概率统计，其20天内最高上涨10个点的成功率仅为44.76%。该形态的解析详见第五章第十四节"鸭头上攻"。如下页图1-4。

传统技术分析模式依据的是经验和感觉，凭借的是人工统计，因此，一些看似有效的方法经计算机的测试无一不显示出统计概率上的巨大破绽，暴露出传统技术分析模式的缺陷。本书中，对于K线组合形态中某些低成功率的传统形态将会给予点评，该类形态只适合用作辅助分析。

第1章 破解K线的奥秘

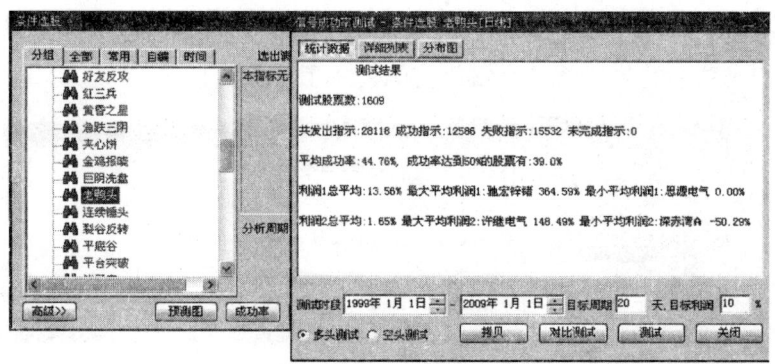

图1-4 "老鸭头"日线

实践是检验真理的唯一标准，实战成功率的大小是检验操作决策好坏的唯一标准。在计算机信息技术高度发达的今天，使用传统技术理论与计算机海量数据模拟测算相结合，能大幅度提高实战的成功率。某些经典的传统技术理论通过计算机的量化之后，再经过实战中长时间的不断优化，将能达到非常理想的效果。如图1-5，曹氏八线系统中的抄底选股公式"抄底4号"，测试成功率为86.09%（也就是说，在20天内，选出的股票获利10%的概率为86.09%），已经具备较好的实战意义。感兴趣的读者朋友可以到笔者的网站（www.8stock.net）索取。

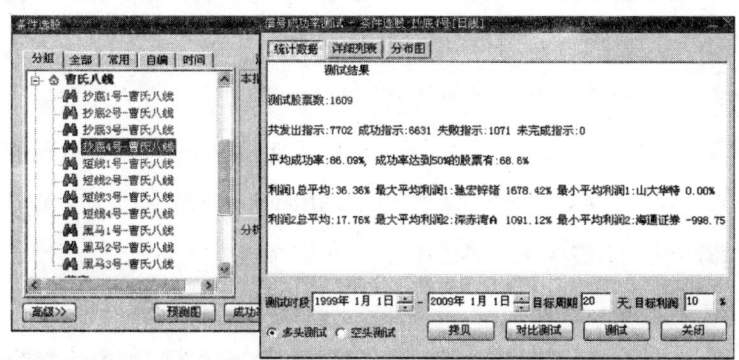

图1-5 "抄底4号"日线

二、高胜率选股公式的实战应用

我们使用高成功率技术指标及选股公式赢利模式时，需要注意以下几点。

（一）公式的成功率在合理范围

成功率太低自然没有实战意义，但也并非一定要单纯地追求公式的成功率。理论上来说，公式的成功率越高，获利的概率自然越高，但实际应用中我们发现，高成功率的公式往往会伴随着信号量少、信号过分集中于某一特定阶段、信号不可靠等缺憾。依据概率来说，成功率达到了60%就有了获利的基础，能达到70%就能稳定获利，而达到75%的成功率的公式就是非常优秀的公式了。如图1-6。

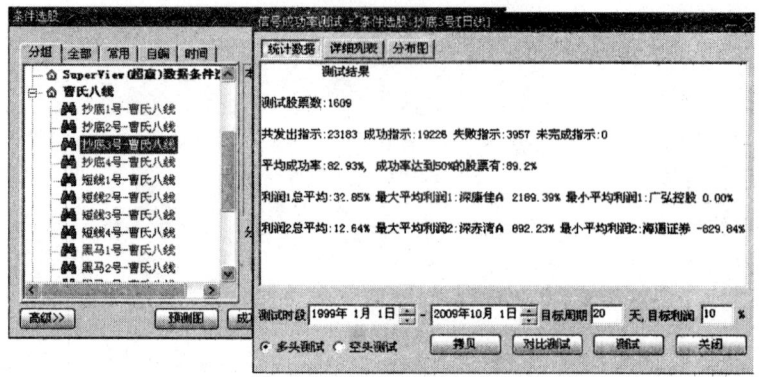

图1-6 "抄底3号"日线

曹氏八线系统中的抄底选股公式"抄底3号"，成功率虽然只有82.93%，但该公式信号量大，10年10个月内共发出指示信号23 183次，也具有极优的实战意义。

（二）信号出现的次数及分布情况

如果一个公式成功率极高，但信号出现的次数少，也是没有意义的。选股公式出击次数降到一年数十次甚至数次时，已经与随机事件没什么区别了，得出的都是随机性结论，可能不是什么规律。就好比我们扔硬币，可能扔了十次，十次是正面，那么就此可以得出结论：扔硬币出现正面的概率是100%吗？扔的次数太少了，不具备统计学意义。许多高成功的公式，往往是由于过度优化的结果，信号出现的次数已经变得极为稀少。如图1-7，"短线3号"虽然平均成功率达到了90%以上（短线采用的是10天5%，即10天内获利5%的概率是90%以上），但由于信号量不大，10年10个月仅有4587次，因此实战效果并不太好。

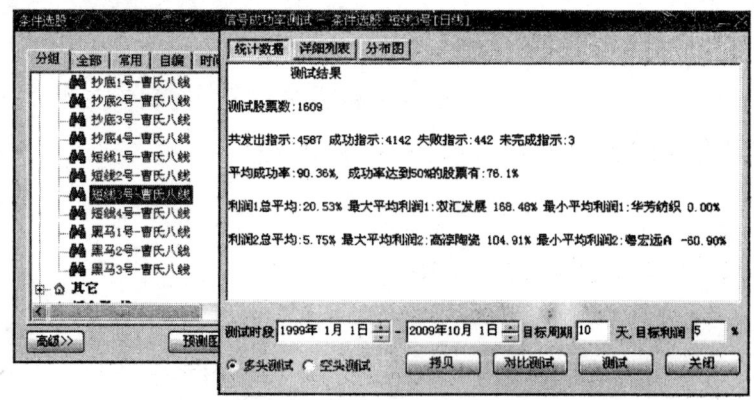

图1-7 "短线3号"日线

而如图1-8，平均成功率虽然达到了94.3%，但信号出现次数只有2 004次，只作监测之用。

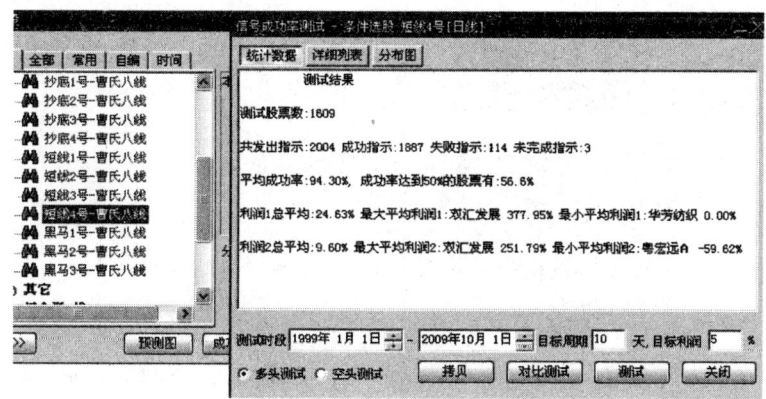

图1-8 "短线4号"日线

一般来说，信号量越大，信号分布越均匀，则实战效果越好。如果信号集中在某些特定的时间段，则也毫无意义。

（三）信号的可靠性

（1）首先要保证公式没有未来数据，即在当日能预警。现在网上出现的一些公式有些具有欺骗性，即成功率比较高，而预警时却不出现信号，可使用大智慧的"时光隧道"进行测试，或者将信号出现在那天以后的数据全部删除（注意先备份数据），然后使用"系统指示"，如果信号消失，则为假，坚决不用。

（2）信号连续重复出现。这是笔者在长期使用分析家和大智慧新一代软件时发现的一个软件的弊病，即如果选股公式的信号连续重复出现，则软件将依据最后一次的数值统计。如以20天10%为周期和目标进行测试，如果某只股票在10天之内连续发出3次信号，而第三次发出信号时已经较第一次发出信号下跌了10%，则软件将会依照第三次出现信号的数值进行统计，即只有随后的时间段内较第三次信号出现时股票上涨10%，那么三次出现的信号都算成功。只是软件自身的一个弊病，在测试中，可对公式进行修改，使用count函数对10天周期内只出现一次信号进行限制，如果测试的成功率与原公式成功率变化不大，则公式信号可信。

（四）信号的风险性

大部分使用者都只注意到了公式的多头测试的成功率，而忽略公式的高风险性。试想，如果一个公式的20天10%的多头测试成功率为80%（即20天内获利10%的概率是80%），但空头测试成功率也为80%（即20天跌10%的概率为80%），这类公式自然是

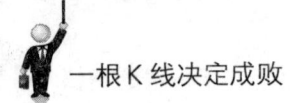

然是高收益的同时伴随着高风险,不可使用。分析家和大智慧新一代软件的公式成功率测试中,可注意测试结果中的"利润2总平均"这个数值,如果为负值或者利润不高,都需要提高警惕。

三、公式编写简要步骤

本书部分章节附有公式源码(笔者网站提供下载),但由于公式的描述与具体量化之间有差异,所有的公式源码仅供参考。

投资者如果有自己独特的K线设计思路,可以将其转化为可以应用的K线公式,将投资理念转化为数量分析,研发出适合自己的技术分析系统。将大量的简单重复运算交给计算机去完成,而自己只负责最终的研判和决策。公式编写在不同的分析软件中有一定的差异,但总体上是大同小异。这里以分析家和大智慧新一代软件为例,简要介绍一下公式编写的步骤,函数的详细使用方法请查阅相关资料。

1. 设定公式名称。

每个公式都有自己的名称,它由字母或数字组成,最多可以有9个字符。请注意,公式名称在同类公式中不能重复。

2. 描述公式。

用于简单描述该公式的含义,若输入,则在公式列表中会显示。

3. 注释公式。

用于描述一个公式如何使用、计算方法等内容。输入后,在有关窗口按"用法注释"按钮可以查看公式注释。

4. 设计技术指标公式语句。

公式的形式由若干语句组成。每个语句得到一个计算结果,对于技术指标,就是一条指标线,语句间用分号隔开。

一个语句由若干函数通过四则运算或逻辑运算而组成。函数是公式系统的基本成分,它是对数据做某种操作,如CLOSE()函数表示调用该分析周期的收盘价。函数由函数名称和参数组成,参数用函数名后的括号括起来,每个函数调用的参数可以是变量或常量,变量是一个随着时间变化而变化的数据,如收盘价;常量是一个不随时间变化而变化的数据。如函数REF(X,N)用于引用N周期前的X值,X是一个变量,N是一个常量,REF[close(),1]表示计算上一周期的收盘价。函数若需调用几个参数,则它们在括号内是有顺序的。若没有参数则可以省去括号,如CLOSE()函数没有参数,所以写成CLOSE和CLOSE()都可以。函数计算得到的结果是一个变量。

计算符将函数连接成为语句。计算符分为算术计算符和逻辑计算符。算术计算符有+、–、*、/，分别是对计算符两边的数值进行加减乘除计算；**逻辑计算符**有>、<、<>、>=、<=、=、AND、OR，分别是对计算符两边的数值做大于、小于、不等于、大于等于、小于等于、等于、逻辑与、逻辑或的逻辑运算，如果逻辑条件成立返回的计算结果为1，否则为0。如2>1的逻辑运算结果等于1，1>2的逻辑运算结果就等于0。

语句得到的计算结果连成线就是所谓的指标线，不同的语句就得到不同的线，为了在指标图形中互相区分，不同的线有不同的颜色，而且语句还可以有自己的名称，在指标图形中显示在左上角位置。语句名写在语句的前面，用一个冒号将它与语句隔开。语句"上日收盘价：REF（close，1）"就表示该语句REF（close，1）的名称为"上日收盘价"。该语句后面的语句若需引用它，则写公式名即可，如MA（上日收盘价，20）意思是对上日收盘价求20日平均。

5. 设计中间语句。

一个语句将显示一条指标线，一个复杂的公式往往有很多语句，而且有些语句没必要显示出来。这时我们可以把不需要显示语句定义为中间语句，中间语句的写法只需在一般语句的名称与语句之间的冒号后加个等号，即"：="即可。如语句"上日收盘价：=REF（close，1）"就表示该语句为中间语句。重复使用的语句也可以定义成中间语句。

6. 设计其他公式语句。

其他类型的公式显示的不是指标线，而是相应的操作，如条件选股公式显示的是选股结果，交易系统公式显示的是交易指示，五彩K线公式显示的是K线颜色。这些公式需要有一条或几条逻辑表达式表示这些操作的语句，当语句返回0时表示不需要进行相应的操作，当返回非0时表示需要进行相应的操作。其他的语句都应设定为中间语句。

条件选股公式只有一条逻辑表达式语句，用来表示选股条件是否成立，如CLOSE>REF（close，1）语句，表示选出当期收盘价高于上日收盘价的股票。其他的语句必须设定为中间语句，否则编辑器出现"只能有一个输出结果"的警示。

交易系统公式需要1~4条逻辑表达式语句，分别为多头和空头的切入切出条件语句，分别用ENTERLONG，EXITLONG，ENTERSHORT，EXITSHORT表示多头买入、多头卖出、空头切入、空头切出条件，当这些语句返回非0时，表示需要进行相应的操作。其他的语句必须设定为中间语句，否则编辑器出现"非交易信号变量只能用：=赋值"的警示。这四个条件中必须至少设定一个条件。

五彩K线公式可以有1~6条逻辑表达式语句，最多描述6种不同的颜色。

7. 设计计算参数。

我们有时需要调节公式中的常数来看公式的表现，可以直接进入公式修改，更方便的方法是用计算参数来指代公式中的常数，需要调节公式时不需进入公式，只需调节参数就可以了。比如，经常要修改REF（close，1）中的第二个参数1，这时可以把它设为一个计算参数N，公式写成REF（close，N），到时调节N即可。计算参数包括参数名称、最小值、最大值、缺省值四个部分。参数名称用于标识参数，本例中，我们将参数名定位N，计算公式时采用缺省值计算，而最小值和最大值是参数的调整范围。设定参数后，在图形分析窗口显示该指标时，指标名跟着有参数，右键点击参数即可对它进行修改。对于交易系统公式，每个参数还包括一个测试步长，在优化参数时系统从最小值到最大值逐一调整参数，每次调整的增量就是测试步长。如最小值1，最大值30，步长10，则系统将测试参数1，11，21。最大测试步数为10 000次。每个公式可以带有最多16个计算参数。

8. 其他语句。

有时我们想指定技术指标线的画法，这时我们可以在语句后加上线形描述符，描述该语句对应的指标线画法。线形描述符包括STICK：柱状线；COLORSTICK：彩色柱状线，当语句结果为正时显示红色，否则显示绿色；VOLSTICK：成交量柱状线，股价上涨时显示红色空心柱，下跌时显示绿色实心柱；LINESTICK：同时画出柱状线和指标线；CROSSDOT：小叉线；CIRCLEDOT：小圆圈线；POINTDOT：小圆点线。

五彩K线公式有用来描述显示K线颜色的语句，其实就是在语句后加上色彩描述符，之间用逗号隔开，表示当该句返回非0时K线的颜色。

9. 公式编制。

这里以第四章的"早晨之星"为例，将该形态编制为选股公式（注意：所有的标点都为英文标点）：

Var1：=ref（close，2）/ref（open，2）<0.95；

释义：第一天出现一根长阴实体。

Var2：=ref（open，1）<ref（close，2）and abs（ref（open，1）-ref（close，1））/ref（close，1）<0.03；

释义：第二天出现向下跳空低开的K线，且K线实体较小。

Var3：=close/open>1.05 and close>ref（close，2）；

释义：第三天出现一根实体长阳线，且收盘价超过第一天的开盘价。

早晨之星：Var1 and Var2 and Var3；

释义：同时满足前三个条件选股。

公式源码的应用

本书中部分形态附有公式源码，供读者在研究时作参考。读者可将源码手工输入股票行情软件，也可到笔者的网站www.8stock.net下载后导入股票行情软件。手工输入时请注意，公式中标点均为英文符号，如输入中文标点有可能出现"无法识别的定义符"的错误。公式在大智慧新一代、分析家、飞狐交易师、大智慧经典版等行情软件中测试通过，目前市场上行情软件太多，其他软件未作一一测试。

下面笔者就书中的公式源码如何应用，以大智慧新一代软件为例（其他软件大同小异），作一个简单的介绍。

打开大智慧新一代软件，打开菜单上的"公式"选项，进入"公式管理"，如图1-9。

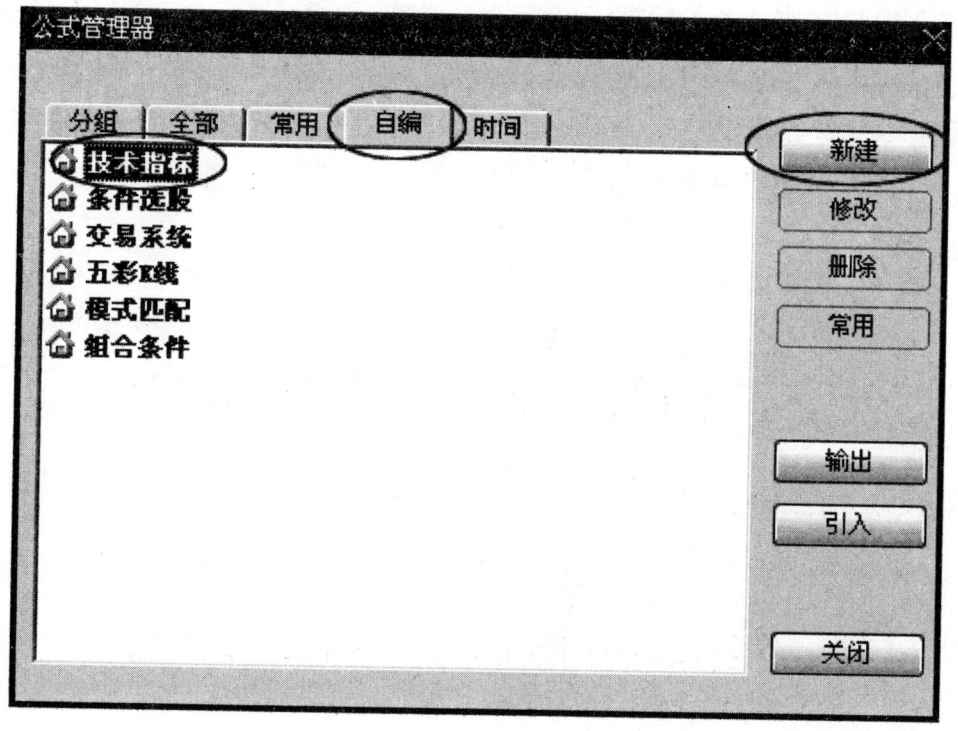

图1-9 "公式管理"

选择"技术指标""自编"，然后点"新建"，进入以下界面，如图1-10。

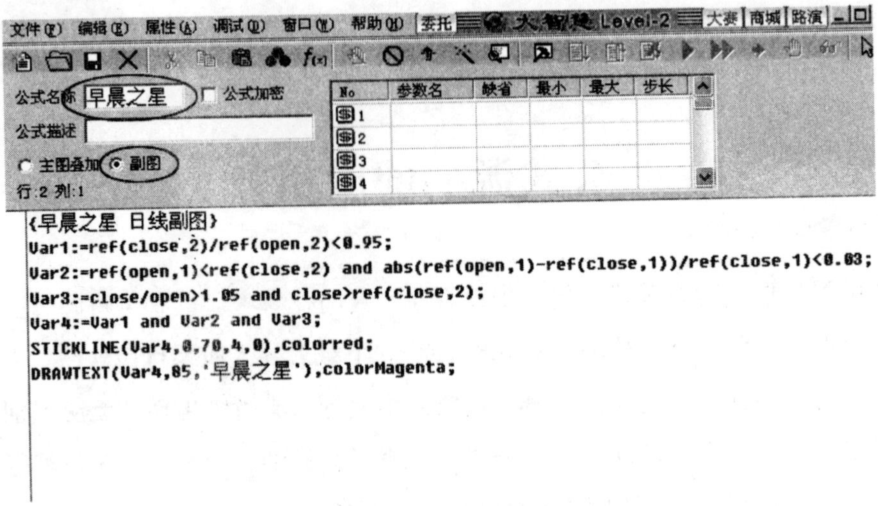

图1-10 新建界面

录入公式的源码，这里我们以"早晨之星"为例（见第四章第一节）。公式名称填写"早晨之星"，下方选择"副图"，保存，大功告成了。

我们选择一只股票，进入日线图界面，键盘敲入"zczx"后回车（"早晨之星"的拼音缩写，其他公式类推），这时我们可以看到副图上已经出现了"早晨之星"的公式界面，说明公式录入成功。如需恢复到原来的副图，则敲入原来的指标名称即可，如"MACD"（见图1-11）。

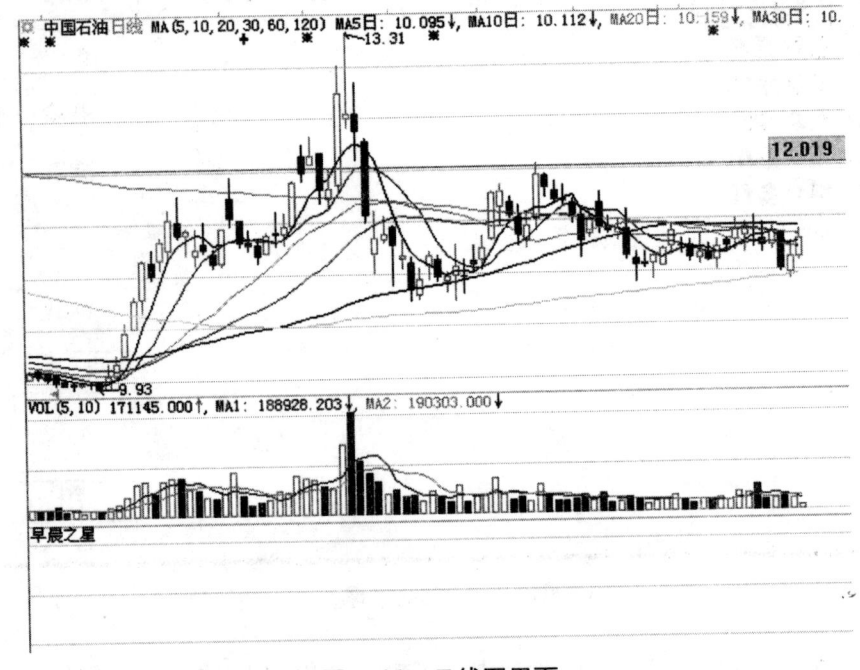

图1-11 日线图界面

很有可能您现在看到的副图上空空如也，这是因为您选择的这个股票在这段日线周期时间内没有出现"早晨之星"的形体（该形态只在特定的阶段才有可能出现，且出镜的概率不高，详见第4章第一节）。我们换一只股票，比如宁波热点，选择包含2011年1月12日这段周期的日线，会发现副图上出现"早晨之星"的红柱，指向2011年1月12日的日线（如图1-12）。

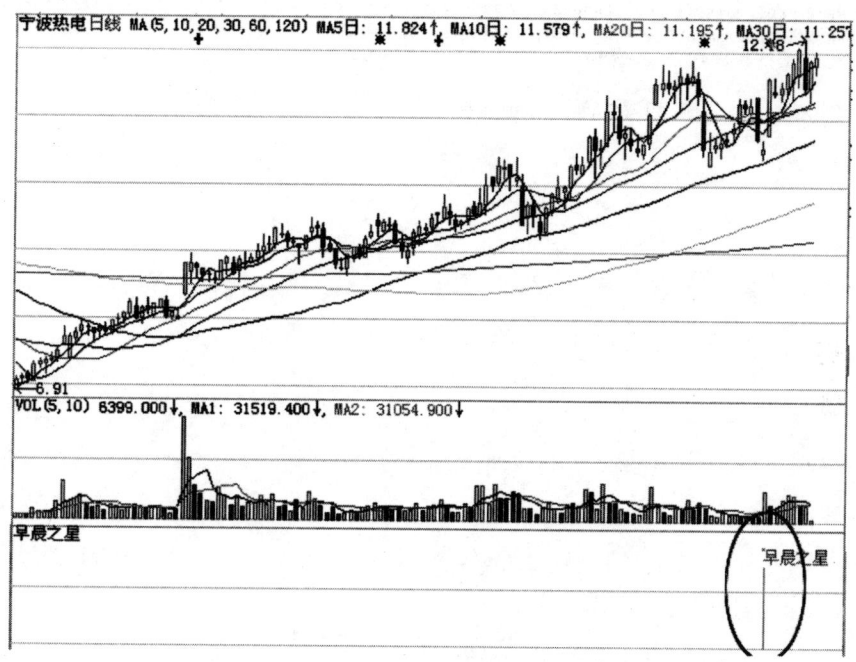

图1-12 "早晨之星"界面

书中的公式源码都是按照副图的形式编写，这是为了研究形态时的方便，实战中我们这样设计并不一定好用，大家可以把源码改成选股公式或者预警公式，也可以把所有的公式放在一个副图中。当然这需要一定的编写公式指标的经验。本书限于篇幅，就不一一介绍了。

第 2 章
单日K线应用技巧

投资者学习K线理论时,首先需要从单日K线开始研究,就如同练习武艺,必须从最基础的扎马步开始,熟练掌握之后才能对各种套路游刃有余。单日K线也如同英文中的字母一样,通过这些K线的不同组合、排列、相互间的位置关系等构成了各种不同含义的K线组合。

一根K线决定成败

K线应用基础

一、K线形态的规律性

K线具有东方人所擅长的形象思维特点，却没有西方用演绎法得出的技术指标那样定量，因此在运用上还是主观意识占上风。投资者在K线分析中往往重视结果，而不重视分析过程。投资者的感觉常常容易被事物的表面现象所蒙蔽而产生错觉，尤其是在证券市场中，这种错觉极易因投资者的恐惧、贪婪和希望心理而得到强化，从而导致投资者作出错误的判断。另一方面，投资者并不擅长处理复杂的数据。如果拘泥于价格的每个瞬间变化过程，那么很可能被纷繁复杂的数据搞糊涂。而K线只有简单的4个价位，剔除了纷扰因素的影响，既反映了股价变化的趋势，又不拘泥于每个具体细节，因而有利于投资者作出相对客观公正的评价和判断。

K线是一种特殊语言。从表面看，K线图只是一种阴阳交错的走势图，却包含着因果关系。从K线图上看，对于本交易日来说，上一交易日是"因"，本交易日是"果"；而本交易日对于下一交易日来说，本交易日是"因"，下一交易日是"果"。正是这一因果关系的存在，使投资者可以根据K线的阴阳变化，寻找规律并判断股价走势。

K线作为一种信息量蕴含丰富的市场符号，其出现具有一定的规律性。一些典型的K线或K线组合出现在某一位置时，股价或指数将会按照某种趋势运行。当这些典型的K线或K线组合又重新出现在类似位置时，就会重演历史。

二、K线应用要素

K线是价格运行轨迹的综合体现。无论是开盘价还是收盘价，甚至是上下影线都代表着深刻的含义。但是绝对不能机械地使用K线，趋势运行的不同阶段出现的K线或者K线组合代表的含义不尽相同。研究K线首先要明白以下三个要素。

（一）K线的周期

同样的K线组合，月线的可信度最大，周线次之，然后才是日线。当然有的投资者喜欢分析年线或者分钟线。通过对期货市场和股票市场的研究，笔者认为其参考意义不大。月线出现看涨的组合上涨概率最大。周线上涨的组合可信度也很高，而日线骗线的概率较大，但是很常用。因此，在运用K线组合预测后市行情时，日线必须配合周线和月线使用效果才能更佳。

（二）K线的所处阶段

股价运行的不同阶段出现同样的K线组合代表含义不相同。比如，同样是孕线，在下跌段尾声出现就比在震荡阶段出现的见底信号更可信。所以我们不能一见到孕线或者启明星线，就认为是底部到来，而必须结合整个趋势综合来看。

（三）K线与成交量配合

K线组合必须配合成交量来看。成交量代表的是力量的消耗，是多空双方博弈的激烈程度，而K线是博弈的结果。若只看K线组合，不看成交量，其效果要减半。所以，成交量是动因，K线形态是结果。

以上这三个要素是研究阴阳K线的前提。

三、单日K线应用要点

在单日K线实战应用中，需要注意以下五大应用要点。

（一）K线的颜色

股市永远是一个博弈的市场，多空双方不断争夺话语权，反映在K线图上，就是阴线和阳线交替出现。阴阳代表趋势方向，阳线表示将继续上涨，阴线表示将继续下跌。以阳线为例，在经过一段时间的多空拼搏后，若收盘价高于开盘价，则表明多头占据上风。根据牛顿力学定理，在没有外力作用下，价格仍将按原有方向与速度运行。因此，阳线预示下一阶段仍将继续上涨，最起码能保证下一阶段初期能惯性上冲。故阳线往往预示着继续上涨，这一点也极为符合技术分析中三大假设之一——股价沿趋势波动。这种顺势而为也是技术分析最核心的思想。同理可得，阴线往往预示着股市将继续下跌。

（二）K线的实体大小

有人将K线形象地比喻成鞭炮，影线是鞭炮的引线，K线实体是鞭炮的主体。长K线像大鞭炮，威力大；小K线像小鞭炮，威力相对较小。确实，K线的实体大小代表内在动力。实体越大，上涨或下跌的趋势越明显；反之，趋势则不明显。以阳线为例，其实体就是收盘价高于开盘价的那部分。阳线实体越大说明上涨的动力越足，就如同质量越好、速度越快的物体，其惯性冲力也越大的物理学原理。阳线实体越大，代表

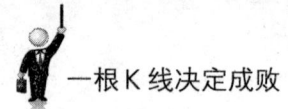

其内在上涨动力也越大，其上涨的动力将大于实体小的阳线。同理可得，阴线实体越大，下跌动力也越足。

（三）影线的长短

影线代表转折信号，向一个方向的影线越长，越不利于股价向这个方向变动。

上影线越长，越不利于股价上涨；下影线越长，越不利于股价下跌。以上影线为例，在经过一段时间多空斗争之后，多头收盘时终于败退下来，预示明日的行情将面临压力。因此，上影线部分往往构成下一阶段的上档阻力，股价向下调整的概率居大。同理可得，下影线预示着股价向上攻击的概率居大。

（四）分时走势

对于单日K线的分析，一定要注意一个基本原则，那就是不能只看K线的表象，而必须结合盘中的分时走势图来分析。不同分时走势形成的日K线具有不同的含义，投资者需要注意加以鉴别。

（五）K线位置

同样一根K线，由于其出现的位置不同，后市的走势常常大相径庭。对于大阴线或大阳线来说尤其如此。例如，大阳线本来是一种上升趋势明显的表现，可是在股价处于高位时，投资者要特别重视对风险的控制。

不同大小K线的应用法则

K线的大小指的是K线实体的长短。根据单日K线实体的长短，也就是开盘价与收盘价的相差距离，可将K线分为极阴、极阳、小阴、小阳、中阴、中阳、大阴、大阳和十字星等形态。十字星又可以分为普通十字星、长十字星、"上"字星、"下"字星、"一"字星等多种。大阴线和大阳线的K线实体波动范围在5%~10%之间。根据是否有影线或者影线的不同长度，K线又可以分为长影K线和光秃K线。长影K线包括长下影线、长上影线、射击之星、吊颈、倒锤头线、锤头线和螺旋桨。光秃K线包括光脚阳线、光脚阴线、光头阳线、光头阴线、光头光脚阳线、光头光脚阴线。

本节主要探讨各类不同大小K线的应用法则。下面依据K线的波动范围对各类不同大小K线进行分类，如图2-1。

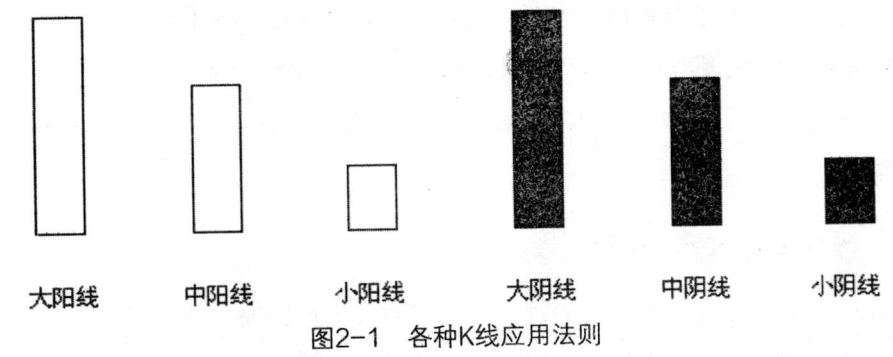

图2-1 各种K线应用法则

（1）极阴线和极阳线的开盘价与收盘价相差在1%以内，但开盘价与收盘价不相等，又称"类十字星"。

（2）小阴线和小阳线的K线实体波动范围为1%~3%。

（3）中阴线和中阳线的K线实体波动范围为3%~5%。

（3）大阴线和大阳线的K线实体波动范围为5%以上。

一、大阳线应用法则

（1）若大阳线在上升行情中出现，则意味着行情剧烈地向上攀升。

（2）若大阳线在下跌行情中出现，则意味着行情剧烈地向上反弹。

（3）如果大阳线的盘中走势是逐渐上升的，并且有成交量配合，则股价往往会继续上涨。

（4）如果大阳线的上涨是靠尾盘突然拉高，并且缺乏成交量的配合，则预示着股价的上涨可能已经接近尾声。

二、中阳线应用法则

（1）若中阳线在上升行情中出现，则意味着行情向上攀升。

（2）若中阳线在下跌行情中出现，则意味着行情向上反弹。

（3）如果中阳线是靠全天盘中不断震荡走高的走势形成的，则往往预示次日股价仍然有良好的发展趋势。

（4）如果中阳线是靠尾盘突然拉升形成的，则投资者需要提防次日容易出现回调走势。

三、小阳线应用法则

（1）若小阳线在上升行情中出现，则意味着行情小幅地向上攀升。

（2）若小阳线在下跌行情中出现，则意味着行情小幅地向上反弹。

（3）如果出现小阳线时，上下影线较长，表明多空争斗激烈。

（4）如果出现小阳线时，上下影线较短，表明多空陷入僵局，行情将随时面临突破，投资者需要耐心等待。

四、大阴线应用法则

（1）若大阴线在上升行情中出现，则意味着行情深幅地向下回档。

（2）若大阴线在下跌行情中出现，则意味着行情加速地向下深跌。

（3）如果大阴线出现的盘中走势是渐渐盘落的，则预示股价短期仍难以见底。

（4）如果大阴线出现的盘中走势是尾盘跳水形成的，并且没有实质性利空，则不排除有出现最后一跌的可能。

五、中阴线应用法则

（1）若中阴线在上升行情中出现，则意味着行情向下回档。

（2）若中阴线在下跌行情中出现，则意味着行情向下深跌。

（3）如果中阴线是在全天盘中不断震荡走低的走势中形成的，则往往预示次日仍然有继续下跌趋势。

（4）如果中阴线是因为尾盘突然跳水形成的，而二级市场价格并不高时，则须注意次日容易出现回升走势。

六、小阴线应用法则

（1）小阴线表示空方呈打压态势，但力度不大。

（2）若小阴线在上升行情中出现，则意味着行情面临强势回档。

（3）若小阴线在下跌行情中出现，则意味着行情处于向下滑跌。

（4）如果出现小阴线且上下影线较长，则表明多空争斗激烈。

（5）如果出现小阴线且上下影线较短，则表明多空陷入僵局，随时面临突破，投资者需要耐心等待。

光秃型K线的应用法则

光秃型K线是指K线中没有上影线或下影线，有时甚至上下影线都没有，在K线形态上呈光秃的形状。例如，射击之星和吊颈线就属于光秃型K线。依据形状的不同，光秃型K线可以分为光头K线、赤脚K线和全秃K线。

一、光头K线应用法则

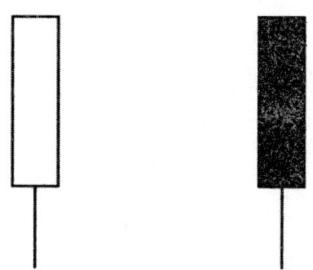

图2-2　光头K线

光头K线只有实体和下影线，没有上影线，如图2-2所示。在当天的攻防战中，空头曾尽力压低股价，但由于缺乏后援部队，遭到买方的反击，股价反而转盘向上，在K线上就留下了下影线。一般而言，下影线越长，下档的支撑就越强劲。光头K线也可分为光头阳线和光头阴线。

光头阳线是先跌后涨型K线。在当天的交易中，空头曾大力向下打压股价，但由于价格低廉，得到买方响应，浓厚的买气使股价反转向上，并最终以全日最高价收盘。随着股价的上涨，空头溃不成军，被全线轧空。其下影线就反映了多头给空头的打击力度。只要阳线实体长短相近，下影线越长，打击力度就越大。

光头阴线是下跌抵抗型K线。空方以全天的开盘价（也就是全天的最高价）为出击阵地，主动向多头发起攻击，成功地在战斗中取得了优势，但与此同时，多头的力量也在逐渐增强之中。由于在低档受到买气支撑，空头在打压股价时也遇到困难。其中的下影线反映的就是股价在低位所受到的支撑。在阴线实体大小相近的情况下，下影线越长，下档支撑就越强劲。光头K线的极致就是"┰"形线，即开盘价、最高价和收市价处于同一价位，只有最低价不同的一种K线。它表示空头打压力量有限，当天卖出的人被全部轧空。

二、赤脚K线应用法则

赤脚K线就是只有实体和上影线，没有下影线的K线，如下页图2-3所示。在交易过程中，多方曾奋力向上拉抬股价，但由于得不到支持，受到卖方压制，价格随后下跌，从而在实体上方留下了上影线。一般而言，上影线越长，表明上档的压力就越沉重。赤脚K线可分为赤脚阳线和赤脚阴线。

赤脚阳线是一种上升抵抗型K线。多头以全天的开盘价（也是全日的最低点）为出击点，主动向上发起进攻，在战斗中占了上风，但空方也在逐渐积蓄力量。由于受到空头压制，股价的上升遇到阻力。其上影线反映的就是多头在向上拉升股价时所遇到的阻力。在阳线实体大小相近的情况下，上影线越长，所遇到的阻力就越大。

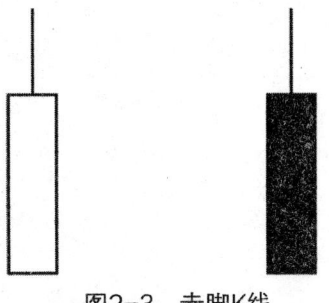

图2-3　赤脚K线

赤脚阴线是一种先升后跌型K线。空头部队充分表现实力，以全天最低价收盘。多头虽曾拼死抵抗，将股价拉至开市价之上，但由于缺少后援，力量不支，随着股价的下挫，买方全线崩溃，惨遭套牢。其中的上影线就反映了多头抵抗时所遭受到的空头的打击。只要阴线实体大小相差无几，上影线越长，表明多头所受打击就越大。

赤脚K线的极致是"⊥"形线，即开盘价、最低价和收市价完全相同，只有最高价不同的一种K线。它表示多头向上挺升无力，当天买进的投资者全部被套。

三、全秃K线应用法则

如果一根K线只有实体，没有上下影线，即以最高价开市、最低价收盘，或者以最低价开盘、最高价收市，就形成所谓的全秃K线，即光头光脚K线，如图2-4所示。开低收高时，即为光头光脚阳线；开高收低时，即为光头光脚阴线。

图2-4　全秃K线

光头光脚K线是市势一面倒时形成的K线。由于在买卖双方的龙争虎斗中已有一方完全失势，另一方占据了绝对优势，故一般可据此推断下一交易日的价格趋势。全秃阳线往往预示着下一交易日价格高走的可能性偏大；如果是全秃阴线，则下一交易日价格低走的可能性偏大。

光头光脚K线的极致是所谓四价同值线，也就是开市、最高、最低和收盘等四个价位完全相等，且整个交易过程中没有任何波动的一种K线，即"一"形线。由于行情呈现绝对看好或绝对看坏，一开市即以涨停板价或跌停板价成交，并一直维持至收盘。在这种情况下，下一个交易日股价运动的方向一般会与"一"形线出现当天的方向保持一致。在国外的成熟市场上，某些交易极度清淡的冷门股偶尔也会出现这种走势，它表示次日将维持盘整的走势。

长影型K线的应用法则

在多空争战中，有时双方力量虽有差距，但力量的悬殊并不总是能导致某一方说了算，而往往是一方虽然局面占优，另一方仍有反击的余力。反映在盘面上，就是股价上有阻力，下有支撑，多空双方发动拉锯战，从而在K线图上形成一种除实体外，上有头部（上影线）、下有脚部（下影线）的K线，这就是长影型K线。长影型K线是指上影线（或下影线）的长度远远超过K线实体长度的K线形态。

一、长下影线应用法则

在K线图中，从实体向下延伸的细线叫下影线。在阳线中，它是当日开盘价与最低价之差；在阴线中，它是当日收盘价与最低价之差。一般来说，产生下影线的原因是由于多方力量大于空方力量。股票开盘后，股价由于空方的打压一度下落，但由于买盘旺盛，使股价回升，收于低点之上，从而产生下影线。带有下影线的K线形态可分为带下影线的阳线、带下影线的阴线和十字星。要更为精确地判断多空双方力量，还要根据不同的形态作出判断。

在K线实体大小一样的情况下，下影线越长，表明下档的支撑越强劲；上影线越短，表明上档的阻力就越小。长下影线大多数表现出阶段性见底特征。如图2-5所示。

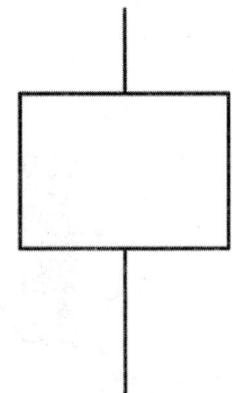

图2-5 长下影线

长下影线应用法则有如下几种。

（1）长下影线出现在上升趋势的高位，若成交量放大，则意味着抛压加重，承接踊跃，但有多头力竭之感。

（2）长下影线出现在下降趋势的低位，若成交量放大，则意味着有恐慌性筹码抛出，但低位接盘踊跃，有大量多头抄底盘介入。

（3）如果是阳线带有长下影线，表明多空交战中多方的攻击沉稳有力，股价先跌后涨，行情有进一步上涨的潜力。

二、长上影线应用法则

在K线图中，从实体向上延伸的细线叫上影线。在阳线中，它是当日最高价与收盘价之差；在阴线中，它是当日最高价与开盘价之差。由此，带有上影线的K线形态可分为带上影线的阳线、带上影线的阴线和十字星。对于不同的形态，多空力量的判断是有区别的。

一般来说，产生上影线的原因是由于空方力量大于多方。股票开盘后，多方上攻无力，遭到空方打压，股价由高点回落，形成上影线。在K线实体大小一样的情况下，上影线越长，表明股价在上档遇到的压力就越大；下影线越短，表明下档的支撑越弱。长上影线大多数表现出阶段性见顶特征。如图2-6所示。

长上影线应用法则有如下几种。

（1）长上影线出现在上升趋势的高位，若成交量放大，则意味着多头追高积极，但高位抛压沉重，股价向上攀越艰难，行情很可能调头回档或反转。

（2）长上影线出现在下降趋势的低位，若成交量放大，则意味着多头抄底盘介入，但不能有效遏制抛压，多空双方已逐渐转向势均力敌。

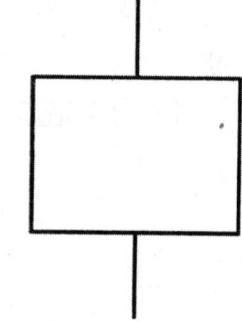

图2-6　长上影线

（3）如果是阳线带有长上影线，则显示多方攻击时上方抛压沉重。这种图形常见于主力的试盘动作，说明此时浮动筹码较多，涨势不强。长上影线常常出现在阶段性顶部。

需注意的几类特殊上影线有以下几种。

（1）试盘型的上影线。有些主力拉升股票时，操作谨慎，在欲创新高或股价行进至前一高点时，均要试盘，即用上影线试探上方抛压，亦称"探路"。

如果认为上影线长有大的抛压而卖出，事后可能被证明是个错误的决策。上影线长，但成交量未放大，股价始终在一个区域内收带上影线的K线，则为主力试盘。如果在试盘后该股放量上扬，则可安心持股，如果转入下跌，则证明庄家试出上方确有抛压，此时可跟庄抛股，一般在更低位可以接回。当一只股票大涨之后拉出长上影线，最好马上退出。

（2）震仓型上影线。这种上影线经常发生在一些刚刚启动不久的个股身上。有些主力为了洗盘、震仓，往往用上影线吓出不坚定的持仓者，吓退欲跟庄者。投资者在操作时应看K线组合，而不要太关注单日的K线。

需要指出的是，大资金机构可以调控个股的涨跌，但在市值不断增大的市场内，没有什么可以调控大盘的机构，所以，若大盘在阶段性高位或低位出现了长上影线或下影线，其指导意义较强。

在强势市场中，有些机构资金实力不是很强，他们往往在其炒作的股票中制造一个或几个单日的长下影线。其方法为某只股票在盘中突然出现一笔莫名其妙的价位极低且手数较大的成交，而后恢复平静，长下影线由此产生。这是其中主力在向广大投资者发出"支撑力强"的信号。一般这种股票由于庄家实力不是很强，表现不会太突出。

三、几类特殊形态

长影型K线有几类特殊形态，这里分别探讨射击之星、吊颈、倒锤头线和锤头线四类。

（一）射击之星

图2-7 射击之星

射击之星是指开市时股价跳空开盘，快速上攻创出新高，之后股价逐渐走低，并且以近于甚至低于开盘价收盘，形成具有一根长上影线、实体十分短小（上影线是实体的两倍或两倍以上；全无下影线，若有也极为短小，以致不呈比例而可以忽略）的K线形态，如图2-7所示。此种形态使人联想到远古时代猎人的拉弓射箭动作。K线实体可以是阳线或阴线。当日的成交量放大越明显，则越符合标准。若当日的K线是阴线，则产生的心理压力更大。在传统的K线形态中，此种K线是一种见顶信号，即上涨趋势终结的信号。出现此种形态的K线后，应提高警惕，随时注意趋势的反转。这种K线会动摇多头的持股信心。

一根K线要成为射击之星，必须满以下两个基本条件：第一，K线实体要很小，阴线、阳线均可，但影线要很长（K线实体的两倍以上）；若有下影线，也应该很短。第二，出现在上升趋势中，通常已有一段较大的涨幅。

从技术上来讲，在一轮升势后出现射击之星，表示市势已经失去了上升的持久力，多方已抵抗不住空方打击，股价随时可能见顶回落。因此，投资者在股价大幅上扬后，见到射击之星时应退出观望为宜。

作为一种较多投资者知晓、影响力较大的K线形态，射击之星存在着反技术操作的价值，经常被市场主力作为洗盘之用。当主力建仓完毕决定拉升时，或在股价启动之初，刻意作出此形态，在低位将其他投资者的廉价筹码震出洗清，既可以增加自己仓位，又有利于后市的拉抬。因此，不少的股民都吃过它的苦头，即在启动的最后一分钟被清洗出局，然后看着股价腾空而起、一路狂奔却无可奈何。那么，如何判断这种洗盘手法呢？

此种形态的破绽在于，在此之前股价并未出现过大幅的上涨，股价仍在主力的成本附近。这一点便是此种洗盘手法的致命死穴。具体的技术特征表现为股价的均线系统刚刚形成多头排列，当日的股价与中长线的均线之间的距离并不大，意味着股价并未出现大幅上涨，主力尚无获利空间，无法出货。所以，投资者应当认识到这是主力在洗盘，启动在即。因此，这种低位的射击之星反倒是一种启动信号，可以认为主力即将发动行情，可在设好止损后积极介入。

（二）吊颈

吊颈是指出现在上升趋势末端的一根K线，其下影线较长而实体部分较小，近似于"⊤"，如图2-8所示。通常情况下，下影线长度至少应是实体部分长度的两倍。吊颈可以由阴线或阳线构成。如果由阴线组成，表示收盘价已乏力回升至开盘价位的水平，见顶回落的可能性往往比阳线高。吊颈与锤头的形态如出一辙，只不过吊颈在上升趋势的顶部出现，属于见顶回落的信号；锤头则在下跌趋势的底部出现，预示着股价可能见底回升。

实战中，若下影线越长（超过实体部分两倍以上），则见顶的可能性越大；若K线为阴线，则见顶的可能性也增大。以一根K线来研判时，吊颈为次要转势信号，要结合缺口与次交易日进行综合研判。在吊颈出现后，第二天股价跳空低开出现缺口，反映出吊颈日买入的投资者已经被架空，成为名正言顺的"吊颈"。如果次日股价没有出现缺口，但只要拉出一根阴线，收盘价低于吊颈形态的收盘价，也可认为见顶。

图2-8 吊颈

射击之星与吊颈皆出现在市场阶段性顶部区域，都为见顶下跌的转向形态。虽然两者均在上升趋势末端出现，但形态上却恰好相反，射击之星类似于"⊥"，吊颈类似于"⊤"，相反的形态却有着相同的金蝉脱壳转势作用。

（三）倒锤头线和锤头线

与射击之星和吊颈极为类似的还有倒锤头线和锤头线。射击之星与倒锤头的形态完全一样，区别在于这两种K线出现的位置不同。射击之星在上升趋势的顶部出现，倒转锤头则在下跌趋势的底部出现。

由于股市中顶和底都是相对而言的，某段时间的顶有可能是以后行情的底，而某段时间的底却可能是未来行情的顶。因此，在技术理论中，通常采用均线系统来区分两者。

当股价在5日均线上方形成这种K线时，技术理论就将其归类为射击之星；当股价在5日均线下方形成这种K线时，技术理论就将其归类为倒锤头线。

吊颈和锤头线也存在这种情况。当这种K线形态出现在上升趋势的顶部时，被称为吊颈；如果当这种K线形态出现在下跌趋势的底部时，被称为锤头线。在技术理论上，同样通过均线系统来区分这两种形态完全一样的K线。

虽然技术理论和大多数分析软件采用均线系统来划分吊颈和锤头线，并以此来区分射击之星和倒锤头线，但是由于均线系统是经常变动的，因此会带来新的问题。有时本该在上升趋势顶部的射击之星与吊颈却比应该在下跌趋势底部的倒锤头线和锤头线还要低。为了解决这种K线的区别问题，有很多市场人士采用模糊判断的方法，根据自己对行情的理解来区分这四种K线。虽然这不是系统的方法，但却是有效的。也有很多投资者为了分析的简便，往往将射击之星与倒锤头线、吊颈与锤头线视为相同的K线进行分析。

（四）射击之星与吊颈的研判技巧

对射击之星与吊颈（或倒锤头线和锤头线）的研判，主要依据其五个方面的市场特征。

（1）射击之星与吊颈（倒锤头线和锤头线）出现的位置。通常这两种K线形态出现在低位是良好的买点，而出现在高位则是良好的卖点。当射击之星与吊颈出现在高位时，投资者要注意及时获利了结；当射击之星与吊颈出现在低位时，也就是被称为倒锤头线和锤头线时，投资者要考虑买进。射击之星与吊颈的出现，不仅仅是一个图形的出现，而是一个股价在底部开始启动或在顶部开始回落的预兆。投资者应根据市场条件，及时调整投资行为。

（2）射击之星与吊颈（倒锤头线和锤头线）出现的时机。如果股指持续下跌时间较长，下跌幅度较深，出现倒锤头线和锤头线，则属于比较安全的底部；如果行情刚刚启动，出现倒锤头线和锤头线，投资者可以暂时等待；当股指持续涨高，涨幅较大时出现射击之星与吊颈，投资者则需要把握时机，及时地获利了结。

（3）射击之星与吊颈（倒锤头线和锤头线）实体部分的大小。通常在行情萎靡不振时期，股市处于缩量温和盘整阶段时，最容易出现射击之星与吊颈实体部分偏窄的现象，其开盘价和收盘价的距离极短。当行情比较活跃或行情即将启动时，一般开盘价和收盘价的距离极远，射击之星与吊颈（倒锤头线和锤头线）实体部分较长。

（4）射击之星与吊颈（倒锤头线和锤头线）影线部分的长短。如果吊颈和锤头线下影线较长，则表明目前股指的下档有一定支撑力度，股指下方有十分活跃的低位承接盘。而当射击之星和倒锤头线上影线较长时，则显示股指上方存在一定抛压盘，将影响到行情的进一步上升。

（5）射击之星与吊颈在上升趋势中出现时，属于阶段性顶部的信号，股价容易见顶回落；射击之星与吊颈在下降趋势中出现时，即出现倒锤头K线和锤头K线时，属于阶段性底部的信号，股价见底回升的概率较大。

以上介绍的是有关单个射击之星与吊颈K线形态在实际应用中的研判技巧，当市场中出现连续的射击之星与吊颈K线形态时，具体的运用技术则有所不同。

星型K线的应用法则

星型K线是指只有上下影线，而没有实体的K线图，习惯上称为"十字星"。该类K线是收盘价和开盘价在同一价位或者相近，没有实体或实体极其微小的特殊K线形式。其中，上影线越长，表示卖压越重；下影线越长，表示买盘旺盛。通常在股价高位或低位出现十字线时，可称为转机线，意味着可能将出现反转。

十字星虽有阴阳之分，但实战的含义差别不太大，远不如十字星本身所处的位置重要。比如，若其出现在持续下跌末期的低价区，则被称为"希望之星"，这是见底回升的信号；若出现在持续上涨之后的高价区，则被称为"黄昏之星"，这是见顶转势的信号。十字星往往预示着市场到了一个转折点，投资者需密切关注，及时调整操盘的策略，做好应变的准备。根据实战经验，可以将十字星分为小十字星、大十字星、长下影十字星、长上影十字星、T形光头十字星、倒T形光脚十字星和一字线七类。

小十字星是指十字星的线体振幅极其短小的十字星。这种十字星常常出现在盘整行情中，表示盘整格局依旧；出现在上涨或下跌的初期中途，表示暂时的休整，原有的升跌趋势未改；出现在大幅持续上升或下跌之末，往往意味着趋势的逆转。

大十字星出现在大幅持续上升或下跌之末的概率较大，盘整区间出现的几率不多见，往往意味着行情的转势。

长下影十字星如果出现在上升趋势中途，一般均表示暂时休整，上升趋势未改；如果出现在持续下跌之后的低价区，则暗示卖盘减弱，买盘增强，股价转向上升的可能性在增大。但次日再次下探不能创新低，否则后市将有较大的跌幅。

长上影十字星如果出现在下降趋势中途，一般均表示暂时休整，下降趋势未改；如果出现在持续上涨之后的高价区，股价转向下跌的可能性较大；但若出现在上涨趋势中途，次日股价又创新高的话，说明买盘依旧强劲，股价将继续上升。

T形光头十字星的市场意义与长下影十字星差不多，常常出现在牛皮盘整中，表示次日盘整依旧；若出现在大幅持续上升或下跌之末，则为股价升跌转换的信号。

倒T形光脚十字星的市场意义与长上影十字星差不多，若现在是持续上涨之后的高价区，这是见顶回落的信号；若出现在其他位置，一般均表示暂时休整，原有趋势未改。

一字线是指开盘价和收盘价相同，有时出现在熊市成交极其清淡的行情中，更多的时候常常出现在表示极强或极弱的涨、跌停板时，预示着原有的趋势继续。有时还会出现连续数个停板，缩量的停板意味着次日还将停板。涨停板放量说明卖压加重，跌停板放量说明有吸筹现象。

周十字星的种类划分与日十字星相同，但性质与日线有着明显的不同。在大多数情况下，周十字星表示对原有趋势的认同，即经过短期休整后，原有趋势将继续。当然在具体实战时，还需结合与其他K线所形成的组合形态和"中心值"等方法综合研判。

十字星在选股方面的应用重点是判断十字星后的股价走势，这需要从四个方面综合分析。

一、从量能方面分析

出现十字星走势后，股价能否继续上升，并演变成真正具有一定动力的强势行情，成交量是其中一个决定性因素。如果构成十字星前后，量能始终能保持温和放大，则十字星将会演化成上升中继形态；如果形成十字星走势时成交量不能维持持续放量，则显示市场增量资金入市多处于疑虑观望状态中，将容易形成阶段性顶部形态。

二、从成交密集区进行分析

成交密集区是研判股价运行阻力的重要参照物，以此判断十字星所处的高低位置。所形成的十字星离上档成交密集区的核心地带越远，将越容易形成上升中继形态；所形成的十字星离上档成交密集区的核心地带越近，则越容易形成阶段性顶部形态。

三、从行情热点分析

如果个股属于当前市场的主流热点板块，则十字星必然向上升中继形态的方向发展；如果个股不属于当前市场的主流热点板块，则十字星最终演化为阶段性顶部形态的概率较大。

四、从股价运行节奏分析

在股价上升趋势中，如果保持进二退一、从容温和的盘升走势，则此时出现的强势调整的十字星走势大多属于上升中继形态。如果股价短线涨升速度过快、拉升过急，则必然会积聚一定的短线抄底获利筹码，这时将容易形成阶段性顶部形态。

十字星可以演变为多种底部或顶部形态，如早晨之星、黄昏之星、十字胎、高位避雷针和定海神针等等。这些形态将在后面的章节中逐一讲解。

第 3 章

组合K线应用技巧

　　K线组合也被称为"K线密码",这是有一定根据的,K线组合就是由各种单日K线组成的一串串密码,其中有很多K线组合在选股和研判行情中具有较高的成功概率。一些典型的K线或K线组合,会不断地重复出现,对买卖点的把握有着重要的提示作用,底部组合出现时,告诉你股价很快就会上升,要赶快建仓;顶部组合出现时,告诉你风险已大,要及时获利了结。如果你掌握了这些规律,将在很大程度上提高你的胜算。

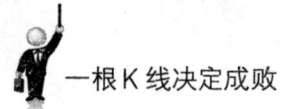
一根K线决定成败

组合K线的投资要领

对于不懂K线语言的投资者，K线就像一本天书，一些初学者虽然学到了一些K线知识，但没有掌握其实质，也容易作出错误的判断。一般认为K线的下影线长表示下档有支撑，但在不同的价位、不同的时间，表达的信息是不同的。在低位，下影线长可以认为下档有支撑；但若在较高的位置，则可能是主力提前出货、试盘或者骗线（制造假K线）。不同的人看到同一根K线会得出不同的结论，只有真正心领神会读懂的人，才能把握胜算。

K线形态主要是由个股的日、周、月走势中的四个价位形成的形态，其种类非常繁多。其中单日K线有数十种，两根K线组合的K线形态已达到数千种之多。因为两根K线不是简单的排列组合，它们之间存在着价格的高低、平行和包容，实体或影线长短的搭配以及是否有缺口等关系。至于3根K线排列组合成的形态，其种类数量更难以计算。

有的投资者将成功的K线组合形态总结是历史经验的产物，由于K线形态通过多根K线的组合，加上成交量、均线系统等参考因素，可以演变成无穷无尽的形态种类。随着科学技术的日益进步，计算速度的提高，以及市场行情日新月异的变化，股市中一定会诞生出更新的或成功概率更高的K线组合。投资者需要具有创新精神，根据市场的实际情况，不断修改、创造和调整组合形态。在本书中，我们只能根据实际操作的需要，选取其中最具有实际操作意义和成功概率最高的典型K线形态进行分析。

组合K线的六字形态

K线产生于日本，18世纪的日本商人本间宗久对K线的运用法则进行了填充和整理，其中许多法则一直沿用至今。这些法则的重要特点就是以数字三为中心，如三缺口、三兵、三川、三山和三法等。由此可见，由三根K线构成的形态是K线理论中的重要组成部分。

实战中我们不仅要看一至二根K线，还要看三至多根的K线组合，买卖双方在决战时对抗力量的强弱变化，便可清晰洞察，双方的胜负一目了然。根据实战经验，将三根K线的组合分为六种模式，为了便于记忆，可概括为六字，即三、川、卜、1、小、V。

一、"三"字形态

"三"字形态为三连阳和三连阴，具体包括："三个白武士"K线组合、"三只乌鸦"K线组合、"三连阴"K线组合、"红三兵"K线组合、"黑三兵"K线组合，"三阳开泰"K线组合和"循序渐进"K线组合形态等，一般情况下表示原有的趋势继续。但在实战中也要作具体的分析：如果是在波段的循环低点转折和趋势中途出现"红三兵"，表示股价会加速上涨；如果是在波段循环高位和趋势上轨或形态学的头部出现"红三兵"，代表多头力量已得到充分发泄，后市将会遇阻回落；如果是在波段的循环高点转折和趋势中途出现"黑三兵"，表示股价会加速下跌；如果是在波段循环低位和趋势下轨或形态学的底部出现"黑三兵"，代表空头力量已得到充分发泄，后市将会遇阻反弹回升。这里需要注意的是三兵的标准理想状态，是实体一个比一个长，红上黑下影线一个比一个短，如果是实体逐渐缩短影线逐渐加长，表明阻力在逐渐增大暗藏忧患，如果成交量再不配合，那么更应引起高度警惕。由三兵我们也可推导出四兵或五兵等等，其意义是相同的。

二、"川"字形态

"川"字形态即中间是一根较短的K线，被前后两根方向相反的K线完全包覆，即常说的"两阳夹一阴"和"两阴夹一阳"。不过，要注意与后面介绍的"小"形的区别。如果将中间阴线换成十字星或2~3根相间小阴小阳线，我们又推演出了4~5根的K线

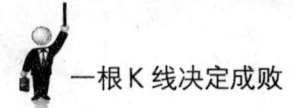

组合了。其后市短期的趋势与第三根（最后）中大实体的趋势相同。"川"字形的实质为"三"字形的变种。

三、"卜"字形态

"卜"字形态为一根实体较大的阴阳K线，与其后2~3根方向相反的小K线实体的组合，即传统所说的上升和下跌三法。但要注意的是，其后的三连阴或三连阳不能超越第一根K线实体的"中心值"，有时出现方向平移甚至是与第一根趋势相同的逐步递进的情况。"卜"字形的后市短期趋势与第一根较大实体K线的方向相同。不过，请注意与下面的"1"字形的区别。

四、"1"字形态

"1"字形态为一根实体较大的阴阳K线，包覆着其后的三五根阴阳相间的K线，与"卜"字形的区别是其后的K线超越了"中心值"。实战中有时会出现其后K线稍微创出新高或新低，但幅度实体极小，并不构成明显的"突破"，我们也将它们归为"1"字形。"1"字形其实是多空双方短期力量相当，暂时平衡的结果。其特点是波幅逐渐缩小，成交区域萎缩。其暂时平衡的趋势表示即将面临变盘。

五、"小"字形态

"小"字形态为中间的K线实体，明显长于包覆左右两根K线方向相反的K线实体的组合，"小"字形同样可以分为"两阳夹一阴"和"两阴夹一阳"，但要注意与通常所说"川"字形的"两阳夹一阴"和"两阴夹一阳"间的区别。"小"字形无论出现在上涨和下跌趋势中，都是短期趋势逆转的信号。

六、"V"字形态

"V"字与倒"V"字形，即传统所说的"早晨之星"和"黄昏之星"的组合。其实质是"川"字形的变种，代表的是已经逆转的短期趋势，与"川"形意义相同。当然，在实战中我们可以推演到多根即一组K线的组合，即形成圆弧顶底的"U"形和倒"U"形。必须明确的是只有出现一根较大实体的K线，才可以说是转势。

总之，"三""川"、"卜"字形是趋势延续型的组合；"1"字形是短期趋势平衡型的组合；"小"与"V"字形是趋势逆转型的组合。我们通过三根K线的组合，推衍出多根K线的变化分析，这些组合的定式要在实战中细微体察，方能真正掌握阴阳K线的精髓。如果是一个时期的K线组合，那么就是K线的形态分析了。

攀援线与滑行线

在两天时间内先后出现两根阳线，第二根阳线的开盘价和收盘价分别高于第一根阳线的开盘价和收盘价，即两根阳线之间没有跳空缺口，股价拾阶而上，这种组合叫做"攀援线"（如图3-1）。这是一种强势组合，因为两根阳线结合起来便成为一条更大的阳线，是强而又强的走势。它表明多头正在发力向上攻击，股价走势强劲，呈现出一浪高过一浪的态势，空头溃不成军。

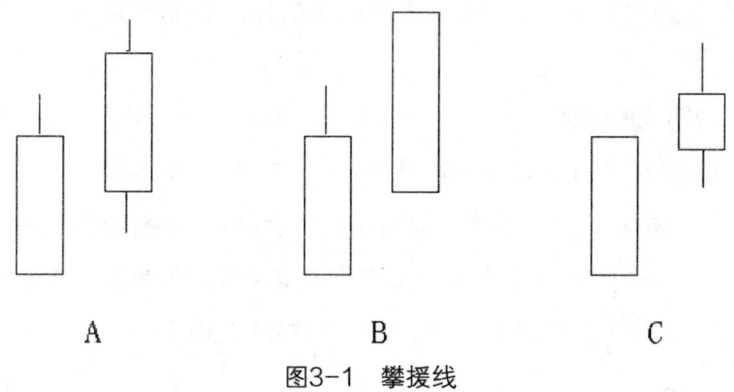

图3-1　攀援线

攀援线可分为以下三种情况。

（1）两根阳线的实体大小相近，表明多头的攻势持续而稳健，空头的抵抗有气无力（如图3-1中之A图）。

（2）第二条阳线的实体大于第一根阳线，表明多头的攻击力度大大加强，大部分空头已放弃抵抗，甚至已经有多翻空的现象出现（如图3-1中之B图）。

（3）第二根阳线的实体小于第一根阳线，显示买方虽然还在向上进攻，但却遭到空头的狙击。空头正在集结兵力，买方力量将受考验。

如果第二根阳线还带着长上影，就更是如此（如图3-1中之C图）。

如果一根阴线之后紧接着出现第二根阴线（中间也没有跳空缺口），股价也在逐级向下滑落，就叫做"滑行线"（如下页图3-2）。这是典型的弱势组合，因为两根阴线结合起来便成为一条更大的阴线，是弱之又弱的走势。它表明空头正在加紧向下打压，股价走势疲弱，呈现出底在底下的态势，多头严重套牢。

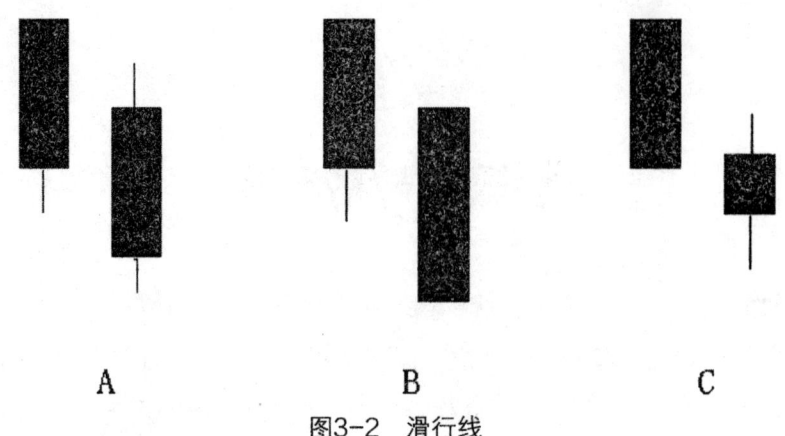

图3-2 滑行线

滑行线也可分为以下三种情况。

（1）两根阴线的实体大小相近，表明空头的打压力度比较均匀，多头无力反抗（如图3-2中之A图）。

（2）第二条阴线的实体大于第一根阴线，表明空头的打击力度大大加强，大部分多头已放弃抵抗，甚至已有空翻多的恐慌盘出现（如图3-2中之B图）。

（3）第二根阴线的实体小于第一根阴线，显示卖方虽然还在继续抛售，但却遭到多头的狙击。多头正在逐渐积蓄力量，卖方将面临考验。如果第二根阴线还带着长下影，就更表明空头遭受了比较严重的挫折（如图3-2中之C图）。

跳高线与跳水线

如果第二条阳线在第一根阳线的收盘价之上跳高开出，这种组合就叫做"跳高线"（如图3-3）。股价的有力上升导致第一条阳线的形成，随后由于看好的投资者迅速增加（往往起因于传闻中的利好消息得到证实），股价在第二个交易日大幅跳空高开，并顺势高走高收，形成第二条阳线，这就是跳高线的形成过程。

跳高线是比攀援线走势更强，可说是极端强势的组合。一般而言，第二根阳线的跳高幅度越大（两阳之间留有较大的跳空缺口），多方的攻击力度就越强劲，爆发力就越大，未来的变动就越剧烈。特别是如果第二根阳线是一根以涨停板价收盘的星形线（包括四价同值线），就更是如此（如图3-3之C图）。因此，跳高线往往意味着买方给予卖方的打击是如此沉重，以致空头全线崩溃，呈现兵败如山倒之势。

跳高线依其出现的位置之不同而有不同的技术含义。当它出现在盘档末期时，表示多头在双方的龙争虎斗中已经稳占上风，从而形成向上突破，是一波上升行情的起点；在上升途中出现时，表明多头的攻势进展顺利，空头节节败退，常常是一波行情的中点；如果在长期上升之后出现缺口，表示多头已经进入最后的冲锋阶段，所有看好后市的人都已买进，股价上涨的势能也已经消耗殆尽，多头行情即将结束；反之，若第二条阴线在第一根阴线的收盘价之下跳低开盘，就叫做"跳水线"（如图3-4）。

跳水线是跳高线的反向操作，其技术操作意义与跳高线非常接近，投资者可参考上文的有关解说，在此不再赘述。但需要注意的是，跳高线出现时往往会伴随着较大的成交量，跳水线出现时则并不需要成交量的配合。

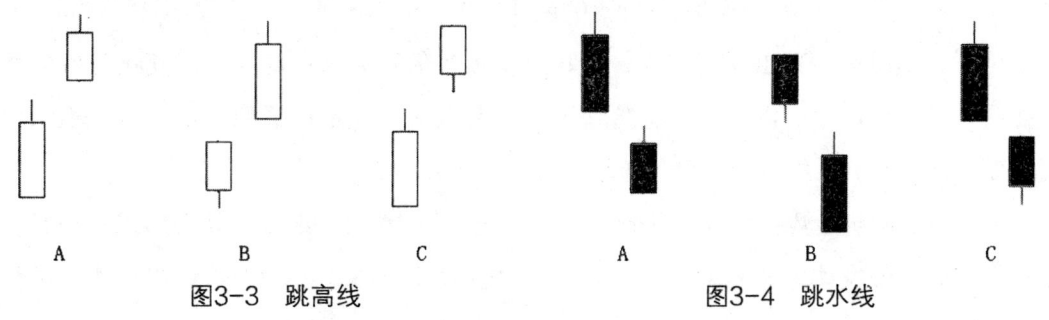

图3-3　跳高线　　　　　　　　　　图3-4　跳水线

压迫线与奉承线

随着一根较大阳线的出现，买方势力大增，第二天大幅向上跳空高开，由于**投机性卖盘涌出**，股价迅速回落并低收。但其收盘价仍位于前一根阳线的收盘价之上，未能攻击到前一日阳线的实体内。这种阴线从上往下压迫阳线的组合叫做"压迫线"（如图3-5）。

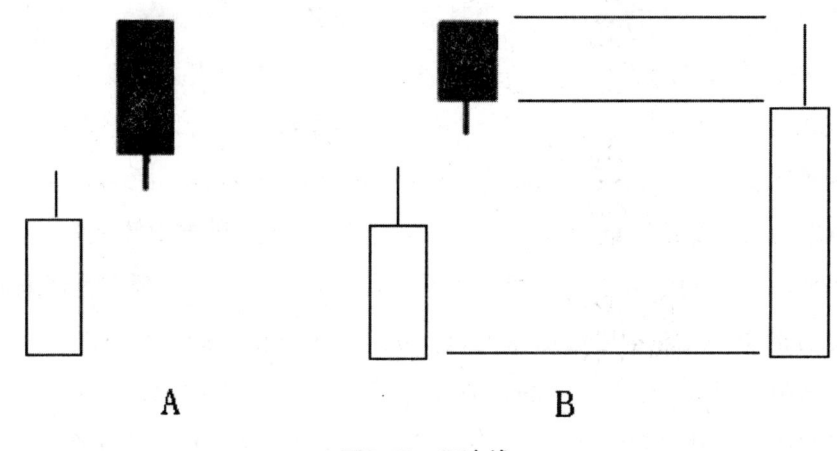

图3-5　压迫线

一般来说，压迫线表示空头势弱。如果把两条K线合并到一起，就变成一根有着长上影，但实体更长的阳线，说明市势仍然比较强（如图3-5之B图）。当它出现在上升途中时，显然卖方阻力有限，连昨日收盘价都无力攻占，买方将得势不饶人，会创出近期新高；如果出现在高档，则表示空头力量正在增强，已经有能力阻止行情继续攀升，投资者需提高警惕，密切关注行情的演变方向。

相反，如果第一日出现大阴线，次日股价大幅低开后高走高收，但其收盘价仍然落在前一日阴线的实体以下，这种第一天以大阴线向下毫不留情地进行压迫，第二天股价却低开高走笑脸相迎的组合叫奉承线（如下页图3-6）。

奉承线是股价走势疲弱的一种表现。如果把两根K线合并起来，就会形成一条有着很长下影线，但实体更长的大阴线（如图3-6之B图），这是一种低价位弱势线，说明市势仍然相当虚弱。

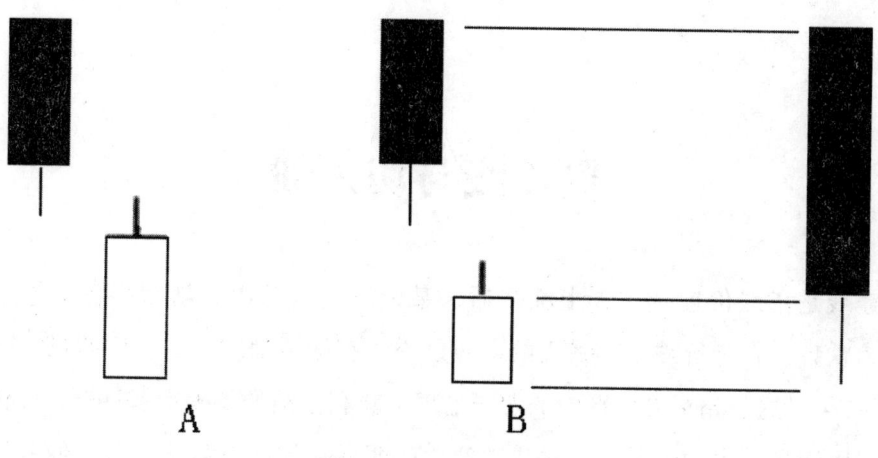

图3-6 奉承线

奉承线如果出现在下滑途中,暗示多头抵抗无力,连昨日收盘价都无法攻克,空头势力将得寸进尺,向下打出新低;如果出现在低位,则表明市势有了某些比较微妙的变化,多头势力正在迅速增强,已经有实力阻止股价的继续下行,投资者应密切关注行情的演变过程,以顺应市场的变化。

压迫线和奉承线可以统称为"约会线",因为前后两根K线的运行方向是迎面相向,好像是在约会一样,它们与"分手线"构成反向操作。

覆盖线与切入线

覆盖线是指股价连续多天上涨之后，某天以高价开出，随后买盘不想追高，使涨势变为跌势，收盘价跌至前一天的阳线以内，有被覆盖之势，所以叫做"覆盖线"（如图3-7）。这是超买之后形成的卖压涌现，获利了结的筹码大量释出，股价的趋势是下跌，因而是卖出的信号。如果压迫线中的阴线实体能够放大一些，使其收盘价落在前一日阳线的实体内，形成乌云压顶之势，就变成了覆盖线。这种组合表明多方上攻受阻，有短期见顶的可能性。

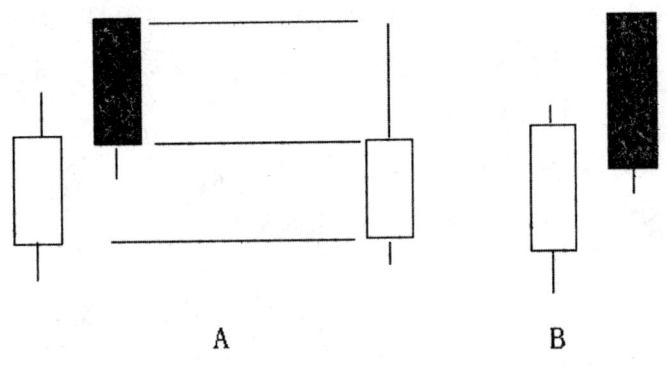

图3-7 覆盖线

如果把两根K线合并到一块，就会变成一根带有较长上影线的小阳线，显示上档压力沉重，是一根弱势线（如图3-7之A图）。

在覆盖线组合中，阳线实体被覆盖得越多，空头的攻击力度就越大，买气就越弱。如果阴线的收盘价只是攻击到阳线实体的上端，说明空头虽然表现出了力量，但多头只不过是暂时退让，元气并未受损，可以随时展开反击，因而可称为"盖帽线"（如图3-7之A图）；如果空头已经攻击到阳线实体的下端，说明卖方的力量已经十分强大，买方抵抗失败，力量瓦解，就可称为"灭顶线"，寓意买方已经遭受灭顶之灾（如图3-7之B图）。

相反，大阴线形成的第二天股价虽跳低开盘，却未能进一步下行，反而是顺势下探后即被拉起，反复上攻，高位收盘，且该收盘价已经进入了前一天大阴线的实体内，这种组合一般称为"切入线"（如图3-8）。如果把切入线的前后两根K线合并成一条，就会形成一根带有很长下影线的阴线（如图3-8之A图）。这是一种相对强势线，往往表明空头进攻受阻，实力受损，多头力量正在增强之中。它与覆盖线构成反向操作。

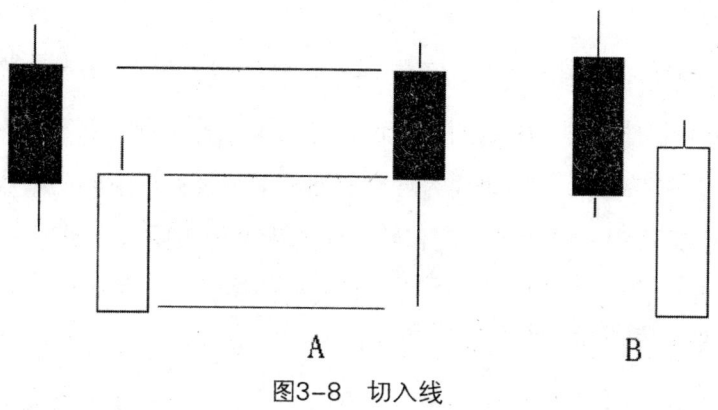

图3-8 切入线

在切入线组合中，阳线切入阴线实体部分越多，多头的攻击力度就越强，卖方的损失就越大。如果阳线只能切入阴线实体的中心线以上，表明多头的攻击力量有限，虽然曾经有所表现，但空头只是暂时退让，并未伤及元气，可以随时展开反击，故而叫做"插入线"（如图3-8之A图）。而如果切入到阴线实体的中心线以下，说明买方的实力已十分强大，空头放弃抵抗，土崩瓦解，几乎被斩尽杀绝，因而叫做"斩回线"（如图3-8之B图）。

包容线与孕妊线

在两根K线组合中，当右边的K线从下到上或从上到下完全吃掉左边的K线，即第二根K线的最高价高于第一根K线的最高价，最低价则低于第一根K线的最低价时，即为"包容线"（如图3-9）。包容线为吞没形态。由于包容线中的阴阳线实体的不同，故而有阳包阳、阴包阴、阳包星、阴包星、阴包阳和阳包阴之区分（如图3-9之A图、B图、C图、D图、E图、F图）。阳包阳的形成过程是，当一根阳线出现以后，由于利好消息有误，多方夺得的阵地转眼之间全部丧失，将下一个交易日的开盘价抛至前一日的最低价之下。然而，当事态平静下来之后，市场价格又开始向上回升，最后收盘于比前一交易日的最高价更高的价位（如图3-9之A图）。阴包阴的形成情形正好与此相反（如图3-9之B图）。阳包阳和阴包阴都是同性相包，它表明市场原来的运动趋势将继续维持，因为即使把两条线合并成一条K线，仍是一根大阳线或是大阴线，情况都没有变化。阳包星与阳包阳的情况有些相似，两根K线合并的结果仍是一条阳线（但有较长的下影线），表明市场已经克服观望情绪，坚定信心，继续上攻（如图3-9之C图）。阴包星则与阴包阴有些类似，把两条K线合并后仍是一条阴线（但带有较长的上影线），表明市场已经摆脱观望情绪，继续下行趋势（如图3-9之D图）。因此，大致可以把阳包星和阴包星也看成是同性相包。

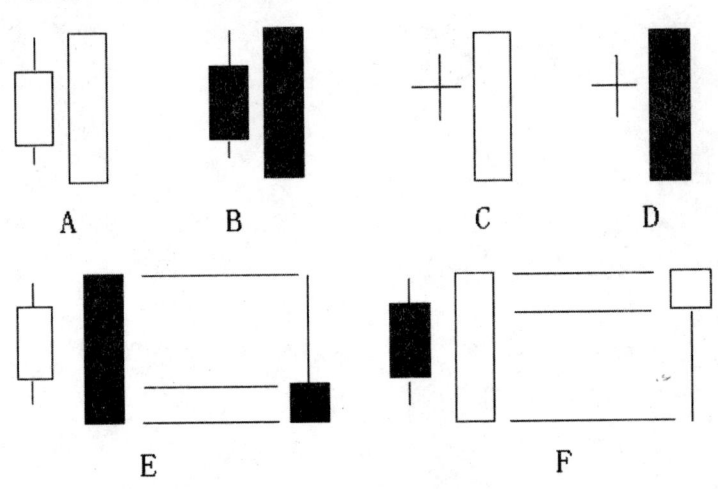

图3-9 包容线

异性相包与同性相包相反，往往意味着市势的转折。阴包阳的形成情形是，在前一日的阳线中，出现大量的空头平仓买入盘，但相对于庞大的成交量而言，价格的上升并不太显著。在下一个交易日，一些多头增加头寸，一些紧张的空头也开始平仓，以致将股价推至较高价位开市。但是，由于某些特殊的原因，市场风云突变，空头再度控制盘面，最后将价格压低至前一交易日的最低价之下收市。如果将这两条线合并成一条，就形成一根带有很长上影线的阴线（如图3-9之E图）。当它出现在高档时，就是典型的跳楼线，表示上升市场的结束和下降行情的开始；如果出现在低位，则是所谓的射雕线，表明空头市场即将结束，一波上升行情又将展开。

阳包阴指前后两条K线分别为阴线和阳线。前一根阴线暗示市场将继续向下。果然，前一日残余的卖压使股价向下跳低开市，但市场并未如预期进一步大幅下挫，而是稍稍下探后即开始反弹，最后以高于前一根阴线最高价的价位收市。如果将这两条线合并成一条，就形成一根带有很长下影线的阳线（如图3-9之F图）。当它出现在高档时，就是典型的吊颈线，表示上升市场已近尾声，空头行情即将开始；如果出现在低位，则是所谓的打桩线，表明空头市场即将结束，一波多头行情就在眼前。另一方面，在一根实体较长的K线之后，紧接着出现一条在开市价和收市价之间的价格运动，却未能超出前一日的实体价格范围的K线，即为"孕妊线"（如图3-10），即第二根K线完全被包孕在第一条K线的实体之内，就像一个母亲有了身孕一样。根据K线包孕与被包孕的组合方式，孕妊线可分为阳孕和阴孕两大类，阳孕可分为阳孕阳、阳孕阴和阳孕星三种（分别如图3-10之A图、B图、C图），阴孕则相应分为阴孕阴、阴孕阳和

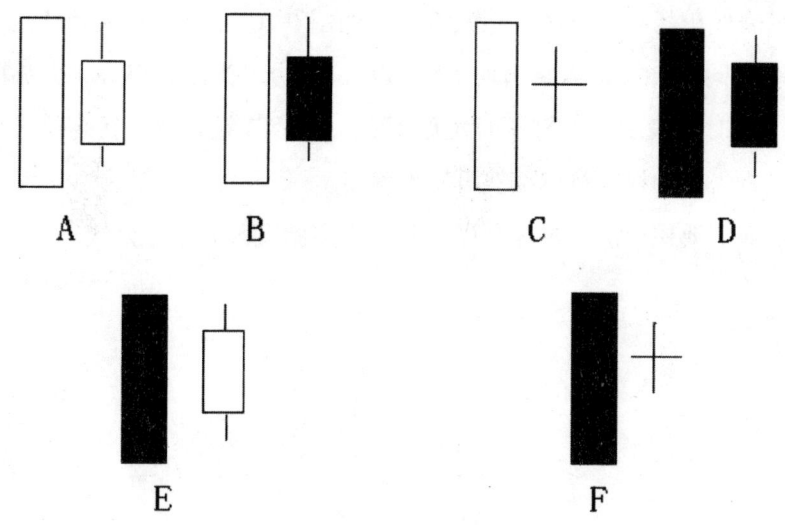

图3-10 孕妊线

阴孕星三种（分别如图3-10之D图、E图、F图）。孕妊线是表明价格按趋势运动时发生停顿的一种K线。其共同特征是第二天的开盘价与第一天的股价运行趋势相背离。前一天若收大阳时股价低开，前一天若收大阴时股价高开，形成反方向运动。它是一种警戒信号，提示投资者应密切注意股价运动的变化，顺势而为。特别是当它出现在高价区和低价区时，基本上都会形成反转信号。

阳孕线是多头力量减弱、空头力量增强的表征。随着股价的上扬，多头优势明显，从而形成第一天的大阳线。第二天理应继续上涨，却不断跳低开盘，多头意外受挫，说明股价的大幅度上涨更可能是部分空头斩仓所致。其中，阳孕阳表明多头营养不良，力量有限，失去主动，俗称为"跛脚阳线"（如图3-10之A图），表明主力仍在拉高，为最后出货做准备；阳孕阴表示空头力度开始加大，阴线实体越大，卖方越气盛（图3-10之B图）；阳孕星表明市场犹豫不决，迷失方向（如图3-10之C图）。阳孕线依其出现的位置不同而有不同的含义，当它出现于低档时，表明多头势弱，上扬基础很虚，仍需时间积蓄实力。在上升途中出现时，表示多头上攻时犹疑不定，观望气氛较浓；在高位区出现时，则表明多头失势，反转局势基本确立。

阴孕线则是空头力量减弱、多头力量增强的表现。价格的巨幅下挫导致前一天的大阴，第二天本应继续下行，偏偏却大幅跳空高开，多头出奇制胜，对前一天的低位恐慌性斩仓盘形成逼空局面。其中，阴孕阴表明空头营养不良，底气不足，丧失了主动权，一般称为"跛脚阴线"，表明主力正在进行最后的打压吸货（如图3-10之D图）；阴孕阳表示空头力度正在加强，阳线实体越大，多头实力越强大（如图3-10之E图）；阴孕星表明市场犹豫不决，迷失方向（如图3-10之F图）。阴孕线也依其出现的位置不同而有不同的含义，当它出现于低档时，表明多头已经得势，大势即将反转；在下降途中出现时，表示空头打压时犹豫不定，观望气氛较浓；在高价区出现时，则表明多头已经丧失主动权，行情下挫可基本确定。

后面章节我们要探讨的"身怀六甲"和"十字胎"都属于孕妊线。

第4章
见底形态K线组合

当大盘指数或个股的股价跌到相对的低价区时,随着量能的萎缩,空方的抛压逐渐减弱,多方买进力量开始增强,此时在K线图上会产生持续见底的K线组合,认识这类K线组合形态能帮助我们更加准确地寻找底部。

早晨之星

一、图形识别

早晨之星K线组合形态（如图4-1）是一种典型的底部形态，通常出现在股价连续大幅下跌和数浪下跌的中期底部或大底部。早晨之星又称希望之星，是一种见底回升的反转信号，预示着黎明来临，前途一片光明。它代表股价可能见底回升，后市应看好，升势在即。在K线形态中，星形的K线占有非常重要的位置。由于它们经常出现在股票走势的转折位置，因此对研判短期走势有非常重要的意义。如果早晨之星出现在下降趋势的末端，则具有较强烈的趋势反转信号。投资者见此信号，可考虑适量买进。其一般有如下几个形态特征。

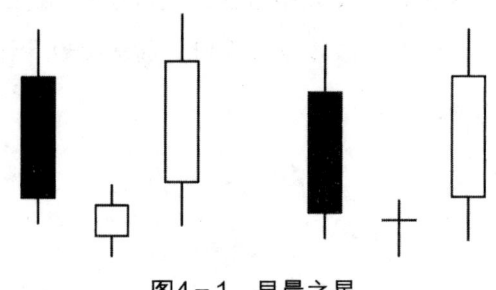

图4-1 早晨之星

（1）早晨之星的K线形态由三根K线组成。

（2）在下降趋势中某一天出现一根中阴线或大阴线。

（3）第二天出现一根跳空低开的小阳线（亦可以是小阴线）。

（4）第三天出现一根长阳实体。

在传统技术理论中认为早晨之星第二天的小阳线或小阴线必须与第一天的阴线之间产生一个缺口，也就是说第二天的小阳线或小阴线的最高价需低于前一天的最低价。笔者在实战发现，早晨之星如果必须产生跳空缺口，虽成功率能提升，但出现的概率将大大降低。依据统计数据，在1999年1月1日至2009年1月1日的10年中，A股市场所有股票出现在下降趋势末端中的"跳空"，早晨之星仅仅267次，信号量太少，没有实战意义。因此，笔者在这里将早晨之星的定义改成第二天的K线只要是跳空低开的小阳线或小阴线即可，不必形成跳空缺口。

早晨之星另有一种特殊形态，若第二天的K线为十字星，由此形成的K线组合则被称为"早晨十字星"，其技术含义与早晨之星相同，都是一种见底回升的信号，但较早晨之星的趋势转强信号更为强烈。

二、实战操作要点

传统技术理论中对早晨之星出现的阶段并未作详细的定义，这也是传统技术理论的不足与缺陷。早晨之星若出现在下跌初期或下跌趋势途中，此时介入将有较大的风险。因为在持续下跌行情中，信号只不过是昙花一现，早晨之星往往会以失败告终，下跌途中的换档可能让人误入歧途。不少的信奉K线技术的投资者，由于对传统技术理论囫囵吞枣，未对K线技术作深入的了解和研究，就在操作中生搬硬套，实战效果往往不理想。这也是市场部分投资者认为K线技术实战效果不佳的原因。其实，早晨之星作为一种见底回升的反转信号，只有出现在下降趋势的末端，信号才有效。

下面我们对沪深两市所有A股股票进行测试，早晨之星的历史成功率究竟如何。来验证测试阶段选择1999年1月1日至2009年1月1日，这10年基本涵盖了慢熊、快熊、慢牛、快牛等各类市场环境，具有较好的模拟测试效果。而1999年之前股票市场的成熟度和市场规模相对稍差，如1997之前甚至无涨跌停板的限制，与现在的市场环境相去甚远，一般不作为测试阶段。信号成功率测试如图4-2所示。

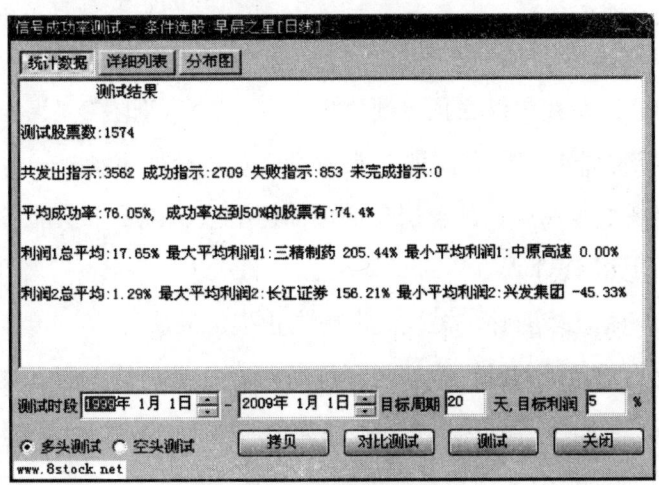

图4-2 "早晨之星"日线

A股所有股票共发出指示3 562次，成功指示2 709次，成功率76.05%。需要注意的是，这里的信号测试未考虑早晨之星出现的阶段是否是在"下降趋势的末端"，也未

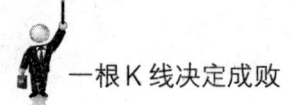

考虑成交量等其他因素。实战中,筛选出在下跌趋势末端的信号,并结合成交量和其他技术指标的综合判断,可以过滤掉其中的假信号,成功率可以提高至80%~90%,实战中这是一个非常不错的成功率。

操作上,一旦发现某只个股在大幅下跌后,出现早晨之星组合,并且量价配合比较理想,投资者就可以逢低买入,积极抄底。实战具体操作要点如下。

(1)首先考虑早晨之星出现的时机,若个股或指数经过了持续下跌,一般需要3个月以上。

(2)考虑其他技术依据支持,若周线甚至月线图中出现早晨之星,则见底几率大增。

(3)早晨之星信号成功率与第二根K线的下影线长度、第三根阳线的攻击力度有关。第二根K线下影线要长、第三根阳线的攻击力度要大,若能达到第一根阴线实体位置的一半或其以上为好。

(4)在出现早晨之星的当天,或者回调后重新上行的当天,逢低分批介入,不要犹豫不决,免得踏空。早晨之星K线组合出现后,当天或者在后市不跌破星线的低点,特别是中阳或长阳实体的一半,出现分时买点的时候重仓参与,成功的概率比较高。

(5)早晨之星能够有效地指导投资者成功地抄底,或者是逢低介入,以免踏空。某只个股出现早晨之星时,当天的低点一般是阶段性低点,一段相当长的时间内将难以再探此价位。形成早晨之星的主要原因是这类个股在尾市故意打压,以便次日低位吸筹。

(6)对于短线操作来说,早晨之星中的第三根K线即阳线本身就是一个较好的介入点。但这种简单的运用对于力求稳健或厌恶风险的投资者而言,仍然是风险性太高。

(7)稳健的办法是在早晨之星出现后再静等2~3天,如在2~3天内回调未能吞食掉早晨之星第三根阳线实体的2/3,说明多头力量已基本获取主动权,这时可放心介入;如在2~3天内不出现小幅回调,甚至快马加鞭加速上攻,说明多头能量已超强爆发,因此在突破上攻之际可快速介入。

(8)下方缺口一旦被回补,短线应考虑先止损出局。

(9)成交量的配合是关键,第三根阳线所对应的成交量应明显放大。这样才能显示出多方强劲攻击的决心。并不是说所有的类似早晨之星的组合,都意味着行情马上有转机,如果没有成交量的配合,反弹可能是昙花一现。

三、原理解析

解析早晨之星K线组合的原理有利于投资者在实战交易中快速捕捉先机,迅速读懂主力意图,明白市场群体的心理,提高实战的效率与质量。早晨之星三根K线反映出多空双方主力力量对比的变化。

（1）第一天的K线为中阴线或大阴线，显示空方完全占优。阴线的长度反映了空方力量的强弱，也反映了多方力量的挫败，是小输、中输，还是大输。

（2）第二天的K线为小阴线或小阳线，显示双方达成平衡。第二天的K线若为小阳线，说明多方力量的防守已成功，反映多空双方的较量以多方守稳并取得小胜而告终；第二天的K线若为小阴线，则说明空方力量在第二个交易日中只稍占上方。因为多方力量已在防守并反击，虽然当天还是以空方小胜收场，但第一天的空方力量已不能再接再厉、乘胜追击，而被多方力量在第二个交易日阻击，则反映出多方力量已在积蓄力量准备反击；如果第二天的K线为十字星，且前后出现跳空缺口，则股价反转向上的力度更大。十字星显示在第二个交易日被多方反击并展开多空搏杀，最终多空双方打平，这也反映出空方力量已与多方力量在较量上达到了暂时的平衡，而多方能够在空方的猛烈炮火进攻中守住阵地并打成平手，也说明了多方力量已逐渐增强到与空方力量势均力敌，多方力量随时会展开反攻。

（3）第三天的K线为中阳线或大阳线，多方由败转胜，取得主动权。该根K线的出现说明了当天多方力量已将空方力量打败，并且多方力量乘胜追击将前一天失去的阵地收复，或已攻陷敌方阵地。

这三天时间的K线排列本身就是空方力量肆虐转为衰竭，再转为多方力量新生的过程。它代表了市场投资群体的心理变化，先是做空，然后做空遇阻，再由做空转为做多。

四、深度研究

1. 早晨之星图形变化研究。

（1）标准的早晨之星由三根K线组成，左边为中阴线或长阴线，右边为中阳线或大阳线，中间为星形K线。中间为十字星的定义为早晨十字星，早晨十字星买入的信号要强于早晨之星。

（2）早晨之星也可以由多根K线组成，若中间增加2~3根小K线，则形成了早晨双星和早晨三星K线组合，与早晨之星的意义相同。

（3）早晨三星还可以由多根K线复合而成。若左右的K线由多根K线复合而成，即左侧为多根中阴线或长阴线，右侧为多根中阳线或长阳线，其含义和实战规则与早晨之星相同。

2. 早晨之星与成交量的关系研究。

成交量在早晨之星K线组合中至关重要，直接影响到信号的成功率。第三根阳线所对应的成交应明显放大，显示多方力量强大，有新资金入场。逢低介入的资金进入做多时，股价上涨的机会无疑大增。但如果早晨之星出现在股价的顶部区域或由顶部破位转入下降趋势的初始阶段或中途阶段时，若放量则需提防。这个位置的早晨之星不但是主力用骗线伎俩画成，而且与K线对应的成交量是巨量，反映了主力构筑多头陷阱极其成功，主力在倒了大量的货给市场参与者后，股价将会再次下跌。当股价在下跌过程中，触发了止损盘的涌出，这样当早晨之星K线组合中的高位巨量演变为巨大的做空能量，后市的股价下跌将会更加厉害。

五、案例分析

早晨之星在指数行情中出镜率较低，在1999年1月1日至2009年1月1日上证指数与深证成指中仅出现4次，且都出现在2008年的大熊市中。如图4-3所示，2008年4月22日出现早晨之星形态。

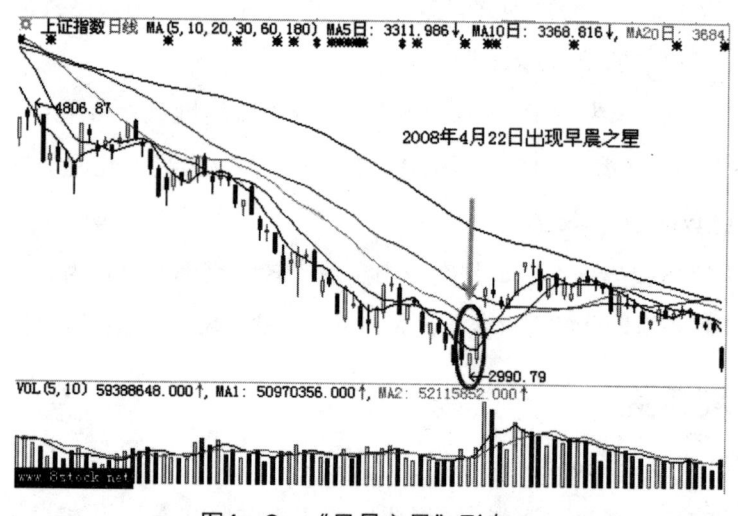

图4-3 "早晨之星"形态一

2007年10月大盘形成6124点头部之后，股指一路大跌，至2008年4月22日大盘跌至2990点，半年时间跌去一半，跌幅不可谓不大。2008年4月21日收出一根高开的长阴，22日探底回升，收出小阳线，4月23日放量长阳，形成早晨之星形态。随后的大盘走势虽连涨数百点，在一定程度上为利好刺激，但技术面属于股价经过大幅下跌后，做空能量已经大量释放，大盘已无力再创新低，呈现底部回升态势，一旦有利好点燃行情，便出现了井喷。

如下页图4-4所示，杉杉股份（600884）在2008年12月2日出现早晨之星K线组合，该股在2008年经过长期的下跌，逐步开始走稳，该股早晨之星出现于上升趋势的初始阶段，之后股价在短短几个月内走出翻出数倍的走势。下页图4-5是杉杉股份

（600884）的缩小图。

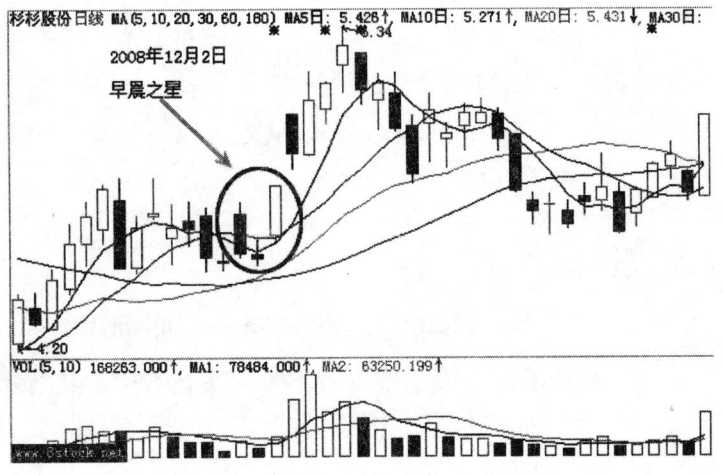

图4-4 "早晨之星"形态二

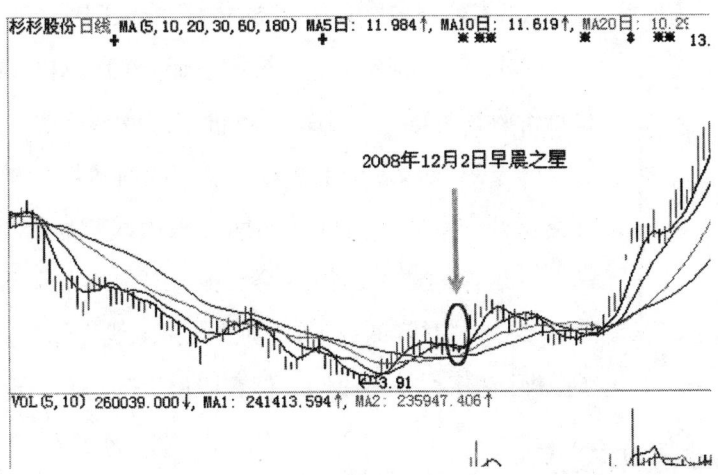

图4-5 "早晨之星"形态三

六、公式源码

{早晨之星 日线副图}

Var1：=ref（close，2）/ref（open，2）<0.95；

Var2：=ref（open，1）<ref（close，2）and abs（ref（open，1）-ref（close，1））/ref（close，1）<0.03；

Var3：=close/open>1.05 and close>ref（close，2）；

Var4：=Var1 and Var2 and Var3；

STICKLINE（Var4，0，70，4，0），colorred；

DRAWTEXT（Var4，85，'早晨之星'），colorMagenta。

好友反攻

一、图形识别

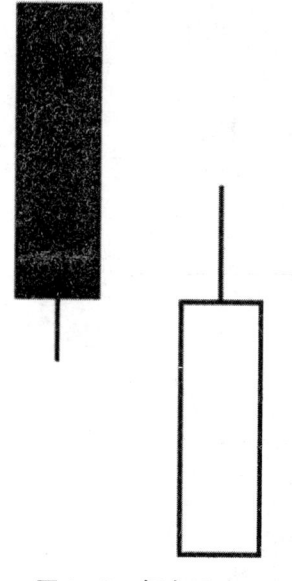

图4-6 好友反攻

"好友反攻"K线组合形态(如图4-6)是一种见底信号,后市看涨,提示投资者不要再盲目看空。其技术特征主要有以下几点。

(1)出现在下降趋势的末端,由一阴一阳两根K线组成。

(2)第一根K线为一根中阴线或大阴线。

(3)第二根K线是一根跳空低开的中阳线或大阳线,它的收盘价收在与前一根阴线收盘价相同或相近处。

好友反攻K线组合对第二根阳线有了明确的限制,必须是跳空低开,且收盘价收在与前一根阴线收盘价相同或相近的位置上。这样的情况,如果第二根低开高走的阳线的收盘价没有高过第一根阴线的收盘价,则第二根K线实际上就是一根假阳线了。即该根K线虽然收阳,但在股价上却是有一定的跌幅的。

二、实战操作要点

好友反攻K线组合也是传统技术理论中的一个经典形态,但在实战中,我们发现该形态的实战意义并不大。该形态必须要求两日的两根K线的收盘价相同或十分相近,这也就注定了该形态出现的概率较低。据我们的统计,在1999年1月1日至2009年1月1日期间,A股所有股票仅出现321次好友反攻,如此少的信号量也就表示我们在实战操作中这个形态将很难遇到。

好友反攻K线组合只有出现在下降趋势的末尾阶段或是上升趋势的初始、中途阶段才是见底信号或见阶段性底部低点信号。若出现在上升趋势的末尾阶段或下降趋势的初始阶段、中途阶段,则好友反攻K线组合不是见底信号,它只是股价运行于下降趋势过程中的一种较为少见的反弹。

实战操作中,好友反攻K线组合出现后,不宜盲目看空,持股者不需盲目割肉,空仓者可适当买些股票。但该形态见底转向信号不强，不宜单独使用，实战中需结合其他技术形态一起分析。

好友反攻K线组合中，如果第二根K线深入第一根K线实体中，就形成了我们下一节要提到的"曙光初现"，该形态的实战意义相对更佳。

三、原理解析

在好友反攻K线组合的两根K线中，第一根阴K线为中阴线或大阴线，显示股价虽经过长期的下跌，但市场上空方力量依然强大，多方暂无还手之力。多空博弈的结果为多方大败，空方获胜。第二根K线是一根低开然后高走的阳K线，并且第二根低开高走阳K线的收盘价与第一根阴K线的收盘价相同或相近。显示在前一个交易日中做空力量并未完全宣泄，股价直接跳空低开，使第二根K线出现了一步跌到位，然后再低开高走，收出阳K线。第二根阳K线的内在含义是股价在集合竞价期间，空方力量选择一步到位的操作手法。当空方力量用尽全力下跌后，后市空方力量已不能再增强，而是呈现出衰竭状态，这时多方力量乘机反击，最终在收盘时收在前一根阴K线的收盘价的相同或相近处，第二根K线的多空力量演变就是多头力量将当天开盘时的空方力量所攻下的阵地全部在收盘时收复，多空双方力量相当。

四、深度研究

1. 好友反攻中两种形态的解析。

（1）第二根阳线的收盘价高过前一天的收盘价，显示多空博弈中多方占据上风，为强势型好友反攻K线组合。

（2）第二根阳线的收盘价低于前一天的收盘价，显示多空博弈中空方占据上风，为弱势型好友反攻K线组合。

2. 好友反攻与成交量关系研究。

出现好友反攻K线组合后，后市的走势与成交量关系密切，并非放出巨量都是好事，应分不同的阶段分别对待。若好友反攻K线组合出现于上升趋势的初始阶段、中途阶段及下降趋势的末尾阶段，当成交量属于巨量时，则反映出市场上有新的看多资金加入多方阵营，该股后市的上涨力度将会更大。而当好友反攻K线组合出现于上升趋势的末尾阶段及下降趋势的初始阶段、中途阶段，巨量成交则存在以下两种可能。

（1）主力的对倒放量骗线引诱不明真相的投资者买入。

（2）主力的抛盘卖货所为。

此时的巨量将会加速股价的下跌。

五、案例分析

好友反攻暂未在股指中出现过。如图4-7为澳柯玛（600336）在2008年10月13日出现的好友反攻K线组合。

图4-7 "好友反攻"形态

澳柯玛（600336）在2008年的熊市中经过了连绵的下跌，10月13日大幅低开探底后回升，收出中阳线，形成好友反攻K线组合。由于同期大盘连续大跌，2008年10月14日收出高开低走的长阴，在随后的两个交易日里大盘连续跳空低开低走，市场行情走得极差。在如此恶劣的市场环境下，澳柯玛震荡数日后却大涨数天，走出了与大盘走势截然不同的独立行情，可见当日的好友反攻探底是有效的。

六、公式源码

{好友反攻 日线副图}

Var1：=ref（between（close，ref（close，1）*0.95，ref（close，1）*0.89），1）；

Var2：=open<ref（LOW，1）and（close-open）/ref（c，1）>0.05 and between（close，ref（close，1）*1.005，ref（close，1）*0.995）；

STICKLINE（Var1 and Var2，0，70，4，0），colorred；

DRAWTEXT（Var1 and Var2，85，'好友反攻'），colorMagenta。

曙 光 初 现

一、图形识别

曙光初现K线组合形态（如图4-8）也是一种经典的见底反转形态，顾名思义，表达为黑暗已经过去，曙光已经开始，股价将展开反转的上升行情。其技术特征主要有以下几点。

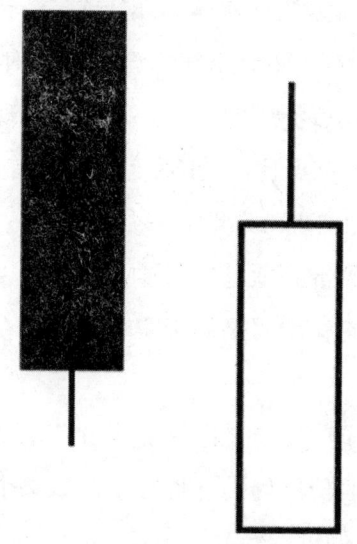

图4-8 曙光初现

（1）一般出现在下跌趋势中，由一阴一阳两根K线排列组合而成。

（2）第一天出现大阴线或中阴线。

（3）第二天出现一根大阳线或中阳线，且阳线的实体深入阴线实体的1/2以上处。

从技术面来看，曙光初现K线组合出现后，预示股价见底或处在阶段性底部，随后见底回升的可能性很大。在弱市下跌行情中，连续性的曙光初现K线组合往往预示着该股具有强烈的反转要求。

曙光初现K线组合与上一节中的好友反攻K线组合的主要区别在于：好友反攻形态第二根K线的收盘价未深入第一根K线的实体中，而是两日的收盘价相同或十分接近。而曙光初现的反转信号比好友反攻要强烈些。

二、实战操作要点

实战中，曙光初现K线组合经常能见到，成功率也相当高，具有较高的实战价值。根据统计，1999年1月1日至2009年1月1日期间，两市股票曙光初现共出现19 405次，成功指示15 167次，成功率78.16%。如果对曙光初现K线组合出现的时机进行筛选，并结合成交量和其他技术指标的综合判断，过滤掉其中的假信号，实战中的成功率可以提高至80%~90%。

曙光初现K线组合常发生在股价连续大幅下跌，超跌严重的情况下，当日股价借下跌惯性跳空低开，随后股价在超跌买盘的介入下，当日收出阳线，阳线收盘的位置插入到前一日阴线实体的1/2以上。实战中一般有如下操作要点。

（1）第二天的阳线实体深入阴线实体的部分越多，转势信号越强。

（2）传统的技术理论对曙光初现K线组合出现的时机未作详细定义，同样的道理，并不是每一个符合上述几点特征的信号都是曙光初现的有效信号，实战中我们这样区分：在牛市中，符合上述三点特征的K线组合都为有效的曙光初现K线组合，可以大胆跟进；而在熊市中，曙光初现K线组合必须出现在一个下跌时间相对较长的周期才能有效。具体来说，熊市中股价必须已经下跌了半个月以上，且处在这段时间的最低价。我们在这里作了这个限制，主要是用于避免投资者在熊市中贸然追高，防止增大操作风险。

（3）注意其第一个特征即"出现在下跌趋势中"，上面说若在牛市中这个条件可以适当放宽，但同样要注意股价所处的环境位置，如果个股涨幅过大时，出现曙光初现K线组合形态，则存在骗线的可能性。

（4）需密切关注量能的变化，伴随这种K线组合形态出现的同时出现缩量，表示股价已经筑底成功。

（5）出现曙光初现K线组合形态后，如果股价立即展开上升行情，则往往力度不大。相反，出现曙光初现K线组合形态后，股价有一个短暂的蓄势整理过程的，往往会爆发出强劲的个股行情。

（6）曙光初现K线组合形态应用于大盘趋势分析中也十分有效，常常能把握市场的拐点。曙光初现K线组合形态在股指中出现的次数不多，但非常准确。值得注意的是，用于大盘分析的曙光初现K线组合形态的技术要求，与用于个股分析的技术要求有所不同。由于股指包含的市场容量较大，其短期震荡幅度远远小于个股的股价震荡幅度。因此，在分析大盘K线组合形态时，对技术要求的标准可以适当放宽，只要大致符合曙光初现的基本条件就可以。

如图4-9为2008年10月28日上证指数出现了曙光初现K线组合，此时的大盘并没有急于上攻，而是出现了短暂的蓄势整理过程［符合上述的第（6）条］，经过7个交易日的震荡蓄势，在随后几个月内涨幅巨大，产生了2008年的1664点底部。

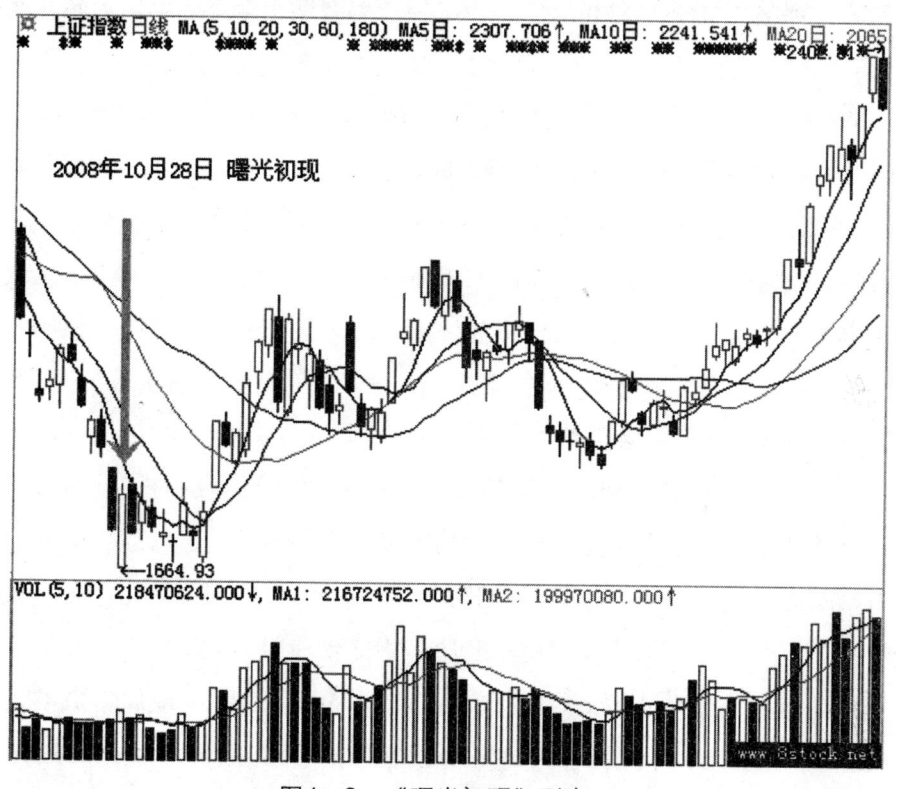

图4-9 "曙光初现"形态一

三、原理解析

曙光初现反映的是市场多空力量对抗的过程，前后两根K线分别反映了前后两天的多空力量对比。曙光初现K线组合的力量演变过程是：空方力量的强势大胜转入力气衰竭耗尽，然后多头力量逐渐转强并击退空方的进攻，多头乘胜进攻最终攻入前一根阴K线实体的一半以上。这个力量演变过程就是曙光初现K线组合的排列过程。第一天K线为中阴K线或大阴K线，它说明了当天多方力量被空方力量打败，空方占优，后市还有下跌空间；第二天K线为一根低开高走的阳K线，第二天由于承接上一天的跌势，股价低开并延续下跌，随之空方力量耗尽，多头力量乘机反击并最终反攻，当天不但收复低开下跌的幅度，而且还攻入了前一天阴K线的1/2以上处，它说明了股价在经过空方力量的打压后最终被多方力量反击，多方收复了前一天的部分失地。

四、深度研究

1. 曙光初现中两种形态解析。

（1）第二根阳线的跳空缺口大，该形态属于强势型组合。即第二天的开盘价出现了大幅度的跳空低开，开盘价与第一天的收盘价的缺口很大，这表明第一天的空头力量极大，经过跳空下跌，空方力量耗尽，股价随后强劲上升，并在收盘时收在前一根阴K线实体的一半以上位置，反映了做多力量的强势。

（2）第二根阳线的收盘价接近于前一天的开盘价，该形态属于强势型组合。即第二根阳K线在收盘时不但超越前一根阴K线实体的一半，而且接近于该根阴K线的开盘价，反映出多方力量极为强大，几乎将前一天的阵地全部收复。若第二根阳线的收盘价与前一天的开盘价十分接近或相同，则形成了阴阳并列线，反转信号更为强烈。

2. 曙光初现与成交量关系研究。

我们将分别讨论曙光初现在股价的各个时期与成交量关系的差异。曙光初现出现在下降趋势的末尾阶段或上升趋势的初始阶段、中途阶段，此时放出巨量，反映出市场上有新资金加盟，做多力量得到增援，后市股价将会走得更好。曙光初现出现在上升趋势的末尾阶段、下降趋势的初始阶段、中途阶段时，此时若放巨量，则不是好事，说明了市场存在巨大的分歧，是大量获利丰厚的获利盘兑现而形成的巨大成交量，这里的巨量会使市场上的做多力量迅速消耗殆尽，后市股价将大幅下跌。

曙光初现处于上升趋势的中途阶段时，如果出现萎缩的成交量，则最具有实战价值。因为上升趋势过程中主力必然会先进行洗筹，当主力洗筹将要结束之际，成交量往往会萎缩至地量，此时若出现曙光初现K线组合则可能是新的一轮升势的开始。

五、案例分析

如下页图4-10所示，通富微电（002156）在2009年1月13日低开低走，全天跌幅5.86%。这天收出的是一根光头光脚的长阴线，形态比较难看，但量能萎缩，流出的资金并不多，明显为庄家故意制造恐怖气氛，作拉升前的最后洗盘。果然1月14日该股低开高走，一举收复前天的大部分失地，K线组合上形成了典型的曙光初现。随后该股扶摇直上，一个月之后即最高摸至8.18元，2009年年初该股涨幅巨大。

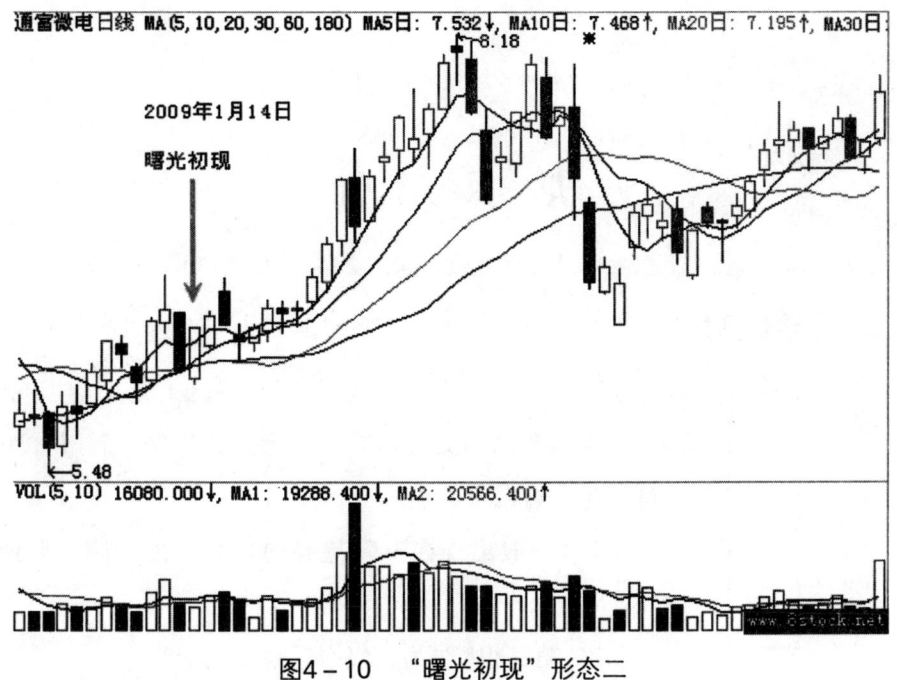

图4-10 "曙光初现"形态二

六、公式源码

{曙光初现 日线副图}

Var1：=ref（Close，1）/ref（Open，1）<=0.97；

Var2：=Close/openOpen>1.03 and Open<and（Close，1）and close>=（ref（close，1）+（ref（open，1）-ref（close，1））/3）and H<ref（open，1）；

Var3：=Var1 and Var2；

STICKLINE（Var3，0，70，4，0），colorred；

DRAWTEXT（Var3，85，'曙光初现'），colorMagenta。

旭 日 东 升

一、图形识别

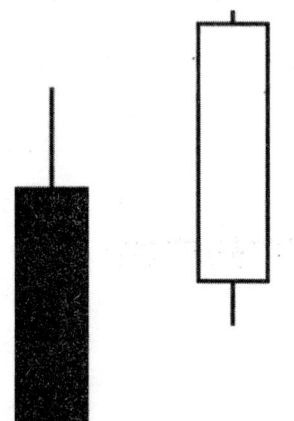

图4-11 旭日东升

旭日东升K线组合形态（如图4-11）是形容股价由弱转强，如同太阳从东方徐徐升起，为见底信号，后市看涨。其技术特征主要有以下几点。

（1）一般出现在下降趋势的末端，由一阴一阳两根K线组成。

（2）第一根K线为一根中阴线或大阴线。

（3）第二根K线为一根高开高走的大阳线或中阳线，且阳线的收盘价已高于前一根阴线的开盘价。

旭日东升K线组合与上两节的"好友反攻"和"曙光初现"形态类似，都是由一阴一阳两根K线组合而成，且都是第一根K线为一根中阴线或大阴线，第二根K线为大阳线或中阳线。两者差异在于第二根K线的收盘价的位置不同。旭日东升的见底信号要强于"好友反攻"和"曙光初现"。

二、实战操作要点

旭日东升K线组合在实战中的成功率要大大高于前两节中的"好友反攻"和"曙光初现"，出镜率也较高，是一个极具实战意义的K线组合。下页图4-12为其测试结果。

1999年1月1日至2009年1月1日期间，两市股票旭日东升共出现8 841次，成功指示7 325次，成功率82.85%。如果对曙光初现K线组合出现的时机进行筛选，并结合成交量和其他技术指标的综合判断，实战中的成功率将能得到进一步的提高。实战中应注意以下几点。

（1）旭日东升K线组合适合应用于下降趋势的末尾阶段或是上升趋势的初始阶段、中途阶段。

（2）出现时不宜继续看空做空，而要转变思维，逢低吸纳，适时做多。

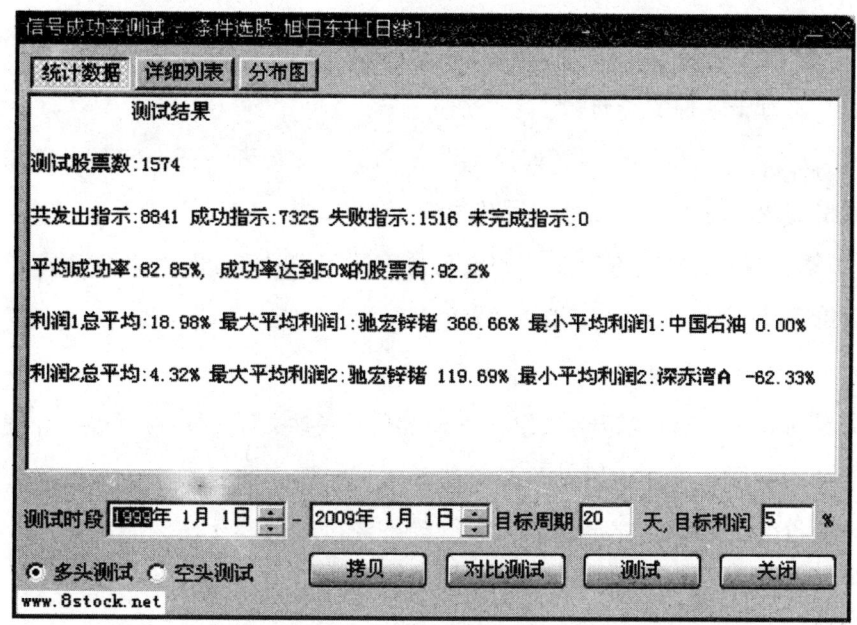

图4-12 "旭日东升"日线

（3）第二根阳线实体高出第一根阴线实体部分越多，转势信号越强。

三、原理解析

旭日东升K线组合的是多空双方的演变过程，随着空方力量由强转弱，多方力量在第二日跳高开盘爆发，此时空方已无换手之力。具体的表现形势是，当个股在连续暴跌时，通常会连续地收出大阴线，而在空方的力量即将耗尽之时，多方一般会于次日立即还以颜色，该股的股价突然地大幅跳空高开，然后其股价收出光头光脚的大阳线，且大阳线的实体部分完全覆盖了上一交易日的阴线实体，使上一交易日的做空者即时踩空。

旭日东升K线组合中，第二根K线是一根高开高走的阳线，这说明股价经过连续下挫，空头能量已释放殆尽。在空方无力再继续打压时，多方力量认为股价已超跌过度，而在第二个交易日愿意以比前一个交易日更高的价钱买入，这样就形成了高开盘，多方奋起反抗，并旗开得胜。当开盘后做多力量进一步集聚壮大，多方力量此时发动攻击，最终结果连前一个交易日空方所占领的阵地都夺回。当收盘价高于前一根阴线的开盘价时，说明多方力量已将前一个交易日的空方阵地摧毁，并且战胜了前一个交易日的空头力量。股价高开高走，前景又开始变得光明起来。这也是"旭日东升"名称的由来。

四、深度研究

1. 旭日东升中几种形态解析。

（1）第二根K线高开较多。如果第二天的阳线大幅度高开，其开盘价与第一天阴线的收盘价的距离越大，则转势信号越强烈。

（2）第二根K线收盘价较高。如果第二天的阳线收盘价较高，大大高于第一天阴线的开盘价，其收盘价与第一天阴线的开盘价的距离越大，则转势信号越强烈。

2. 旭日东升与成交量关系研究。

成交量的大小与旭日东升K线组合出现的位置关联较大。一般来说，如果在股价上升趋势的初始阶段、中途阶段及下降趋势的末尾阶段，旭日东升成交量越大越好，巨量将会对股价的上升提供充足动能，起到助推股价上涨的作用。而出现在下降趋势的初始阶段、中途阶段及上升趋势的末尾阶段，巨量将会有助跌的作用。

而在上升趋势的中途阶段出现的旭日东升K线组合，如果出现成交量萎缩，也具有较高的实战价值，此时一般是上涨途中庄家结束洗筹，为即将上涨的买入信号。

五、案例分析

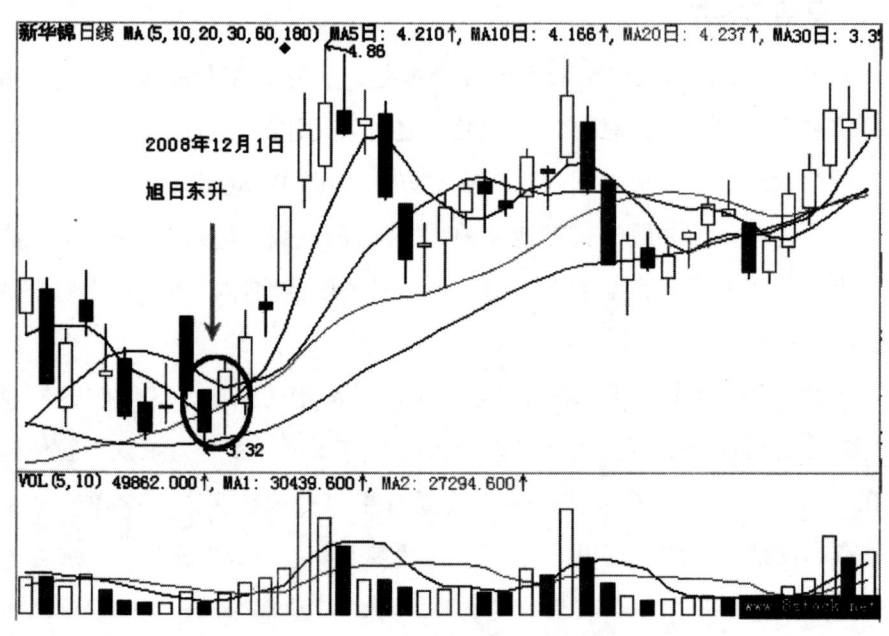

图4-13 "旭日东升"形态一

如图4-13所示，新华锦（600735）在2008年11月28日和12月1日连续两个交易日形成K线组合为旭日东升，第一天11月28日（周五）收一根阴线，全天跌幅4.51%，第二天2008年12月1日高开后收出涨幅为6.78%的中阳线。我们来分析一下，该股2008年11月27日收出一根全天振幅8.88%的长阴线，其实是一根假阴线，全天涨1.72%，第二天继续收出阴线，通过这两天萎缩的成交量，可以判断庄家并没有抛出筹码。高开的长阴线是会吓跑散户的，庄家要出货必将会把图形做得更漂亮一些，明显这是庄家在上涨途中的一次假阴洗盘（可参考笔者另一本拙著《庄股经典洗盘模式》中的"高开假阴洗盘"），这是一次绝佳的介入时机。12月1日出现高开中阳收复失地，为旭日东升K线组合形态，应更加坚定地跟进。随后该股连续飙升，短线获利巨大。图4-14为该股2008年年底至2009年年初的K线缩小图。

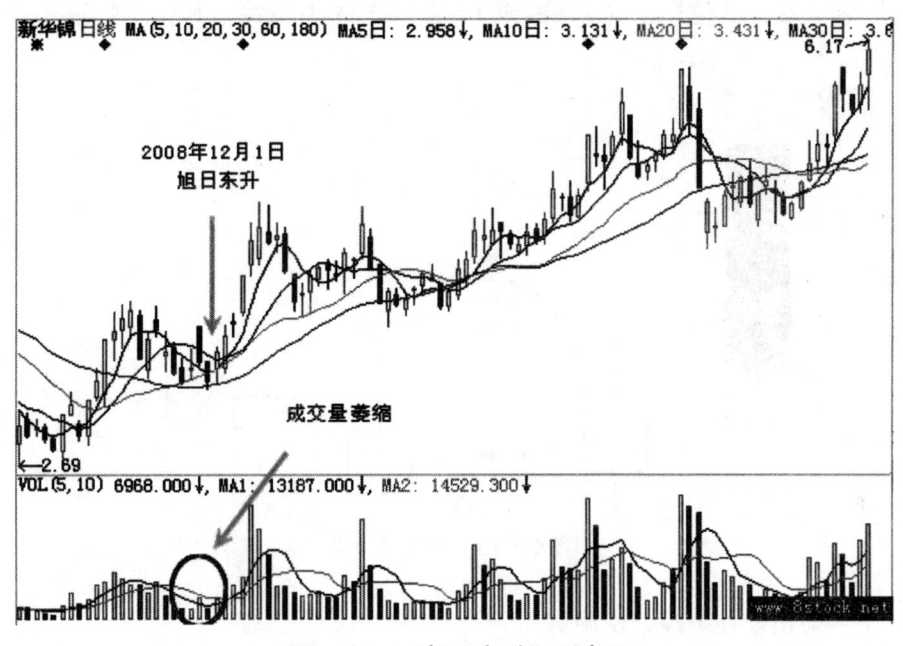

图4-14 "旭日东升"形态二

六、公式源码

{旭日东升 日线副图}

Var1：=ref（Close，1）/ref（Open，1）<=0.97；

Var2：=Close/Open>1.03 and Open>ref（Close，1）and close>ref（open，1）；

Var3：=Var1 and Var2；

STICKLINE（Var3，0，70，4，0），colorred；

DRAWTEXT（Var3，85，'旭日东升'），colorMagenta。

低位五连阳

一、图形识别

低位五连阳K线组合形态（如图4-15）是由5根低开高走呈跳跃势的小阳线组合而成，是指股票在低位连续拉出5根或者5根以上的小阳线，其技术特征主要有以下几点。

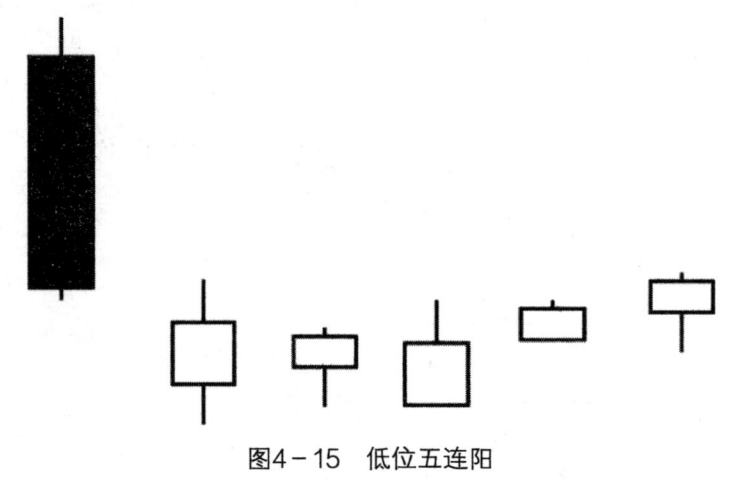

图4-15　低位五连阳

（1）一般出现在下跌行情中。

（2）在下跌持续一段时间后，连续拉出5根或5根以上的小阳线，即K线实体都不超过3%。

低位五连阳K线组合表示此价位多方的承接力量较强，预示着股价可能见底或到了阶段性底部，是一种买入信号。

二、实战操作要点

低位五连阳K线组合在实战中应用较为广泛，出现该信号之后，投资者可以逢低适量买进，风险不大，短线机会较多。具体操作上，低位五连阳出现在不同的股价区域代表着不尽相同的信号。若出现在长期下跌后的低价区域，是一个中线买入信号；若出现在中价区域或高价区域，是一个短线买入信号，此时投资者宜快进快出。实战操作要点具体如下。

（1）股价最少要连续3天收出小阳线，若能达到5天或5天以上，则信号更为可靠。

（2）每日收盘价要接近当日最高价。

（3）成交量放大要温和并且有规则。

（4）若在中价区或高价区出现，要快进快出，以免高位套牢。

在股价运行走势中，五连阳K线组合方式，经常出现在股价长时间的下跌后或在股价的上升途中。如果五连小阳的K线组合是出现在股价的上升途中，它预示着主升浪行情即将开始。

股价在长时间的下跌后，在低位连续出现五连小阳线，特别是股价经过ABC三浪下跌后，或者在W底、头肩底即将形成时出现的五连小阳组合，说明股价在经过较长时间的下跌后，多头资金或新增资金开始增仓或回补。这种以连续的小阳线方式增仓或回补的操作方式具有一定的隐蔽性，说明是一些志在长远的主力资金或前期被套的主力资金，在较为急切地压低吸货的一种行为。在通常情况下，当低位出现五连小阳K线组合时，且能有效地站上20日均线后，意味着阶段性底部的构成和下跌趋势的改变。

当五连阳出现在上升途中，往往预示着股价即将开始大幅拉升；而当低位出现五连阳时，说明主力资金急于补仓，底部开始确立。低位五连阳一般较低位的红三兵K线组合多2条阳线，说明主力低位吸筹补仓的急切性，因而较红三兵有更可靠的实战意义。因此当投资者在低位发现这种K线组合时，是一种非常好的低位买入机会。尤其要注意的是小阳线上升时的角度和斜率，越陡峭越好，如果连续5根小阳线收盘都在轨道线之上时，则是难得的买入机会。但是投资者在实战操作中也要注意，最好是经过长时间的大幅下跌，经过ABC三浪，并且股价在反复筑底时，走出的这种五连阳K线组合走势。另外也要注意区别一些已大幅上涨的个股，因为在其回调途中，主力庄家会刻意做一些小阳串组合以吸引短线客而设置多头陷阱。

三、原理解析

低位五连阳K线组合的出现，说明逢低吸纳者众多，买盘强劲，底部已经形成，多方蓄积的力量即将爆发，后市上涨的可能性极大。它所对应的成交量也呈温和放大之势。其市场含义代表主力机构积极压低回补增仓，而又不使股价过于快速大幅上扬的一种较为隐蔽的增仓行为。

（1）低位五连阳若在低价区出现：股价在长期下跌之后，连续收出小阳线，同时成交量温和放大，意味着股价已探底成功，多方正在逐步积蓄能量准备反攻。从另一个角度讲，很可能是某些主力资金在悄悄逢低建仓。未来股价很可能走出一波中级上升行情。

（2）低位五连阳若在中价区或高价区出现：股价在到达一定高位之后经过一段时间的换手洗盘，抛压已逐渐减轻。此时如果连续出现小阳线，并伴随着逐步放大的成交量，通常预示着多方将发起一轮强攻，大幅拉升在即。

四、深度研究

1. 反向应用。

股价若出现连收小阴线，其实战法则可与低位五连阳K线组合相对应。连收小阴线出现于中、高价区是中级调整信号，应及时卖出；出现于低价区，则应给予适当关注，此后股价也许在短暂急跌之后出现逆转，形成单日转向。

2. 长庄慢牛股捕捉术。

长线庄家炒作周期较长，一般是半年甚至1年以上。庄家看重的是股票的业绩，他们是以投资者心态入市的。由于长线庄家资金实力大，底气足，操作时间长，黑马一般都是从长庄股票中产生的。长线庄家一个最重要的特点就是持仓量，由于持股时间非常长，预期涨幅非常大，所以要求庄家能够买下流通盘中绝大部分，其实庄家也非常愿意这样做，这样股价从底部算起，有时已涨了近一倍，可庄家还在吃货。同样其出货的过程也相当漫长，而且到后期会不计价格抛售，这些都应该引起注意。

长线庄家中还有一种操作手法为"养鸡生蛋"，即庄家中长期地占据着某个股票，利用手中筹码不断地获取差价。

长线庄家一般具有如下特点。

（1）筹码锁定，收集时间长，控盘程度（流通股）达50%以上，坐庄时间通常在1年以上。

（2）盘面特征形成较长期的上升通道，拉升空间达100%以上，获利目标一般为100%以上。

（3）一般挑选业绩有较大提高潜力的成长股。不太计较成本，往往采取台阶式的收集方式。

长线庄家一般在大市跌至底部时大量吸足筹码，大市好转时开始拉升。当人气高涨，指数进入高位时，庄家则大量派发。长线庄家吸货时敢于拉高，派发时意志坚决，可谓重势不重价，重股更重时。

长线庄家在建仓之时，股价走势往往具有如下特征。

（1）股价长时间维持小阴、小阳，缓慢攀升。

（2）5日、10日、20日均线呈多头排列，但偏离不大。

（3）收市价绝大多数情况是站在5日均线之上，偶尔跌至10日甚至20日均线附近，但在第二天即被拉回。

（4）5日成交量均线与10日成交量均线相互粘连并保持水平状态，显示成交量始终保持温和。

长线庄家在建仓阶段，由于要求收集大量的筹码，为了不引人注意，也为了在低位能拾到更多的廉价筹码，因此将吸货动作尽量减轻，其吸货过程自然也就被相应延长。因此很自然地会出现上述的技术特征。长线庄家在建仓阶段，低位五连阳的出镜率较高，而在股指充分下跌筑底成功后的低位五连阳，其可靠程度也非常高，可操作性也非常强。低位五连阳的出现是一些志在长远的长线资金建仓或者增仓回补的重要信号，投资者在介入后一般不要轻易地作短线，以免将廉价的筹码在低位抛掉。股谚说得好，会买的是徒弟，会卖的才是师傅。不少的投资者都曾经骑到过黑马，但很大一部分的投资者往往是在途中被黑马的颠簸（洗盘）摔下马来，只能眼睁睁地看着黑马绝尘而去而懊恼不已；或者是骑在黑马上不知何时该下马，黑马来回跑了一圈，最终坐了个过山车（庄家已经完成出货）。

如何能体面地下马是很多投资者所面临的问题。以低位五连阳筛选出建仓的长牛股还只是开始的第一步，接下来如何选择买卖的时机，可参考曹氏八线理论中的"长牛线"进行操作，相关详细操作可参考笔者拙著《黑马捕捉术》。

五、案例分析

如下页图4-16所示，粤赣高速（600269）在2008年大熊市中经过了充分的下跌，2009年1月开始，庄家资金低位进入明显，1月20日出现了五连阳的K线组合，此时若大胆跟进，随后获利丰厚。

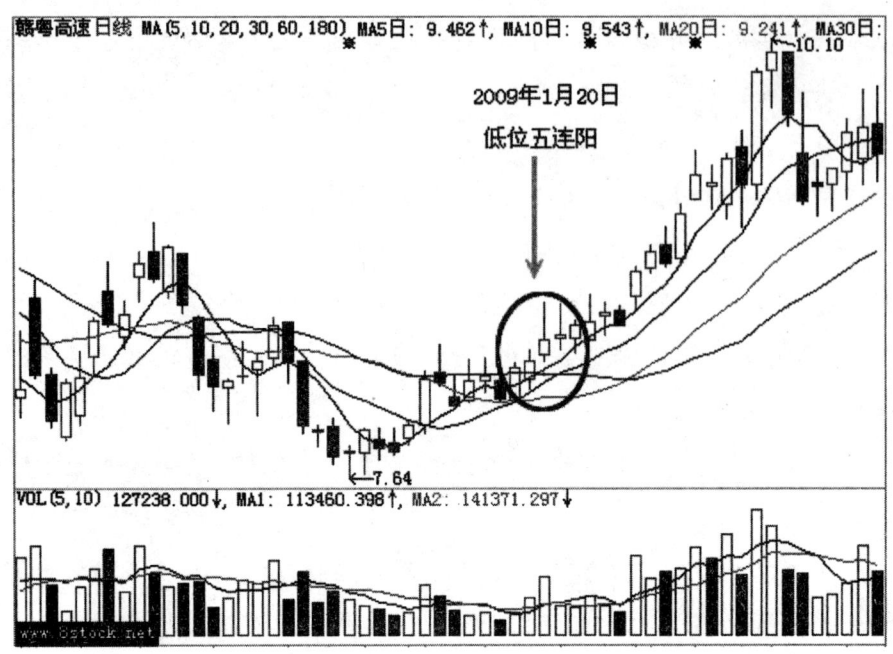

图4-16 "低位五连阳"形态

六、公式源码

{低位五连阳 日线副图}

Var1：=llv（close，60）；

Var2：=BETWEEN（close，Var1，Var1*1.15）；

Var3：=close>open and BETWEEN（close/ref（close，1），1，1.03）；

Var4：=count（Var3，5）=5；

STICKLINE（Var1 and Var4，0，70，4，0），colorred；

DRAWTEXT（Var1 and Var4，85，'低位五连阳'），colorMagenta。

三阴抄底

一、图形识别

三阴抄底K线组合形态（如图4-17）是指股价在经过较长时间的下跌后，某天开始出现加速下跌，连收三根大阴线，这就是短线见底的信号。其技术特征主要为以下几点。

图4-17 三阴抄底

（1）经过了较长时间的下跌。

（2）均线系统呈空头排列，即10日线在20日线之下，20日线在30日线之下。

（3）连收三根大阴线。

三阴抄底K线组合出现后，短线即将反弹。注意与下一节的"跳空三阴"相区别，跳空三阴K线组合要求连续的3根阴线都必须跳空低开，而三阴抄底K线组合则无此要求。

二、实战操作要点

该形态实战操作价值极高，一旦出现，短线获大利的机会也极大。如下页图4-18为1999年1月1日至2009年1月1日的成功率测试结果。统计数据显示，共发出指示1 297次，其中成功1 202次，平均成功率92.68%。这是一个极为罕见的成功率，可见短线获利概率之高！实战操作中，需要注意以下几点。

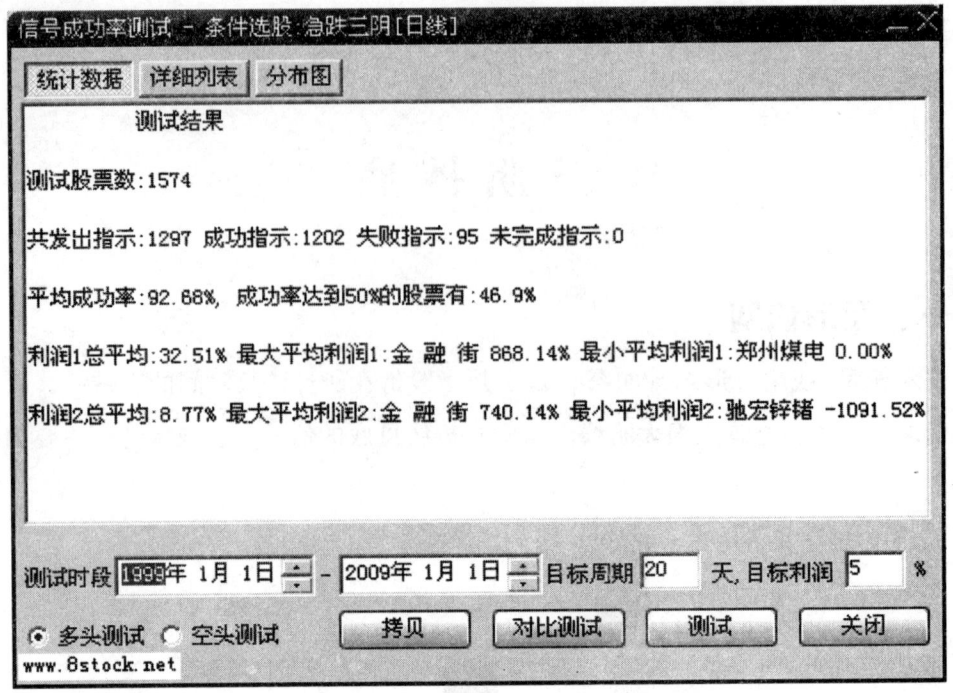

图4-18 "急跌三阴"日线

（1）个股基本面应无重大利空。

（2）此为短线见底的征兆，但由于底部未能盘稳，只能当作反弹对待，且不可恋战。

三、原理解析

该K线组合的技术特征显示，股价下跌幅度已经较大，均线系统开始呈空头排列，突然再出现急跌走势，空方疯狂肆虐，在低档连拉3根大阴线，显示空方的抛盘如潮水般咆哮而至，多方闻风丧胆，一触即溃。但由于短期内跌幅巨大，空头缺少后援，正所谓物极必反，祸福相依，在低端弱势中反弹将生。这是股价即将陷入短期谷底的先兆，行情将改由多头主控，反弹将至。

四、案例分析

如下页图4-19所示，上实发展（600748）从2009年2月25日开始，连续3天收出大阴线，均线系统严重破坏，呈现空头排列。此时的K线组合符合三阴抄底形态。2009年2月27日该股最低跌至8.27元（还权价格），此时若介入，短短1个月即可获利50%以上。

第4章 见底形态K线组合

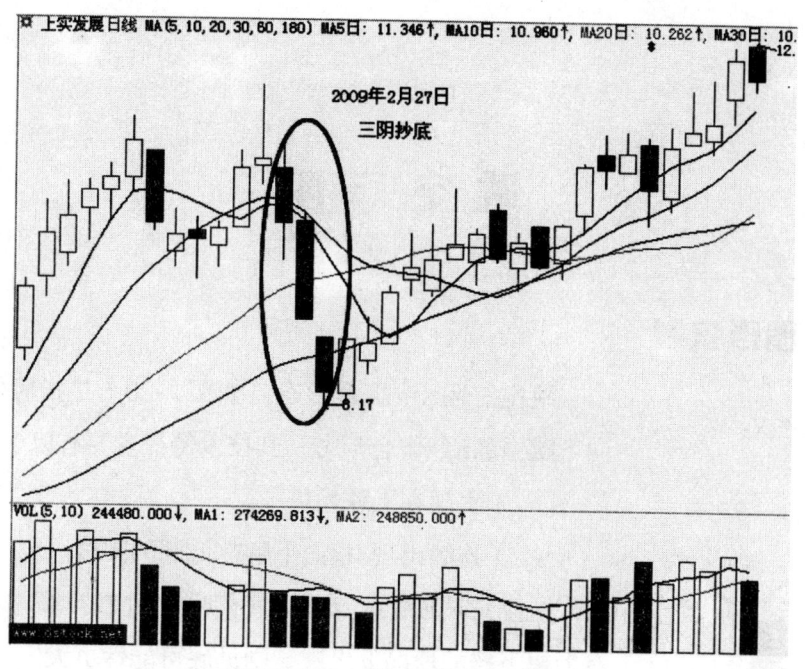

图4-19 "三阴抄底"开态

五、公式源码

{三阴抄底 日线副图}

Var1：=ma（close，5）<ma（close，10）and ma（close，10）<ma（close，20）and ma（close，20）<ma（close，30）；

Var2：=close/hhv（close，50）<0.6；

Var3：=close/Open<0.95 and close<Open；

STICKLINE（ma（Var3，3）=1，0，70，4，0），colorred；

DRAWTEXT（ma（Var3，3）=1，85，'三阴抄底'），colorMagenta。

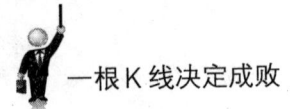

跳空三阴

一、图形识别

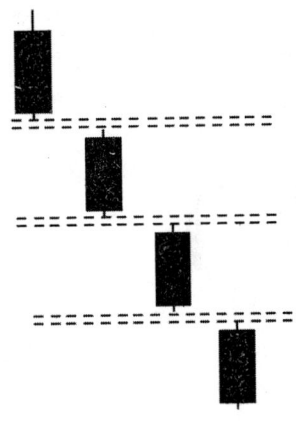

图4-20 跳空三阴

跳空三阴K线组合形态（如图4-20）是指股价出现连续向下跳空的K线组合形态，其技术特征主要有以下几点。

（1）出现在下跌趋势中。

（2）连续出现3根向下跳空低开的阴线。

跳空三阴K线组合为见底信号，后市看涨。若在股价已有大幅下挫的情况下出现，则见底可能性更大。

二、实战操作要点

不少的教科书上将该K线组合奉为经典（有的称为"连续跳空三阴线"或"三空阴线"），将其定义为"强烈的反弹信号"。但在实战中，笔者发现，该K线组合出现的概率极小，成功率也不高，基本不具备实战意义。根据统计，1999年1月1日至2009年1月1日期间出现的信号量，大部分都出现在2008年的疯熊之中，此时抢反弹无异于虎口夺食。以下的几点仅作理论探讨。

（1）跳空三阴K线组合虽然从表面看显得跌势凌厉，但是过度的下跌是对空方能量的极大消耗，当空头能量耗尽之时，股价较易出现见底行情。

（2）跳空三阴K线组合虽为反弹信号，但其最终的下跌幅度深不可测，投资者在使用时应慎之又慎，不要轻易介入抢反弹，以免被股价的惯性下挫所伤害。只有当股价放量收阳，并开始回补最后一个跳空缺口（即底部缺口），才是比较稳妥的介入时机。

（3）跳空三阴K线组合不适宜单独应用于ST股或*ST股，因为ST股出现这种情况比较正常。

三、原理解析

股价经过了长期的下跌，突然加速下挫，在低档连续三次跳空收出阴线，这是多头即将死绝、股价将要止跌的信号。股谚有云："多头不死，跌势不止"，因而此时股价反弹的可能性较大。如在股价大幅下挫的情况下出现，则见底可能性增大。

四、案例分析

如图4-21所示，航天通信（600677）在2008年6月12日出现了跳空三阴的K线组合，之前3天股价连续跳空低开，收出阴线，且缺口均未回补。由于当时股市处在2008年的疯熊时期，跳空三阴之后，股价继续大幅下挫，投资者此时若介入，将损失惨重。笔者将其作为一个失败的案例总结如下几点。

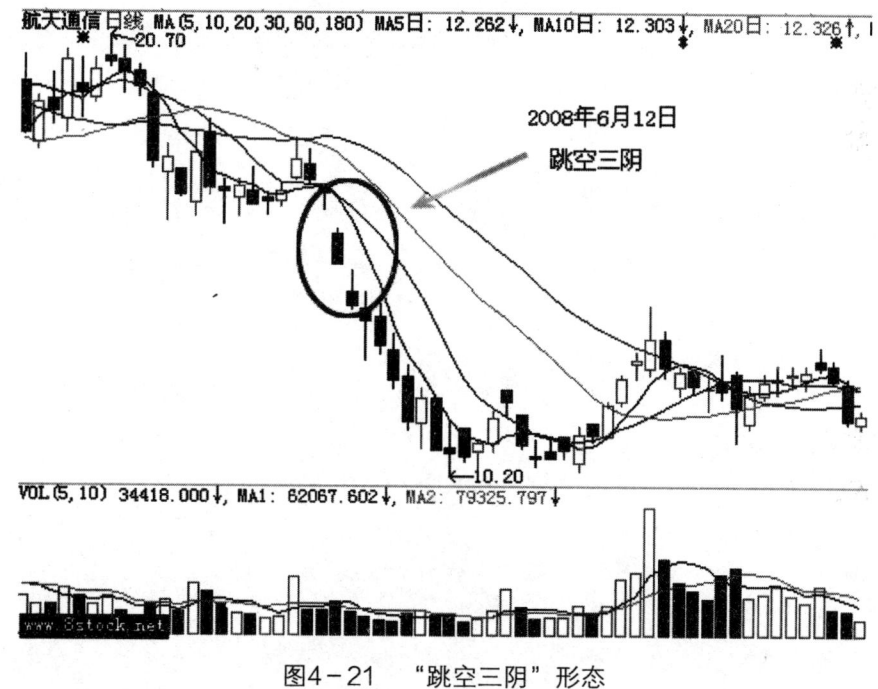

图4-21 "跳空三阴"形态

（1）该K线组合在实战中意义不大，应结合其他技术分析和基本面分析，不宜单独使用。若以此为依据轻易介入抢反弹，易被股价的惯性下挫所伤害。该K线组合比较稳妥的介入时机为第二根K线之后放量收阳，并开始回补最后一个跳空缺口（即底部缺口）。

（2）在传统技术理论教科书上的"经典"不一定每一条都经得起实战的考验，只有实践才是检验真理的唯一标准。

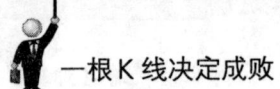

五、公式源码

{跳空三阴 日线副图}

Var1：=ma（close，5）<ma（close，10）and ma（close，10）<ma（close，20）and ma（close，20）<ma（close，30）;

Var2：=close/hhv（close，50）<0.6;

Var3：=HIGH<ref（low，1）and close<Open;

STICKLINE（（ma（Var3，3）=1），0，70，4，0），colorred;

DRAWTEXT（ma（Var3，3）=1，85，'跳空三阴'），colorMagenta。

跳空下跌三星

一、图形识别

股价在下跌途中，出现跳空低开，随后连收三根小阴线，即为"跳空下跌三星"（如图4-22），表现为见底信号。其技术特征主要有以下几点。

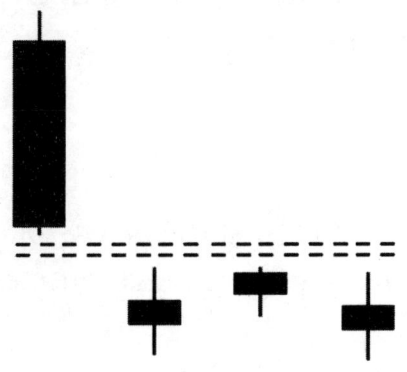

图4-22 跳空下跌三星

（1）出现在连续下跌途中。

（2）由3根小阴线组成。

（3）3根小阴线有一个明显的空白区域，即通常所说的缺口。

传统技术理论中，并未对跳空下跌三星K线组合后面的第四根K线作强制限制，笔者根据实战经验，对第四根K线做了一个强制定义，即3根小阴线后需出现1根大阳线。

该K线组合与跳空三阴K线组合的区别主要有以下几点。

（1）跳空三阴有三个跳空缺口，而跳空下跌三星只有一个跳空缺口。

（2）跳空三阴对3根阴线实体无限制，跳空下跌三星要求为3根小阴线。

（3）跳空下跌三星要求随后出现的第四根K线为大阳线。

二、实战操作要点

笔者在实战中发现，跳空下跌三星K线组合在操作中极难遇到，基本不具备实战意义。该K线组合在操作中必须注意，只能在第四天出现大阳线，回补了前期的跳空缺口，才可以介入。也就是说，买点应该出现在第四根大阳时。

如果根据传统技术理论中的定义，仅仅要求上述技术特征的前三点，即忽略第四根K线是否为大阳线，若在出现第三根阳线时就介入，失败的概率会很高，极易被继续的下跌所套牢，从而损失惨重。

三、原理解析

股价经过很长一段时间的下跌后，下跌幅度已经很深，这时若在低档盘整时跳空出现连续3根小阴线，这是探底的前兆，显示卖方已在犹豫，无力继续打压股价。如果第四天出现大阳线，表明多头已经控制了局面，即将展开一轮上攻，同时可确认底部已筑成，股价反转直上概率极大。

四、深度研究

1. 三星组合。

标准形态的跳空下跌三星要求跳空低开的3根K线为小阴线即可，即阴线实体部分不超过3%，如果3根阴线都为十字星或类似十字星，则转势信号更为强烈。

2. 下跌四星。

在连续下跌途中，出现跳空的3根小阴线之后，如果第四根K线为1根十字星，第五根才出现大阳线，这就形成了下跌四星的组合，基本可以确定底部已经组成。

五、案例分析

如下页图4-23所示，中金黄金（600489）在2008年下跌幅度较大，12月24日出现1根跳空低开的小阴线，接下来的25日和26日（周五）分别收出阴十字星和小阴线，且对12月24日的跳空缺口未作回补。接下来的一个交易日12月29日（周一）股价跳空收出1根长阳，将失地完全收复。符合"跳空下跌三星"的K线组合形态，投资者可选择在12月29日的阳线之后介入。随后该股在震荡了数日之后，开始了数月的强攻，涨幅轻松翻倍。从该股2008年6月至2009年4月的K线缩小图中（如下页图4-24）来看，本次信号发出的位置处在上涨初期。

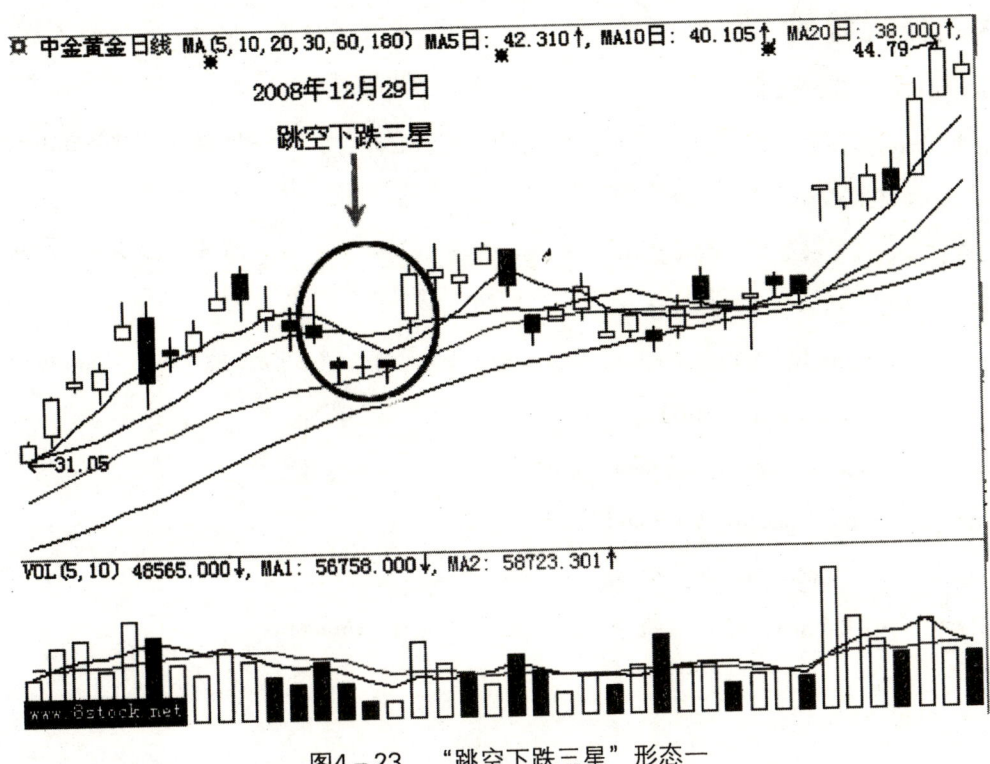

图4-23 "跳空下跌三星"形态一

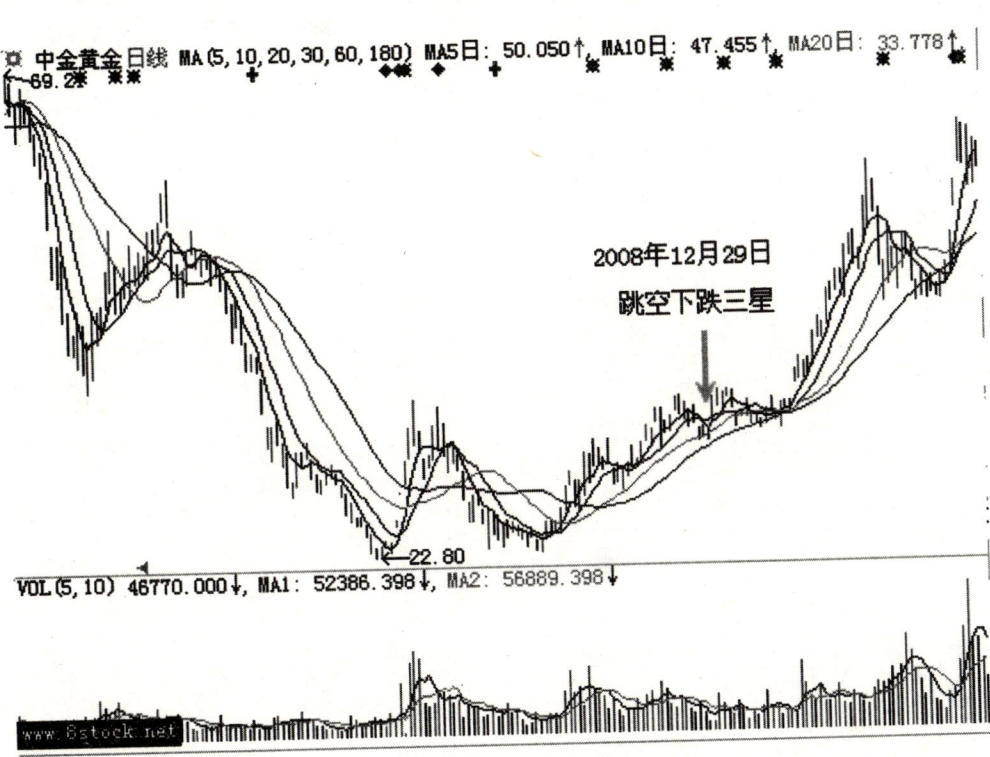

图4-24 "跳空下跌三星"形态二

六、公式源码

{跳空下跌三星 日线副图}

Var1：=ref（high，3）<ref（low，4）and ref（close，3）<ref（open，3）and ref（open，3）/ref（close，3）<1.03；

Var2：=ref（high，2）<ref（low，4）and ref（close，2）<ref（open，2）and ref（open，2）/ref（close，2）<1.03；

Var3：=ref（high，1）<ref（low，4）and ref（close，1）<ref（open，1）and ref（open，1）/ref（close，1）<1.03；

Var4：=close>open and open/close<0.97；

Var5：Var1 and Var2 and Var3 and Var4；

STICKLINE（Var5，0，70，4，0），colorred；

DRAWTEXT（Var5，85，'跳空下跌三星'），colorMagenta。

布 林 突 破

一、图形识别

布林突破K线组合形态（如图4-25）是数根K线与主图指标布林线（BOLL）结合起来运用的技术形态，通常是对常态行情的过滤，显露出已经出现突破走势的个股的介入机会。形成过程是指经过强势整理之后，某一日迅速突破布林线上轨线，形成"布林突破"K线组合形态。其技术特征主要有以下几点。

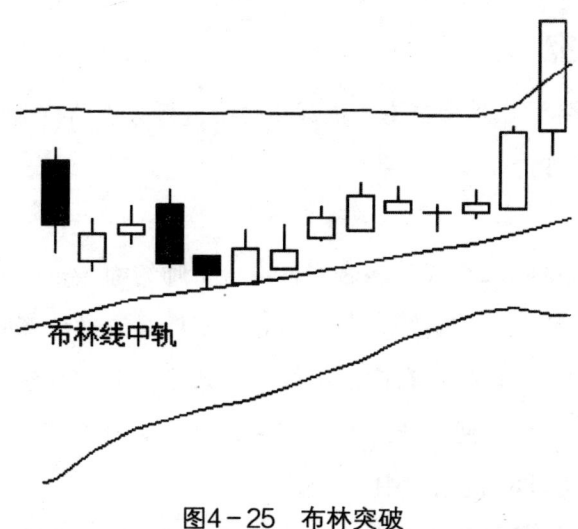

图4-25 布林突破

（1）股价连续在布林线中轨的上方运行，即每天的最低价不低于布林线中轨，这一过程至少需要保持9天。

（2）以1根中阳线或长阳线突然向上突破布林线上轨线，该阳线实体应达到3%以上。

二、实战操作要点

该K线组合善于捕捉趋势走好的股票，一般能获得较好的短线收益。操作中需注意以下几点。

（1）在形成突破之前，布林线的带宽呈现出收窄现象为好。

（2）当布林线的波带向上移动时出现该K线组合形态的效果较好。

（3）当走势图上出现该K线组合形态之时，投资者可以结合成交量的表现情况，选择适当时机介入。

（4）不能过度追高，当股价已经大幅上涨70%或1倍以上时，投资者介入不仅获利空间有限，而且具有一定风险。有时股价上涨虽然不到1倍，但涨速过快时也不宜追涨。

三、原理解析

布林突破K线组合形态是指股价经过了在布林线上轨的长期运行之后，以大阳线或长阳线突破上轨的过程。股价在布林线的中轨运行时间较长，此为强势整理形态，当K线从布林线的中轨线以上向上突破布林线上轨时，预示着股价的强势特征已经确立，股价将可能短线大涨，投资者应以持股待涨或短线买入为主。关于布林线的用法我们在后面将详细探讨。

四、深度研究

布林突破K线组合形态是结合主图指标布林线进行分析的技术形态，这里有必要对布林线作一个详细探讨。

1. 布林线的原理。

"布林线"是20世纪70年代美国著名证券分析师约翰·布林格发现的股票价格运行规律的量化指标，并以他的名字命名。布林线指标是通过计算股价的"标准差"求出股价的"信赖区间"。该指标在图形上画出三条线，上下两条线可以分别看成是股价的压力线和支撑线，而在两条线之间还有一条股价平均线。一般情况下，股价会运行在压力线和支撑线所形成的通道中。

布林线中的股价信道对预测未来行情的走势起着重要的参考作用，它也是布林线指标所特有的分析手段。绝大多数技术分析指标都是通过数量的方法构造出来的，它们本身并不依赖趋势分析和形态分析，而布林线却与股价的形态和趋势有着密不可分的联系。布林线中的股价信道概念是股价趋势理论的直观表现形式。布林线是利用股价信道来显示股价的各种价位，当股价波动很小，处于盘整时，股价信道就会变窄，预示着股价的波动处于暂时的平静期；当股价波动超出狭窄的股价信道的上轨时，预示着股价异常激烈地向上波动即将开始；当股价波动超出狭窄的股价信道的下轨时，同样也预示着股价异常激烈地向下波动即将开始。

投资者常常会遇到两种最常见的交易陷阱：一是买低陷阱，投资者在所谓的低位买进之后，股价不仅没有止跌反而不断下跌；二是卖高陷阱，股票在所谓的高点卖出后,股价却一路上涨。布林线特别运用了爱因斯坦的相对论,认为各类市场间都是互动的,市场内和市场间的各种变化都是相对性的,是不存在绝对性的,股价的高低是相对的,股价在上轨线以上或在下轨线以下,只是反映该股股价相对较高或较低,投资者作出投资判断前还须综合参考其他技术指标,包括价量配合、心理类指标、类比类指标及市场间的关联数据等。

2.布林线的计算方法。

在实战中,投资者不需要进行布林线(BOLL)指标的计算,主要是了解布林线的计算方法和过程,以便更加深入地掌握布林线指标的实质,为运用指标打下基础。在所有的指标计算中,布林线(BOLL)指标的计算方法是最复杂的,其中引进了统计学中的标准差概念,涉及中轨线(MB)、上轨线(UP)和下轨线(DN)的计算。另外,和其他指标的计算一样,由于选用的计算周期的不同,布林线指标也包括日布林线指标、周布林线指标、月布林线指标、年布林线指标以及分钟布林线指标等各种类型。经常被用于股市研判的是日布林线指标和周布林线指标。虽然它们在计算时的取值有所不同,但基本的计算方法一样。

以日布林线指标计算为例,其计算方法如下:

(1)日布林线指标的计算公式:

$$中轨线=N日的移动平均线$$

$$上轨线=中轨线K两倍的标准差$$

$$下轨线=中轨线-两倍的标准差$$

(2)日布林线指标的计算过程:

a.计算MA。

$$MA=N日内的收盘价之和÷N$$

b.计算标准差MD。

$$MD=平方根N日(C-MA)的两次方之和÷N$$

c.计算MB、UP、DN线。

$$MB=(N-1)日的MA$$

$$UP=MBK2×MD$$

$$DN=MB-2×MD$$

3.布林线的上中下轨线使用方法。

布林线有三根轨线,上下两条线可以分别看成是股价的压力线和支撑线,中间是一条股价平均线。布林线中的上、中、下轨线所形成的股价信道的移动范围是不确定的，信道的上下限随着股价的上下波动而变化。在正常情况下，股价应始终处于股价信道内运行。如果股价脱离股价信道运行，则意味着行情处于极端的状态下。在布林线中，股价信道的上、下轨是显示股价安全运行的最高价位和最低价位。上轨线、中轨线和下轨线都可以对股价的运行起到支撑作用，而上轨线和中轨线有时也会对股价的运行起到压力作用。

一般而言，当股价在布林线的中轨线上方运行时，表明股价处于强势趋势；当股价在布林线的中轨线下方运行时，表明股价处于弱势趋势。

布林线中的上、中、下轨线之间的关系主要有以下几点。

（1）当布林线的上、中、下轨线同时向上运行时，表明股价强势特征非常明显，股价短期内将继续上涨，投资者应坚决持股待涨或逢低买入。

（2）当布林线的上、中、下轨线同时向下运行时，表明股价的弱势特征非常明显，股价短期内将继续下跌，投资者应坚决持币观望或逢高卖出。

（3）当布林线的上轨线向下运行，而中轨线和下轨线却还在向上运行时，表明股价处于整理态势之中。如果股价是处于长期上升趋势时，则表明股价是上涨途中的强势整理，投资者可以持股观望或逢低短线买入；如果股价是处于长期下跌趋势时，则表明股价是下跌途中的弱势整理，投资者应以持币观望或逢高减仓为主。

（4）布林线的上轨线向上运行，而中轨线和下轨线同时向下运行的可能性非常小，这里就不作研判。

（5）当布林线的上、中、下轨线几乎同时处于水平方向横向运行时，则要看股价目前的走势所处的状态作判断。

4. K线和布林线的关系运用。

（1）当K线从布林线的中轨线以下、向上突破布林线中轨线时，预示着股价的强势特征开始出现，股价将上涨，投资者应以中长线买入股票为主。

（2）当K线从布林线的中轨线以上、向上突破布林线上轨时，预示着股价的强势特征已经确立，股价短线将可能大涨，投资者应以持股待涨或短线买入为主。

（3）当K线向上突破布林线上轨后，其运行方向继续向上时，如果布林线的上、中、下轨线的运动方向也同时向上，则预示着股市的强势特征依旧，股价短期内还将上涨，投资者应坚决持股待涨，直到K线的运动方向开始有掉头向下的迹象时，需密切注意行情是否开始转势。

（4）当K线在布林线上方，向上运动了一段时间后，如果K线的运动方向开始掉头向下，投资者应格外小心，一旦K线掉头向下并突破布林线上轨时，预示着股价短期的强势行情可能结束，股价短期内将大跌，投资者应及时短线卖出股票、离场观望。特别是对于那些短线涨幅很大的股票。

（5）当K线从布林线的上方、向下突破布林线上轨后，如果布林线的上、中、下轨线的运行方向也开始同时向下，预示着股价短期强势行情即将结束，股价的短期走势不容乐观，投资者应以逢高减磅为主。

（6）当K线从布林线中轨上方、向下突破布林线的中轨时，预示着股价前期的强势行情已经结束，股价的中期下跌趋势已经形成，投资者应在中线及时卖出股票。如果布林线的上、中、下线也同时向下则更能确认。

（7）当K线向下跌破布林线的下轨并继续向下时，预示着股价处于极度弱势行情，投资者应坚决以持币观望为主，尽量不买入股票。

（8）当K线在布林线下轨运行了一段时间后，如果K线的运动方向有掉头向上的迹象时，表明股价短期内将止跌企稳，投资者可以逢低少量建仓。

（9）当K线从布林线下轨下方、向上突破布林线下轨时，预示着股价的短期行情可能回暖，投资者可以及时适量买进股票，作短线反弹行情。

（10）当K线一直处于中轨线上方，并和中轨线一起向上运动时，表明股价处于强势上涨过程中，只要K线不跌破中轨线，投资者可一路持股。

（11）当K线一直处于中轨线下方，并和中轨线一起向下运动时，表明股价处于弱势下跌过程中，只要K线不向上反转突破中轨线，稳健的投资者可一路观望。

5. 布林线与KDJ指标的配合使用。

KDJ指标是超买超卖类指标，而布林线则是支撑压力类指标。两者结合在一起可以使KDJ指标的信号更为精准。同时，由于价格日K线指标体系中的布林线指标，往往反映的是价格的中期运行趋势，因此利用这两个指标来判定价格到底是短期波动，还是中期波动具有一定作用，尤其适用于判断价格是否短期见顶（底），还是进入了中期上涨（下跌），具有比较好的研判效果。

由于布林线中的上轨有压力作用，中轨和下轨有支撑（压力）作用，因此当价格下跌到布林线中轨或者下档时，可以不理会KDJ指标所发出的信号，而采取操作。当然，如果KDJ指标也走到了低位，那么应视作是短期趋势与中期趋势相互验证的结果，从而采取更为积极的操作策略。但要注意的是，当价格下跌到布林线下轨时，即使受到支撑而出现回稳，KDJ指标也同步上升，可趋势转向的信号已经发出，所以最多只能抢一次反弹。而当KDJ指标走上80高位时，采取卖出行动就较为稳妥，因为当股价跌破布林线中轨后将引发布林线开口变窄，此时要修复指标则需进行较长时间的盘整，所以说无论从防范下跌风险，还是从考虑持有的机会成本来看，都不宜继续持有。

最后，总结一下综合运用KDJ指标和布林线指标的原则为以布林线为主，对价格走势进行中线判断，以KDJ指标为辅，对价格进行短期走势的判断。KDJ指标发出的买卖信号需要用布林线来验证配合，如果两者均发出同一指令，则买卖准确率较高。

6.布林线的实战运用。

KDJ、MACD等指标可以通过低位向上交叉来作为买入信号或通过高位向下交叉来作为卖出信号，但这些指标都有一个缺点，就是在股价盘整的时候会失去作用或产生骗线，给投资者带来损失。通常在股价盘整的过程中，投资者最想知道的一定是股价要盘整到什么时候才会产生行情。因为如果太早买入股票，而股票却又迟迟不涨，资金的利用率就会降低，而且投资者还要承担股价下跌的风险。而布林线指标则恰恰可以在这时发挥其神奇的作用，对盘整的结束时间给予正确的提示，使投资者避免太早买入股票。

在应用该指标时，重点在于波动带的变动和指数或股价对波动带的穿越。一般而言，当布林线的波动带呈水平方向移动时，可以被视为目前的趋势以横盘运行为主，属于"常态的范围"。在这种情况下，当股价向上穿越"上轨"时，将会形成短期的回档，可以看作是短线的卖出信号；股价向下穿越"下轨"时，将会形成短期的反弹，此时则为短线的买进时机。但股指或股价经过一段时间的横盘运行后，布林线的波动带区间有收窄迹象，即"上轨"和"下轨"相互靠拢时，则表示将要开始出现变盘。此时若股价连续穿越"上轨"，表示股价将朝上涨方向运行；而当股价连续穿越"下轨"，则表示股价将朝下跌方向运行。

实际上，布林线对于波段操作的指导性较强。它在常态情况下有通过上、下轨的区间指明压力支撑的功能，并在股价穿越该区域时指出是否处于超买超卖的状态。同时在趋势运行时，它的作用也较为明显。一方面，在股指或股价形成突破之前，投资者可以通过观察波动带是否有收窄迹象来提前做好准备。另一方面，在趋势将要结束时，投资者可以通过观察股价对波动带中线的穿越，并结合波动带的变动来提前把握阶段性操作机会。尤其是在暴涨或暴跌的末期，股价常常会冲出布林线的上轨或下轨。此时，若果断地高抛逃顶或底吸进场，短线收益将十分可观。

不过对于经历了波动带持久收缩后刚刚在形态上有突破的个股，在股价变动的初期应用布林线时要尽量避免短线操作。在上涨初期,由于在开始突破的前几个交易日内股价一般走势较强,在触及布林线的上轨后,常常是以横盘强势整理来消化技术上的压力,或改为贴近布林线上轨运行,而不出现回调。此时若在上轨附近卖出后,不一定能够再有较好的价位回补,很容易错过中线收益的机会。在下跌趋势刚开始时亦然,股价短时间经历急速跌穿下轨后,可能改为缓跌或横盘修正,此时进场抢反弹可能陷入被套的困境。不过上述两种情况下,布林线可与SAR停损指标配合使用,以达到取长补短,增加胜算的投资效果。

五、案例分析

如图4-26所示,中西药业(600842)在2009年1月13日出现布林突破K线组合。2009年1月,该股在中轨与上轨之间运行较长一段时间,1月10日左右,布林线上、下轨开口缩小,且布林波段明显向上移动。1月13日,该股封死涨停板,以一根巨量的长阳突破布林上轨,出现布林突破K线组合,买点出现,其后股价一路上扬。

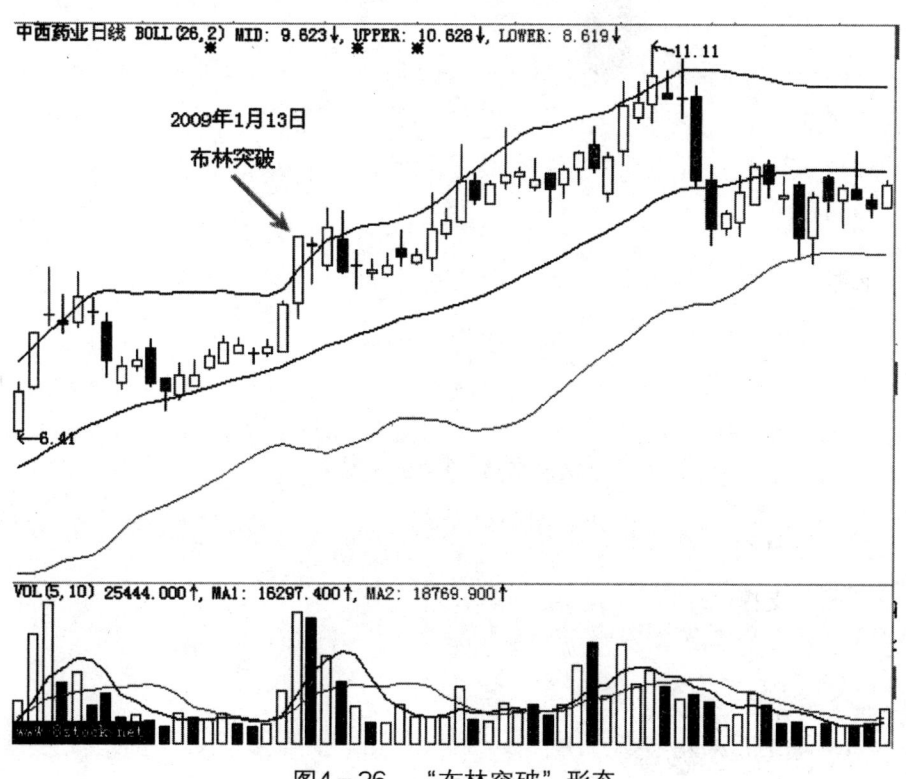

图4-26 "布林突破"形态

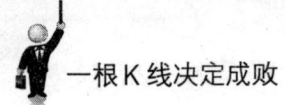
一根K线决定成败

定海神针

一、图形识别

定海神针K线组合形态（如图4-27）主要是用于对股价阶段性底部的判别，由3根K线组成的，中间的是由1根长下影线组成的，如同1根定海神针，股价由此止跌。其技术特征主要有以下几点。

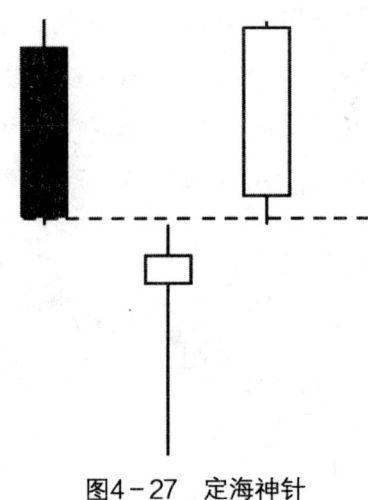

图4-27 定海神针

（1）股价前期经过了连续调整。

（2）由3根K线组成，第一根K线是中阴线或大阴线。

（3）第二根K线是长下影线，阴线或阳线皆可，但开盘价和收盘价都不可超过前一天阴线的收盘价。

（4）第三根K线是中阳线或大阳线。

（5）成交量同步放大。

二、实战操作要点

（1）股价若经过长期下跌后出现定海神针，若成交量同步放大，短线可迅速追进，耐心等待一轮反弹行情。

（2）若在横盘整理期间出现定海神针，此时表现形式是股价莫名其妙大幅下跌，若成交量并未放出，通常为获利盘涌出或是庄家刻意打压，此时可见跌则买，甚至将埋单挂在接近跌停的位置，可做短线。

（3）对大幅洗盘的个股，洗盘结束之后常会继续拉抬，此时可继续持股。

三、原理解析

定海神针K线组合可能由以下情形引起。

（1）当日见底反转。若个股或大盘处于长期调整浪的末期，某天先是大幅下挫，但是很快即被强行拉起，日K线留下长长的下影线，表明探底成功。

（2）在整理期间股价急跌时庄家护盘，日K线图上也会留下长长的下影线，此时的股价如同有一双无形的手将其托住，跌下去往往能迅速拉起。

（3）为庄家洗盘的一种形式，先是用大单不断往下砸，在投资者吓得拔腿而逃之际，庄家反手做多，迅速将股价拉起，日线图上留下长长的"尾巴"。

四、深度研究

定海神针K线组合其主体是一根带长下影的K线，股市中对带长影线K线图有着截然相反的两种观点：一种观点认为，影线所触及的位置为股价指明了方向，股价迟早会越过或跌破下影线所触及的位置；另一种观点认为，长影线是抛压较重或支撑较强的表现，上影越长，证明抛压较重，下影线越长，证明支撑越强。结合实战，笔者下面谈谈下影线较长的K线形成后对股市后期走势的影响。

下影线分为两类：一类是下探性影线，其含义是股价将循着下影线所指的方向继续下跌，属于下跌抵抗型；另一类是止跌性下影线，其含义是股价已经探明底部，即将见底回升，属于反攻转势型。如何区别这两种下影线呢？

（1）看其所处的位置。如果股价在高位，且已露出调整端倪，若出现较长的下影线，并不能证明股价已止跌，只能说明由于主力机构存货尚多，他们必须制造震荡或稳住股价，以便逐步卖出手中的筹码。故这种下影线属于下跌抵抗型居多，股价随后还将继续下跌。

（2）而止跌性下影线所处的位置从大盘的角度来看，若是处在大级别的调整中，其股指跌幅若超过30%，且出现长下影线的话，则止跌信号较可靠。若是中小级别的调整，股指跌幅在15%~25%之间，若出现较长下影线也基本认为是止跌信号。

（3）看长下影线的K线出现后，紧跟在后面的两根K线组合，一般情况下，紧跟的第二根K线可以是小阴小阳，关键是第三根，如果是阳线，则证明带长下影线的K线属于止跌性K线，如果是阴线，且阴线实体较长，则属于下探性K线。

五、案例分析

如图4-28所示，鑫科材料（600255）在2008年11月4日出现定海神针K线组合形态，该位置属于股价经过长期下跌后出现，且当时成交量同比放大，超过5日均量线和10日均量线，此时若介入，不到1个月时间该股即完成了翻番。

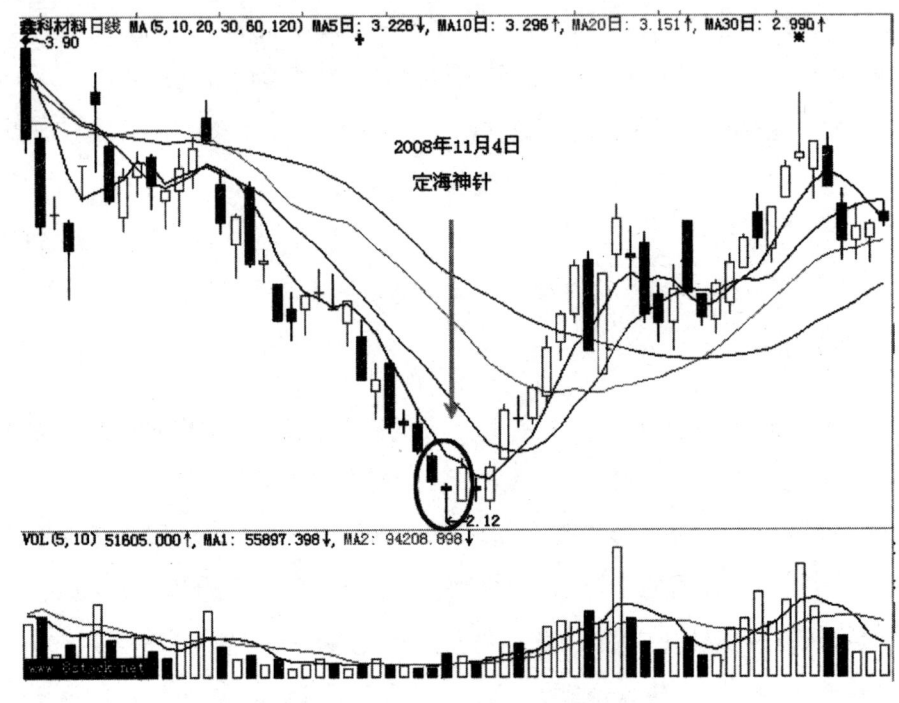

图4-28 "定海神针"形态

突 出 重 围

一、图形识别

突出重围是由K线和均线系统组合形成的K线组合形态,是指对所有长短期均线的突破,是均线突破的极致形态,转势信号强烈。其技术特征主要有以下几点。

(1)突出重围K线是指一根K线同时突破10条均线,这10条均线包括5日、10日、20日、30日、40日、60日、90日、120日、180日和240日均线;

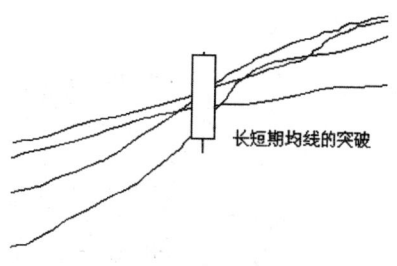

图4-29 突出重围

(2)突出重围K线的开盘价位小于10条均线,而收盘价位大于10条均线;

(3)突出重围K线形成时的成交量有所放大;

(4)突出重围K线使得部分均线出现转向。

二、实战操作要点

突出重围K线形态是一种强势突破的K线形态,是积蓄能量后的爆发,预示股价将出现大幅上涨行情。但在实战中,这类极致形态极难遇到,在统计的1999年1月1日至2009年1月1日期间,该形态仅仅出现132次,信号量太少,不具备实战意义。操作上,如遇到该K线形态后,投资者可以积极买进。

三、原理解析

突出重围K线是股价经过了较长时间的盘整和蓄势,长短期均线纠缠,随着一根放量阳线的突破,意味着积蓄能量的集中爆发。该形态主要依赖均线系统,移动平均线分析主要分为单线分析和多线分析。单线分析的理论根据是葛南维八法,而多线分析不仅以葛南维八法的理论为依据,同时还根据多条平均线的交叉来研判行情。因此,在多线分析过程中仍然把葛南维八法当成重要的分析因素。

四、案例分析

如下页图4-30所示,如意集团(000626)在2006年12月28日复牌后以一根长阳突破所有长短期均线，形成突出重围形态，其后该股一路飙升，涨幅达300%。

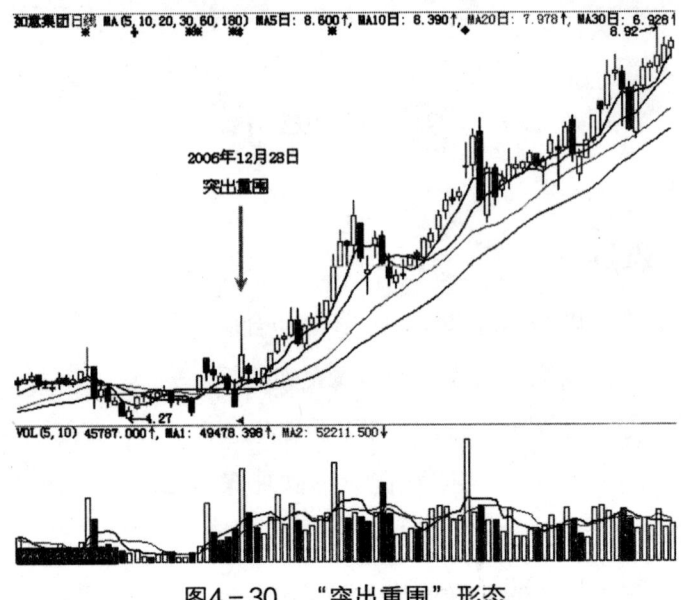

图4-30 "突出重围"形态

五、公式源码

{突出重围 日线副图}

Var1：=cross（Close，ma（Close，5））；

Var2：=cross（Close，ma（Close，10））；

Var3：=cross（Close，ma（Close，20））；

Var4：=cross（Close，ma（Close，30））；

Var5：=cross（Close，ma（Close，40））；

Var6：=cross（Close，ma（Close，60））；

Var7：=cross（Close，ma（Close，90））；

Var8：=cross（Close，ma（Close，120））；

Var9：=cross（Close，ma（Close，180））；

Var10：=cross（Close，ma（Close，240））；

Var11：=vol>ma（vol，5）*1.5；

Var12：=Var1 and Var2 and Var3 and Var4 and Var5 and Var6 and Var7 and Var8 and Var9 and Var10 and Var11；

STICKLINE（Var12，0，70，4，0），colorred；

DRAWTEXT（Var12，85，'突出重围'），colorMagenta。

金 鸡 报 晓

一、图形识别

金鸡报晓（图4-31）是指股价在持续滑落的过程中，某一日收出一个光头的中阳线或大阳线，从而引领股价向上反弹。这根中阳线或大阳线如同黑暗中的雄鸡引吭高歌，召唤黎明的到来，故谓之"金鸡报晓"。其技术特征主要有以下几点。

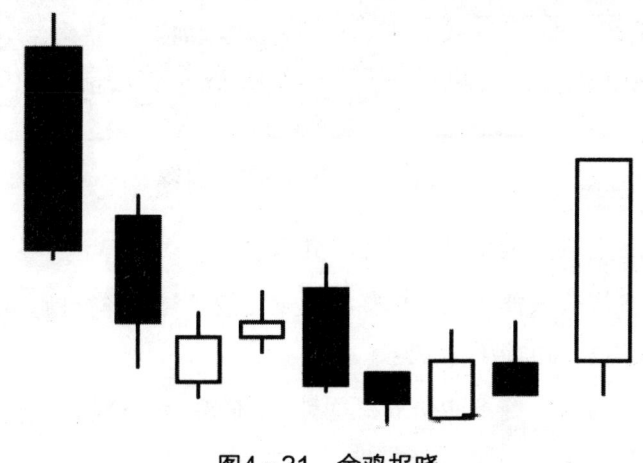

图4-31 金鸡报晓

（1）股价经过长期下滑，创出最近3个月的新低。即要求是最近5天的最低价，也必须是最近66个交易日以来的最低价。

（2）出现光头中阳线或大阳线，即当日的涨幅要超过3%，且收盘价等于全天最高价。

（3）成交量要随着股价的上涨出现同步放大。

金鸡报晓是一种短线买进的信号。

二、实战操作要点

金鸡报晓K线在实战中具有较高的实战意义，在统计的1999年1月1日至2009年1月1日期间，共发出指示3 270次，成功指示2 473次，平均成功率75.63%。最大平均利润为浪莎股份在发出信号后获利172.39%。如下页图4-32所示。

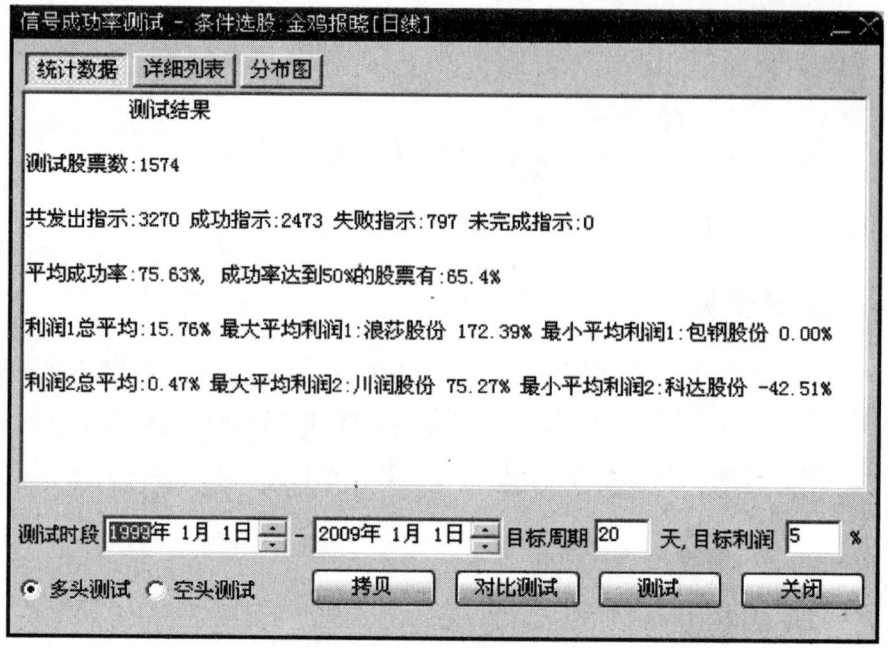

图4-32 "金鸡报晓"日线

金鸡报晓K线形态在实战中需注意以下几点。

（1）这是一种短线反弹形态，投资者可以短线参与反弹行情。若结合其他技术指标分析，一般能获得较高的短线收益；

（2）投资者参与之后绝不能恋战，这种K线形态对股价的长期运行趋势没有明确的指示意义，因此，投资者在短线获利后，要及时获利了结。

（3）K线对刚刚上市的新股无效，因为新股交易的时间还不到3个月，不能满足K线的技术要求。

三、原理解析

股价经过了长时间的下跌，最近5天的最低价为近3个月以来的最低价，这是个股或指数经过了深幅下跌，使得短期做空能量得到释放，短期内如无利空，很快能突破5日内的最低价。而短期内个股或指数积聚了新的做多力量，一根光头的阳线显示多头力量集中爆发，从而引发强劲反弹行情。但该形态仅为超跌反弹，对股价的长期运行趋势没有明确的指示意义。

四、案例分析

如下页图4-33所示，上海电力（600021）在2008年11月10日出现金鸡报晓K线形

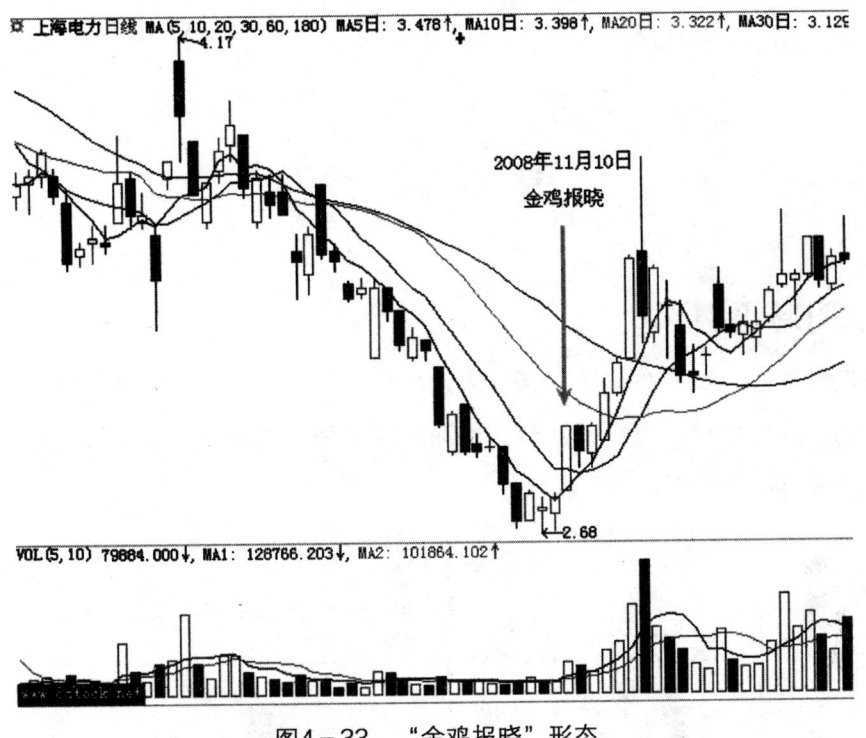

图4－33 "金鸡报晓"形态

态。该股在2008年的熊市中，前期跌幅较大，11月6日探底的2.68元（还权价）为近3个月的最低价，空方力量已经得到了较大的宣泄。11月7日的光头长阳是多方力量的集中爆发，同时成交量同比放大，快速突破了5日均量线和10日均量线，此时若介入，几个交易日内，短线最高获利可达27%。

五、公式源码

{金鸡报晓 日线副图}

Var1：=llv（low，66）=low；

Var2：=ma（Var1，5）>0；

Var3：=BETWEEN（close/ref（close，1），1.10，1.03）and Close=high；

Var4：=vol>ma（vol，5）*1.4；

Var5：=Var2 and Var3 and Var4；

STICKLINE（Var5，0，70，4，0），colorred；

DRAWTEXT（Var5，85，'金鸡报晓'），colorMagenta。

裂谷反转

一、图形识别

裂谷反转形态（如图4-34）是指在下跌趋势末端，股价或指数在短时间内出现两个相反方向的跳空缺口，为一种强烈的底部反转信号，说明股价的下跌趋势已被彻底扭转。其技术特征主要有以下几点。

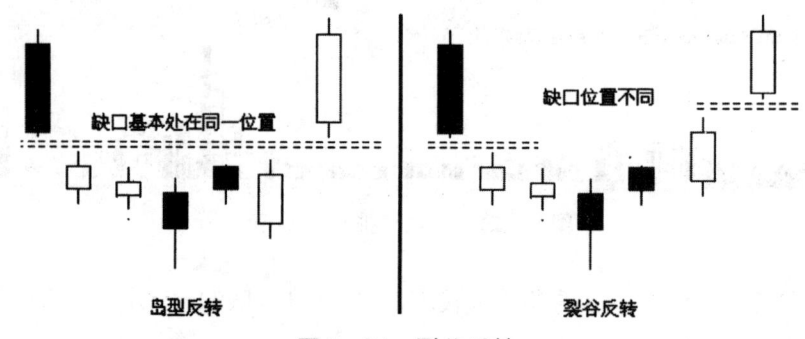

图4-34 裂谷反转

（1）处在下跌趋势末端。

（2）股价或指数在短时间内出现两个跳空缺口，这两个缺口的方向是相反的，其中前一个是向下跳空缺口，后一个是向上跳空缺口。

（3）出现向下跳空缺口时不需要放量配合，而出现向上跳空缺口时则需有量能配合。

裂谷反转K线组合形态与缺口理论中的"岛形反转"形态有相似之处，但有差异。如图4-34，"岛形反转"形态要求上涨跳空缺口与前期下跌跳空缺口，基本处在同一价格区域，使低位相持的区域在K线图表上看来，就像是一个远离海岸的孤岛形状；而"裂谷反转"形态则不要求两个缺口是否处于同一水平位置。

岛形反转是股票形态学中的一个重要反转形态，也就是说，这种形态出现之后，股票走势往往会转向相反方向。投资者看到这种形态应及时作出买（顶部）入或卖出（底部）决定。岛形反转分为顶部岛形反转和底部岛形反转。这是股势强烈反转的信号。一些投资者在运用"岛形反转"时往往拘泥于形式上的规则，而"岛形反转"的技术限制较紧，要求两个缺口的位置必须在同一水平区域。由于在实际的行情演变过程中，出现这种标准形态的次数比较少。因此，导致"岛形反转"形态的实际应用价值大幅降低。而"裂谷反转"则保留了其真正实用的部分，降低过于严格的技术要求，从而提高了实际使用效果。

二、实战操作要点

裂谷反转K线组合在实战操作中实用价值较高，底部反转的信号强烈，操作中应注意以下几点：

（1）两个缺口之间的间隔不能长，最多不能超过10个交易日，通常时间间隔越短，反转力度越强，理想的间隔期是2~4个交易日。

（2）两个缺口之间允许有一定限度的高低落差，相对来说，后一个缺口低于前一个缺口比较好，如果后一个缺口高于前一个缺口则要注意两者的股价差异幅度，对于差异幅度过大的形态，需要提高警惕。

（3）两个缺口之间的股价波动以低位盘旋形式出现为最好，如果其间出现一些震荡走势，但幅度不大时也不影响该形态的成立。但如果在两个缺口之间，股价出现大涨行情，投资者则需要谨慎，这时该形态的提示意义将会减弱。

三、原理解析

裂谷反转K线组合与岛型反转形成机理基本一致。如顶部岛形反转形成过程为股价不断上升，使原来想在低位买入的投资者没法在预定的价位吃进。持续的升势令这批投资者难以忍受踏空的痛苦，终于忍不住不计价位地抢入，于是形成一个上升的缺口。可是股价却没有因为这样而继续快速向上，在高位明显出现放量滞涨横盘，说明此时暗中有着巨大的抛压，经过一段短时间的相持后，主力和先知先觉的机构大量出逃，股价终于无法在高位停留，一旦下跌引发市场信心的崩溃从而出现缺口性下跌，下跌缺口之上套牢了大量的筹码，股价也开始了漫长的下跌。

同样的道理，股价在不断地持续下跌之后，最后所形成的裂谷反转或底部岛形，其市场含义和升势时形成的顶部原理一样。

四、深度研究

裂谷反转K线组合是经典形态理论"岛形反转"的衍生形态，在这里我们有必要探讨一下岛型反转形态。

1. 岛型反转形态的定义。

岛型反转从图形上看，股价明显地分成了两块，中间被左右两个缺口隔开，使得图表中的"岛形"部分K线像飘离海岸岛屿一般（有时候这个岛屿也可能由一根K线组成）。

股价在经过持续上升一段时间后，某日出现跳空缺口性加速上升，随后股价在高位徘徊，不久股价却以向下跳空缺口的形式下跌，而这个下跌缺口和上升向上跳空缺口，基本处在同一价格区域的水平位置附近，使高位争持的区域在K线图表上看来，就像是一个远离海岸的孤岛形状，左右两边的缺口令这岛屿孤立地立于海洋之上，这就是顶部的岛形反转形态；股价在持续下跌过程中也会出现岛形反转形态，股价在经过持续下跌一段时间后，某日突然跳空低开留下一个下调缺口，随后几天股价继续下沉，但股价下跌到某低点时又突然峰回路转，股价向上跳空开始急速回升，这个向上跳空缺口与前期下跌跳空缺口，基本处在同一价格区域，使低位争持的区域在K线图表上看来，就像是一个远离海岸的孤岛形状，左右两边的缺口令这岛屿孤立地立于海洋之上，这就是底部的岛形反转形态。

2. 岛型反转形态特征。

（1）岛形的左侧为上升消耗性缺口，右侧为下跌突破性缺口，是以缺口填补缺口，这两个缺口若出现在很短的时间内，说明市场情绪化特征明显。

（2）高位岛形的顶部一般是一个相对平坦的区域，与两侧陡峭的图形形成鲜明的对比，有时顶部只是以一个伴随天量的交易日构成的，这是市场极端情绪化的产物，其顶部开始成交量呈递减状，并且左侧量为形态中天量。

（3）底部岛形反转常伴随着很大的成交量，如果成交量很小，这个底部岛形反转就很难成立。

3. 岛型反转操作策略。

岛形形态最佳的买卖点为跌破上升或下降趋势线和第二个缺口发生之时，因为在这之前无法确定发展的方向。

岛形反转是一个孤立的交易密集区，与先前的趋势走势隔着一个竭尽缺口，并且与之后的价格趋势相隔着一个突破缺口。在一波价格走势后，价格在过度预期中跳空，形成竭尽缺口，在整理数日后，价格反向跳空，使整理期间的形态宛如一个孤岛。

岛状反转不是主要反转形态，因为它形成的时间相当短，不足以代表主要趋势的意义，不过它通常是一个小趋势的折返点。其理由明显，因为前一个跳空发生后，不久便发生反向跳空，显而易见原来既有的趋势在过度预期后，发生后继无力的现象。

既有趋势的力道在后继无力下突然消失，因此反向势力便乘势而起，于是发生反向的跳空。这是多空势力在短时间内鲜明的消长结果。

所以当反向缺口没有马上被填补时，便代表多空势力消长确立，成为趋势的反转信号。

4. 底部岛形反转。

底部岛形反转时常会伴随着很大的成交量。如果成交量很小，这个底部岛形反转图形就很难成立。底部岛形反转是个转势形态，它表明股价已见底回升，将从跌势转化为升势。虽然这种转势并不会一帆风顺，多空双方会有一番激烈的争斗，但总的形势将有利于多方。通常，在底部发生岛形反转后，股价免不了会出现激烈地上下震荡，但多数情况下，股价在下探上升缺口处会戛然止跌，然后再次发力向上。投资者面对这种底部岛形反转的个股，应首先想到形势可能已经开始逆转，不可再看空了。激进的投资者可在岛形反转后向上跳空缺口的上方处买进，稳健的投资者可在股价急速上冲回探向上跳空缺口获得支撑后再买进。当然如果股价回探封闭了向上跳空缺口则暂时不要买进，应密切观望。一般向上跳空的缺口被封闭后，后市就会转弱。值得注意的是有很多股票，底部岛形反转向上跳空缺口被封闭后，股价并没有重现跌势，不久重新发力上攻。这可能是底部岛形反转的向上跳空缺口与一般情况下的向上跳空缺口的不同之处。

因此，投资者对那些填补向上跳空缺口之后，再度发力上攻跃上跳空缺口上方的个股要继续密切加以关注。持筹的仍可持股做多，空仓的可适时跟进。当然这里要注意的是，对填补向上跳空缺口后，股价还继续下沉的个股就不可再看多，这种情况下投资资者应及时停损离场观望。

5. 顶部岛形反转。

股价在前期上涨时留下一个向上跳空缺口之后，继续上行，但走势已明显转弱并逐渐转而向下。当下行到前期的向上跳空缺口位置，突然以一个向下跳空缺口，展开加速下跌态势即形成顶部岛形反转形态。顶部岛形反转为极强的见顶信号。

顶部岛形反转一旦确立，说明近期股价向淡已成定局，此时持股的投资者只能认输出局，如果继续持股必将受到更大的损失。而空仓的投资者短时间内最好不要再过问该股，即使中途有些反弹，也尽量不要参与，可关注其他潜力股，另觅良机。

6. 要点提示。

（1）在岛形前出现的缺口为消耗性缺口，其后在反方向移动中出现的缺口为突破性缺口。

(2）这两个缺口一般在很短时间内先后出现，最短时可能只有一个交易日，亦可能长达数天至数个星期。

(3）形成岛形的两个缺口大多在同阶段价格范围之内。

(4）岛形以消耗性缺口开始，突破性缺口结束，这情形是以缺口填补缺口，因此缺口已被完全填补。

(5）岛形反转的两个缺口之间的总换手率（可以是短时间内的大量换手或长时间内的微量换手）越大，其反转的信号越强。

(6）如果是短时间内的巨量换手，可成为岛形与"V形反转"的复合形态，其信号则非常强大。

五、案例分析

如图4-35所示，信雅达（600571）在2009年1月7日收出一根阴十字星后，次日跳空低开收出一根光头中阴线，与前一天形成一个跳空缺口。两个交易日之后，1月12日（周一）大幅跳空高开，全天涨停，留下一个大的上跳缺口。13日长阴洗盘，震荡数日后，该股一路上扬，短期内涨幅超过30%。

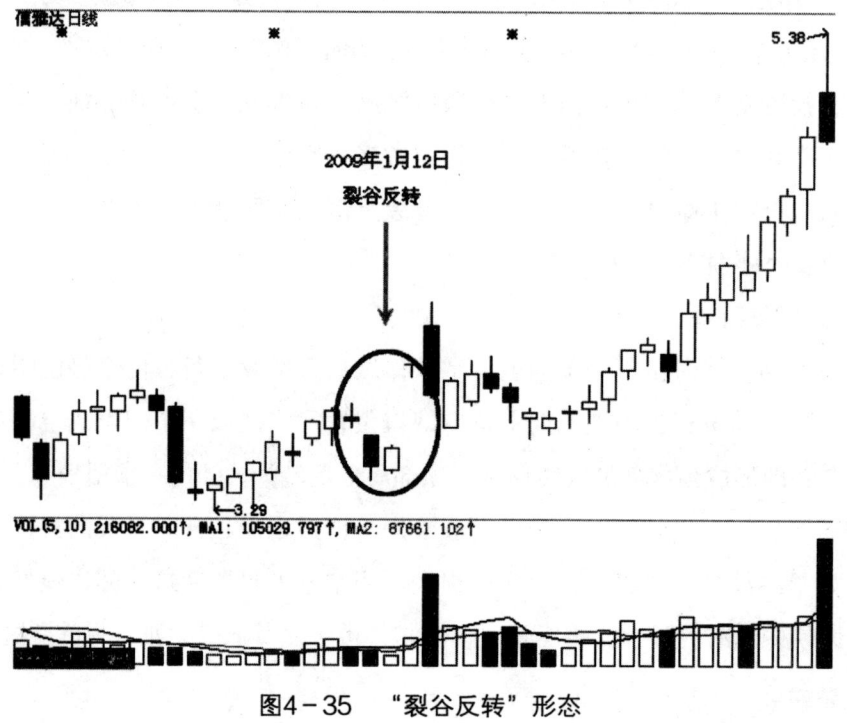

图4-35 "裂谷反转"形态

雄 鹰 展 翅

一、图形识别

雄鹰展翅K线组合形态（如图4-36）是指股价平稳运行中突然出现探底走势，中间的K线与两侧的K线低位相差较远，如同中间K线的翅膀，整个形态犹如一只展翅翱翔的雄鹰。其技术特征主要有以下几点。

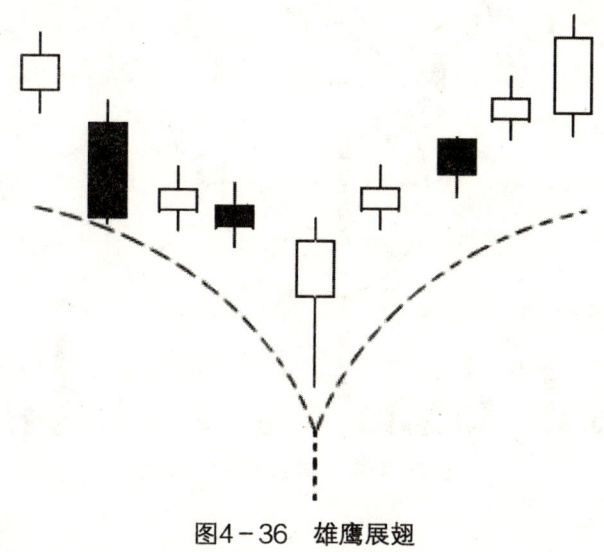

图4-36 雄鹰展翅

（1）股价前期走势平稳，突然出现一根探底K线。

（2）在探底K线之前的4天中，最低价会高于探底当日最低价上的5%以上。

（3）在探底K线之后的4天中，最低价会高于探底当日最低价上的5%以上。

（4）在该K线形成过程中量能急剧减少，有时伴有地量出现的情况。

注意该形态与定海神针形态之区别。

二、实战操作要点

雄鹰展翅K线组合两边各有数根K线出现震荡整理走势，中间有一根K线大幅低开或盘中突然下探留下较长的下影线。此组合主要是用于对探底行情的研判。在应用该K线组合形态时需注意，两翼不需要绝对的水平，多数情况下会出现左翼较为陡峭而右翼较为平缓的形态。投资者关键是要领会雄鹰展翅用于探底行情的实质，而不是片面追求形态的完美。

三、案例分析

如图4-37所示，兰花科创（600123）走出两翼高、中间低的雄鹰展翅形态，随后该股展开上攻行情。

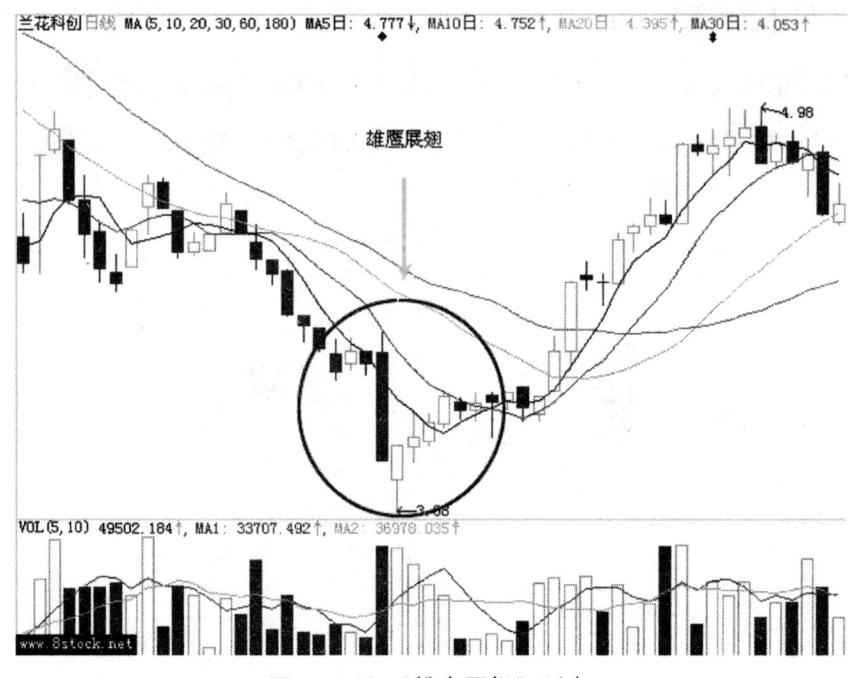

图4-37 "雄鹰展翅"形态

一阳包两阴

一、图形识别

一阳包两阴K线组合形态（如图4-38）的图形很容易识别，按照字面意思我们便能知道其具体含义如下。

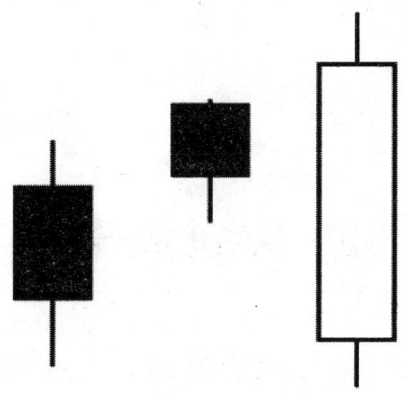

图4-38　一阳包两阴

（1）指数或股价先是出现两根或两根以上的阴线。

（2）随后出现一根长阳线，包容了前面的数根阴线。

一阳包两阴K线组合是后面将要讲到的"穿头破脚"K线形态的一种变形，但一阳包两阴的技术要求更加严格，其转向的提示作用更加明显。其区别在于：穿头破脚不要求其包容的数根K线必须是阳线或阴线，而一阳包两阴K线要求其所包容的所有K线都必须与最后一根K线相反。

二、实战操作要点

一阳包两阴K线组合是实战中较为常见的K线组合之一，一般不建议单独使用，操作中如能与其他技术分析相结合，收益将更佳。

三、案例分析

如下页图4-39所示，广深铁路（601333）在12月24日至26日连续三个交易日收出

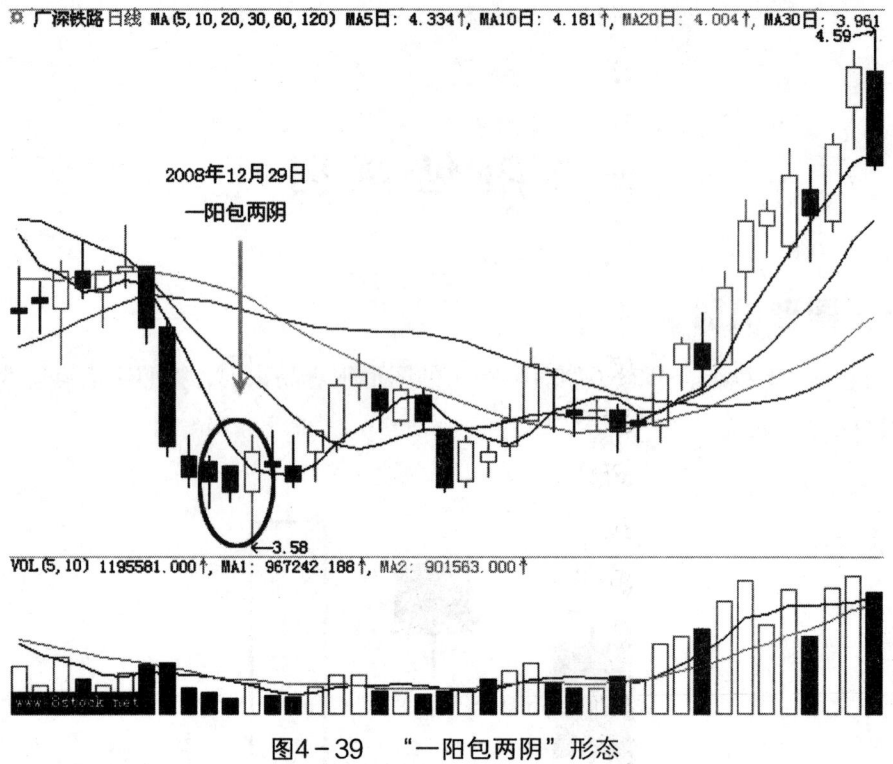

图4-39 "一阳包两阴"形态

小阴线,随后的一个交易日即12月27日股价探底至3.58元(还权价),收出一个有上下影的阳线,包含了前面的3根阴线,形成了一阳包两阴的K线组合,其之后短线收益超过20%。

四、公式源码

{一阳包两阴 日线副图}

Var1：=(open−close)>0；

Var2：=ref(Var1,1)and ref(Var1,2)；

Var3：=close>=ref(hhv(high,2),1)and open<=ref(open,1)；

STICKLINE(Var2 and Var3,0,70,4,0),colorred；

DRAWTEXT(Var2 and Var3,85,'一阳包两阴'),colorMagenta。

突变性阳线

一、图形识别

突变性阳线K线组合形态（如图4-40）是股价经过了疲弱的下跌走势之后，突然出现一根突破性的大阳线，这是一种底部反转信号，其技术特征主要有以下几点。

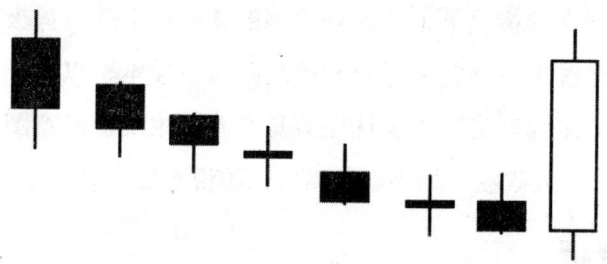

图4-40　突变性阳线

（1）在产生突变性阳线之前的6~9个交易日内，股价始终处于疲弱的下跌走势中，其中每一个交易日的收盘价必须低于前一交易日的收盘价或者每一天的收盘价低于当天的开盘价，这两个条件只要符合其中一个即可。

（2）当这种下调走势持续几天后，如果有一天突然出现1根具有变盘性质的中阳线，可以视其为突变性阳线。

（3）突变性阳线必须达到涨幅大于或等于5%和收盘价比开盘价高于5%这两个条件。

当突变性阳线K线组合形态成立时，意味着股价阶段性探底成功，通常将会出现一波有力的反弹行情或中级上升行情。

二、实战操作要点

突变性阳线K线组合形态在实际应用中还需要注意以下几个分析要点。

（1）突变性阳线在大盘运行的绝大多数时间中都是有效的，唯有在大盘处于单边跳水式的暴跌中，由于大多数股票也会形成同样走势，此时，突变性阳线的有效性还需要结合个股的特性另行研判。

(2) 突变性阳线是一种底部反转K线组合形态，它适用于股价处于低位时，当股价处于高位或大盘处于熊市初期时，即使出现突变性阳线，也不能随便参与。所以，为了分辨突变性阳线是否值得参与，投资者还需要结合移动成本分布加以研判。

(3) 突变性阳线K线组合形态和其他所有的K线组合形态一样，都有一种共同的缺点即只注意到价格形态上的变化，而不注意量能的变化。所以，在实际应用中要同量能技术指标有机地结合起来分析判断，才能做到百战不殆。

三、原理解析

庄家在初步完成建仓后都需要有洗盘的动作。平时正常的股价运行一般是涨跌互现的，在大盘没有异常的情况下，这种一边倒的连续性下跌走势极有可能是庄家洗盘的刻意所为，目的是洗出不坚定的浮筹和抬高跟风盘成本，以利于庄家以后的拉升。最后一天突变性的中阳线就是为了确认庄家是否有结束洗盘的意图。一般来说，最后一天的阳线涨幅越大，或收盘价越接近最高价，越说明庄家急于结束洗盘的心理。

四、案例分析

如图4-41所示，日照港（600017）在2008年12月19日开始，连收6根阴线，每天的低点不断降低。12月29日收出1根突变性的大阳线，封住涨停板。在接下来的1个月内，该股涨幅接近翻番。

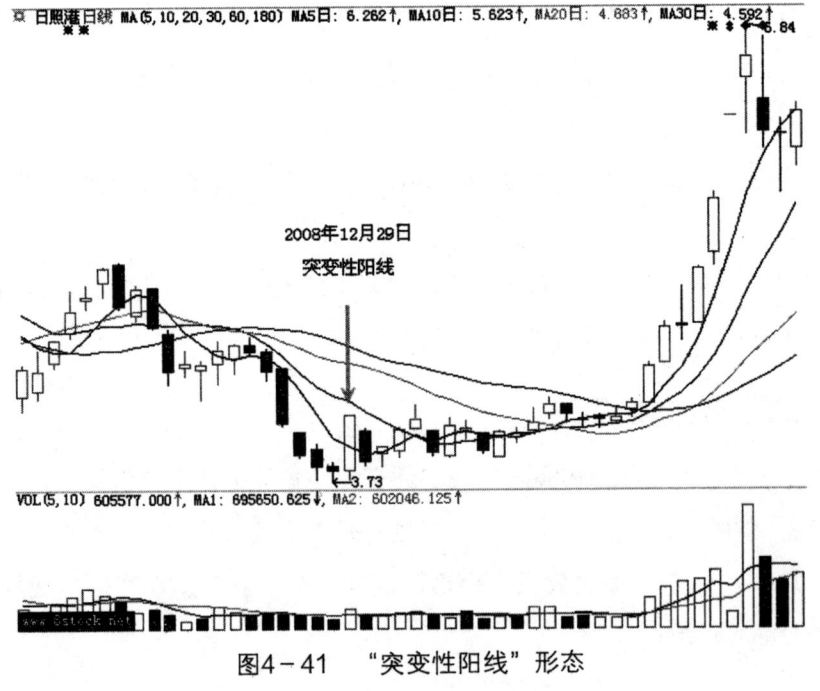

图4-41 "突变性阳线"形态

芝麻开花

一、图形识别

"芝麻开花"K线组合形态（如图4-42）取意自"芝麻开花节节高"，顾名思义是指股价逐级走高，每日最高价一天高过前一天。其技术特征主要有以下几点。

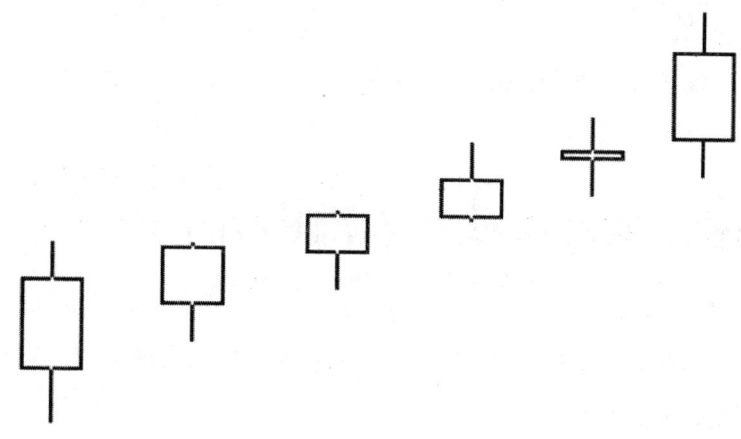

图4-42 芝麻开花

（1）个股或指数经过了长时间的下跌，股价与成交量必须双双创下新低。

（2）在创低后不久，股价随即逐级走高，以每日最高价为标准，连续5天（或5天以上）走高，即每天的最高价均高于前一交易日的最高价。

（3）最高价虽然连创新高，但实际涨幅并不大，如同连续的"芝麻点"，而且成交量也不是急剧放量，只是处于温和放量过程中。

二、实战操作要点

该K线组合形态是表示个股行情在经历一段时间的连续下跌走势后，出现明显止跌企稳迹象，比较适合于中线投资。

三、案例分析

如下页图4-43所示，中材科技（002080）在2008年11月初开始小阳碎步向上，重

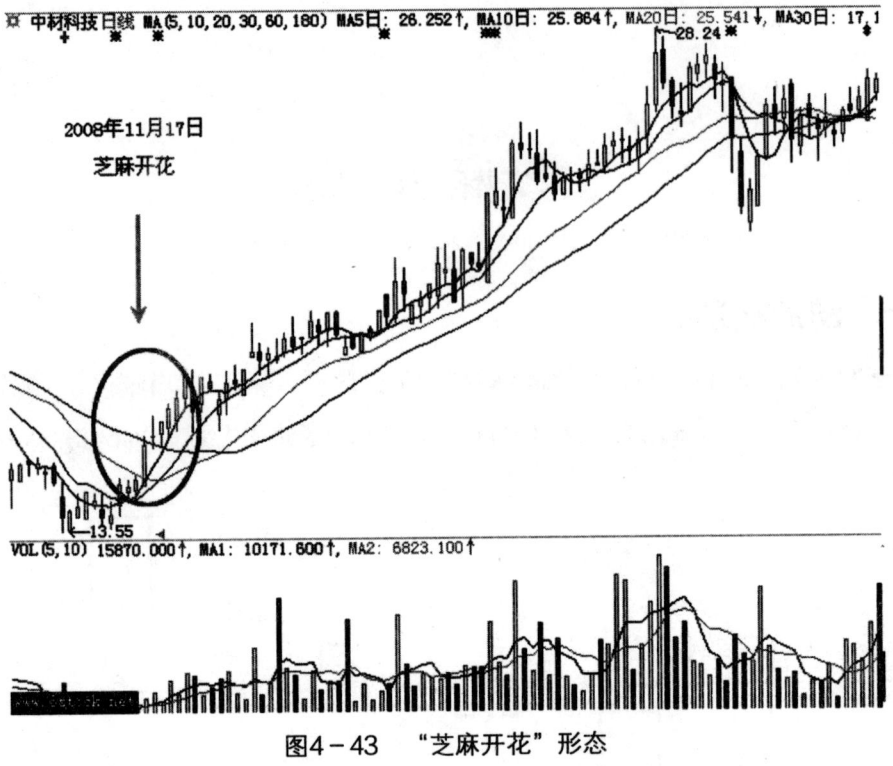

图4-43 "芝麻开花"形态

心不断上移,而股价上涨幅度并不大,成交量温和放大,止跌企稳迹象非常明显。此后该股步入长期上升通道中。

夹 心 饼

一、图形识别

个股股价经过一段较长时间的下跌后，走势呈现两阳夹一阴的K线技术形态，形同一块"夹心饼"（如图4-44）。该形态若出现在个股股价脱离底部的启动阶段，就是股价转强的信号，表示股价即将发动强势上攻行情，此时介入味道将香甜可口。其技术特征主要有以下几点。

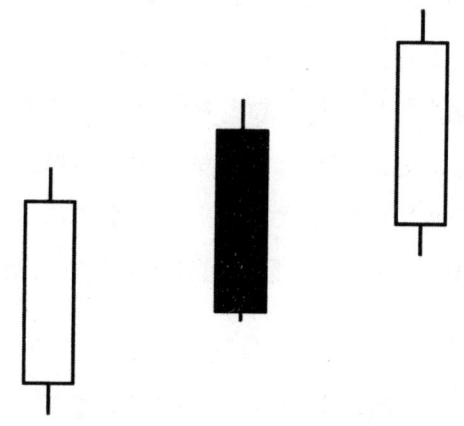

图4-44 夹心饼

（1）个股或指数必须是出现在一轮明显的下跌行情之后，股价有一个低位止跌横盘的过程。

（2）第一根阳线必须是放量的阳线，而且其收盘价格必须是突破中期均线（如20日线）或创近期新高。

（3）第二天出现的跳空高开阴线，其成交量必须与前一天阳线相比出现萎缩，而股价最好不再重新跌回均线之下。

（4）第三天阳线的收盘价最好高于第一天的收盘价，其成交量也比第一天要大，但不可以是巨量。

二、实战操作要点

实战中夹心饼K线组合出镜率较高,是一种较理想的抄底法,操作时应注意以下几点。

(1)在个股走势出现两阳夹一阴的"夹心饼"K线组合形态后,应高度关注,不管是空仓者还是刚被震仓出来的投资者,均可立即半仓介入,另外半仓可待该股的价格创出新高后再次介入。

(2)"夹心饼"的K线组合形态不仅仅局限于两阳夹一阴,还可以是两阳夹两阴、三阳夹两阴等一些变种。不过,阳线放量阴线缩量的原则是必须遵守的。

(3)夹心饼"的K线组合形态在周K线、月K线上也适用,且威力更强大,上涨的动能更加充沛。

(4)"夹心饼"形态出现后,股价未必立即上涨,接下来的走势将十分关键。如果接下来股价出现跳空上行或继续放量上攻的情形,表明"夹心饼"的技术意义有效,后市多方主力将以此为依托发起上攻行情,未来股价将有较大的上升空间。如果接下来股价没有出现跳空向上涨升或继续放量上攻的情形,那么这次的后市走势极有可能形成多头陷阱,股价将回落到原来的整理区间继续盘整,甚至于出现向下破位的情形。所以,并不是任何一个两阳夹一阴都可认为是"夹心饼"。

三、原理解析

"夹心饼"是指走势呈现两阳夹一阴的K线技术形态,是指股价跌幅已经相当大,突然某一天出现1根放量的大阳线,第二天该股股价并没有出现持续上涨,而是收出1根收缩的阴线,但第三天又没有承接第二天的跌势,而是再度上涨收出上涨的阳线。在这种K线组合形态的构造过程中,第一天容易诱使投资者获利了结,第二天由于出现阴包阳现象,更会诱使投资者抛出手中筹码,而第三天已抛出筹码的投资者又十分懊悔,但又不愿买回。这些现象均有利于主力的洗盘。"夹心饼"的K线组合表明主力正采用阳线吸货—阴线洗盘—阳线继续吸货的操作手法。

四、案例分析

如下页图4-45所示,新疆城建(600545)在2008年7月2日出现夹心饼K线组合形态。该股2008年熊市中经过了较长时间的下跌,6月初开始出现止跌趋稳的横盘走势。7月2日出现放量的两阳夹一阴走势,随后该股短线出现一波反弹。

第4章 见底形态K线组合

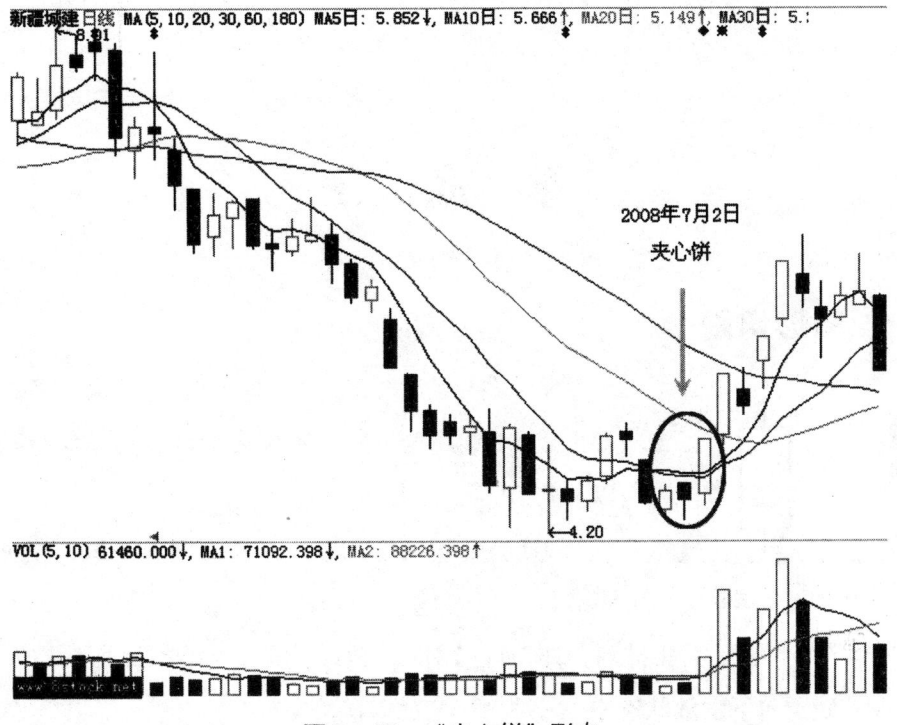

图4-45 "夹心饼"形态

平底谷

一、图形识别

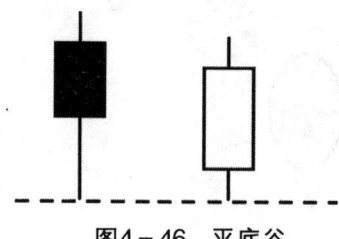

图4-46 平底谷

平底谷K线组合形态（如图4-46）是指在下跌趋势末端形成的K线组合，是一种见底信号。其技术特征主要有以下几点。

（1）个股或指数经过了长时间的下跌，由两根K线组成。

（2）均线系统呈空头排列，即5日、10日、20日、30日均线按照由高向低的顺序排列，并且处于向下发散状态中。

（3）相邻两根K线的最低价相同或非常接近。

平底谷是一种与"平顶峰"相对应的K线组合形态。

二、实战操作要点

（1）平底谷在实战中出镜率非常高，经常能见到。主要用于对底部的研判分析。但该形态不建议单独使用，需结合其他技术分析方式综合判断。

（2）如果股价出现较大跌势之后，所提示的股价反转的可能性就很大。投资者见到此K线形态，可考虑适量买进。

（3）如果出现连续性的"平底谷"形态则说明这是一种极为强烈的反转信号。

（4）两根相邻K线的最低价是相同的K线组合形态，在指数和基金上允许有1‰的误差。

三、深度研究

平底谷是"平底"K线组合的一种特殊形态，这里我们一起探讨一下平底。

"平底"在K线图中又称钳子底，其特征是在下跌行情中，当某根K线的最低价位（包括彩线在内）与后1根或几根邻近的K线的最低价位处在同一水平位置上时，就构成了平底。其技术特征主要有以下几点。

（1）在下跌趋势中出现。

（2）由2根或2根以上的K线组成。

（3）最低价处在同一水平位置上。

平底谷与平底的不同之处在于，平底谷加入了均线系统的限制。平底形态往往随处可见，而"平底谷"则往往出现在一轮较长时间的下跌行情后。因为此时股价已经有较大幅度的下跌，行情即将见底回升。

四、案例分析

如图4-47所示，中国国贸（600007）在2009年1月19日和20日两日收盘价均收在5日线之上，最低价非常接近，符合"平底谷"K线组合特征。接下来该股便出现了快速拉升，短线涨幅接近50%。

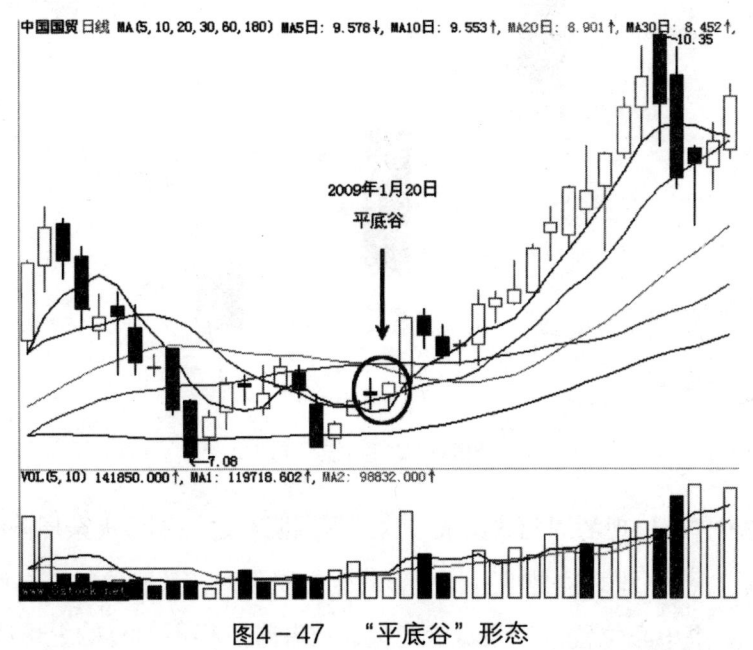

图4-47 "平底谷"形态

五、公式源码

{平底谷 日线副图}

Var1：=ma（close，5）<ma（close，10）and ma（close，10）<ma（close，20）and ma（close，20）<ma（close，30）；

Var2：=low=ref（low，1）；

STICKLINE（Var1 and Var2，0，70，4，0），colorred；

DRAWTEXT（Var1 and Var2，85，'平底谷'），colorMagenta。

周线三阴

一、图形识别

周线三阴K线组合形态（如图4-48）是在周K线图中出现的一种K线组合，是指周K线在出现2根大阴线之后，紧接着又出现1根带长下影的光头周阴线。其技术特征主要有以下几点。

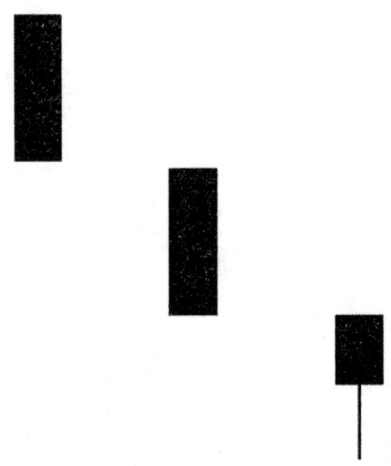

图4-48　周线三阴

（1）由3根连续出现的周阴线组成，这几根周阴线之间不应夹杂周阳线；

（2）最后1根周K线必须是带有长下影的光头周阴线，其股价的中心位置应该在下影线的区域。如果中心位置位于收盘价附近，或者带有很不明显的上影线，也属正常的形态。

周线三阴K线组合与前文所探讨的三阴抄底形态类似，但周线三阴以周线为参考，是一种中线见底信号。

二、实战操作要点

（1）周线三阴K线组合是股价从下降趋势转向上升趋势的重要转折信号，意味着个股股价即将中长期见底。

（2）操作上，关注在未来一周内股价波动是否跌破最后1根长下影光头周阴线的中心位置，如果不跌破就基本上可以确认该股的走势已经发生逆转，新的上升行情已经或者即将展开。

（3）符合条件的周线三阴周K线组合，是一个可靠的中线见底信号，一旦升势确定，就应该大胆买入。股价的走势至少会在反复波动中走出一轮中级以上的上升行情，涨幅至少可达到30%。操作中，还应尽量减少短线操作以防止卖出后被踏空。

（4）如果在低位建仓后，周线三阴形态过后的第一周内股价冲高受阻回落，且跌破长下影光头周阴线的最低价，这说明股市形势可能发生突变，多头组织的上升攻势受阻失败，此时应果断止损离场。

三、原理解析

在周线三阴K线组合中，股价出现连续的下挫，在周K线上连拉3条大阴线，表明此时股价已经历了持续地大幅的调整，空方的抛盘如洪水般咆哮而至，多头闻风丧胆，一触即溃。但由于短期内跌幅巨大，做空能量得到充分的宣泄，空头后援部队难以为继。期间很有可能出现过多次向下跳空而先后形成持续性和枯竭性的缺口，空方的能量已经得到较为充分的宣泄。这些向下跳空缺口又为后市的上涨留下了需要填补的空间。此时经常伴有的市场化特征主要是：股价的不断下跌使悲观情绪弥漫、市场交投清淡，投资者对底部的预期一次次落空，很多投资者已失望到极点，并开始在低位斩仓离场。而恰恰是在整个市场悲观之时，股价的调整已经到了最后阶段，一些先知先觉的资金已经悄然在低位买入，从而使最后的那根周K线形成了长长的下影。这根长长的下影线显示此时已经基本探明了底部，股价已经获得了强大的支撑，其转势行情即将爆发。因此，这时往往是个股股价即将陷入短期谷底的先兆，行情极有可能因物极必反而出现逆转。

四、深度研究

（1）周线三阴的周K线组合可以由3根周阴线组成，若由4根周阴线组成，其转势信号将更强。但其标准是这几根周阴线之间不应夹杂有周阳线。

（2）在"千里冰封"形态前面的2根周阴线最好都是光头光脚的周阴线，若带有下影线也属于标准形态。

（3）最后1根周阴线如果是光头周阴线，也属强势形态。

五、案例分析

如图4-49所示,浙江东日(600113)在2008年10月17日至2008年11月7日的周K线上形成三阴见底,且第四周的股价波动没有跌破最后1根长下影光头周阴线的中心位置,由此可以确认该股的走势已经发生逆转,新的上升行情已经或者即将展开。该股在随后的几个月轻松完成了翻番。

图4-49 "三阴见底"形态

六、公式源码

{周线三阴 日线副图}

Var1：=ref（close/ref（close,1）<0.95,2）and ref（close/ref（close,1）<0.95,1）;

Var2：=（min（close,open）-low）/（high-low）>=0.5;

Var3：=open*1.005>=high;

Var4：=Var1 and Var2 and Var3;

STICKLINE（Var4,0,70,4,0）,colorred;

DRAWTEXT（Var4,85,'周线三阴'）,colorMagenta。

谷底惊雷

一、图形识别

谷底惊雷K线组合形态（如图4-50）是指个股在低位出现了量价配合理想的涨停板，其技术特征主要有以下几点。

（1）个股经历漫漫熊途下跌至低位，或是长期横盘整理。

（2）在谷底出现涨停板，但这个涨停是脱离大盘的独立涨停，也就是说个股的涨停不是因为大盘暴涨才出现的。

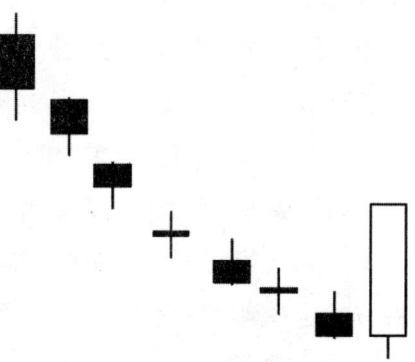

图4-50 谷底惊雷

个股经过了长期的下跌，在谷底爆出一个放量的涨停板，令持股者为之一振，原先的观望者积极进场，从而推动股价开始震荡攀升，扭转了单边下跌的趋势。因此，这个涨停板就好像是山谷里的一声惊雷，是多方发起反攻的号角。谷底惊雷表现了主力资金强烈的上涨欲望。

二、实战操作要点

个股在经过一段较长时间的下跌后，股价的下跌幅度一般都很大。而在持续的下跌过程中，获利盘基本已经被消灭，套牢盘越来越多，且套得越来越深，股价在谷底区域的成交已经非常稀少，此时浮动筹码已经逐渐沉淀下来。市场的关注度也越来越低。此时的涨停板极有可能是主力快速集中多空双方注意力的最好办法。

在谷底惊雷涨停之后，随后出现强势盘整特征，即在涨停位置上方反复震荡，而且呈现震荡盘升格局。这种涨停板往往是脱离大市的，不是因为大盘暴涨才出现的。能够独自拉涨停，说明定有庄家的参与。随后的震荡盘升格局说明介入资金具有中期性质。由于跌幅已大，庄家自然不会在底部利用涨停板来出货，涨停板的目的只能是吸筹或洗盘。

实战操作要点主要有以下几点。

（1）在个股走出谷底惊雷的形态之后，应该先仔细观察个股在此之前日K线是否已经出现主力进场的蛛丝马迹，如单针探底、阳线放量阴线缩量等。如果日K线已经出现了这样的现象，就基本上可以确定主力资金已经进场，此时低位的谷底惊雷意味着行情可能随时逆转向上。

（2）如果恰遇大盘见底时反转行情的涨停个股，同时这只个股在行情初期具有板块领涨效应，那么这只个股就很有可能成为短线的龙头。投资者跟进这类低位放量收大阳或涨停个股时要注意股价超卖严重后，离上方密集成交区较远，短线介入时注意不要盲目追涨，最好是在持续放量收阴时介入。

（3）在确定谷底惊雷的形态之后，激进的投资者可在个股出现谷底惊雷的第二天逢低积极买进，而稳健的投资者则可以在谷底惊雷的随后几天缩量回档过程中买入。

（4）如果放量后成交量不能持续并跌破明显的支撑位时，要注意区分是否是庄家在有意地对倒拉高股价，并且短线注意止损。

三、原理解析

谷底惊雷涨停的含义是，当个股经历漫漫熊途下跌至低位，或是经过长期横盘整理后，一旦在低位出现了量价配合理想的涨停板，这通常是空头能量释放完毕，多头开始反攻的标志，意味着新一轮行情的到来。大多数情况下该类股票已创出年内新低，极为充分的股价调整为中期见底创造了条件。

谷底惊雷往往是脱离大盘的独立涨停，个股股价若能独自拉涨停，说明是有资金积极参与的。谷底惊雷涨停板的出现意味着庄家资金开始介入，且志在长远。这个涨停板一般不会遇到大的抛压，因为其已经历了一段不小的跌势，套牢盘都处在半山腰以上的位置，山脚底下的涨停板显然离解套位太远。套牢盘在这个时候不会抛售。

四、深度研究

涨停板是个股股价上涨的最强烈的表达方式，在不同的价位出现的涨停板，代表着不同的市场含义和主力运作意图，因此也就是蕴含着不同的操作价值。关于涨停板奥妙的探讨可详见笔者的另外一本拙著《庄股经典出货模式》。在这里我们一起来探讨涨停板上的量价玄机。

一只股票价格的涨跌与其成交量大小之间存在一定的内在联系，涨跌停板时与非涨跌停板时的量价研判是不同的。一般情况下，价涨量增被认为股票的价量配合较好，后市涨势将会得以持续，可以继续追涨或持股。如果股价上涨时，成交量未能有效地放大，说明追高意愿不是十分强烈，后市涨势难以持续长久，可适当地减仓。

这里又分两种情况：第一种是涨停时的成交量小，股价将继续上涨。股价在涨停板时，若没有太多的成交量，则说明投资者心中的目标价位会很高，一般不会在目前价位上轻易抛出。买方由于卖盘量太少，买盘无法买到，所以成交量很小。第二日饥渴的多头一般会加大幅度追涨买入，因而股价也就继续保持扬升的态势，从而也进一步刺激了场外资金的进场欲望，引发了一轮更强劲的升势。第二种是涨停时的成交量大，股价将开始下挫。当出现涨停时，多方无法坚守阵地，被迫打开涨停板，而且成交量出现放大的迹象，这说明加入抛售行列中的投资者在逐渐增多，多空双方的力量开始发生变化，随着空方主力做空力度的加大，股价将渐渐开始下挫。

在一般情形下，价跌量缩是说明投资者具有惜售心理，抛售压力很轻，后市的发展将随着主力的能力大小而决定方向。若是开始出现价跌量增的现象，说明投资者纷纷看空后市，大多会加入抛售的行列中去，股价的跌势将会继续保持，直至做空主力的能量被完全释放。但若股价出现跌停，买方一般都会寄希望于第二日股价会继续大幅度下跌，以更低的价格买进，因而会暂时观望，在缺少买盘情况之下，成交量也就十分稀少，股价的跌势将持续。

在操作上，我们应该注意以下几点：

（1）涨停过程中涨停被打开的次数越多时间越久，且成交量越大，则行情反转下跌的可能性越大；跌停过程中跌停被打开的次数越多时间越久，且成交量越大，则行情反转上涨的可能性越大。

（2）封住涨停的时间越早，后市涨升的力度也就越大；封住跌停的时间越早，后市跌落的力度也就越大。

（3）封住涨停板时的买盘数量和封住跌停板时的卖盘数量的大小说明买卖双方力量的大小程度，这个数量越大，继续维持原有走势的概率则越大，后续涨跌的幅度也就越大。但这一条在实战中往往存在庄家陷阱。我们在前面曾讲到庄家可能利用涨停板出货的情形，庄家先以巨量的埋单封住涨停板，跟风者以涨停板的价格追进，而庄家则会借机撤走埋单，填上卖单，这样很自然地将仓位转移到了散户手中。当盘面上的买盘消耗得差不多的时候，庄家又会在涨停板上挂上埋单，进一步诱多制造买气蜂拥的假象。当散户再度追入时，主力又开始撤走埋单换上卖单，如此反复地操作，可使筹码不知不觉地在高位派发。在上述的情形下，所见到的巨额买卖单其实是虚构的，不能作为判断后市的依据，为了避免上述现象误导我们的思维，我们必须密切关注封住涨跌停板的买卖单的微妙变化，同时也必须判断出其中是否存在频繁的挂换单现象，涨停板是否经常被打开，以及每笔成交量之间的细微变化和当日成交量的增减状况等，从而作出正确的判断。

应对策略：在大手笔买盘封涨停时，自己排在很后面的埋单在盘中却被成交了，说明自己已误入多头陷阱，此时要有趁早止损出局的意识。实战中，可以采用一手试盘法，即若持有封涨停的股票，可挂一手埋单，如很快成交，说明庄家在出货，需抛出所持股票。

五、案例解析

如图4-51所示，国通管业（600444）在2008年年初开始漫漫地下跌，4月23日最低跌至8.37元（还权价格），但当日顽强地收出了阳线，上涨2.9%。4月24日，该股跳空高开，收出了山谷的第一个涨停。下面我们来分析一下这个涨停。

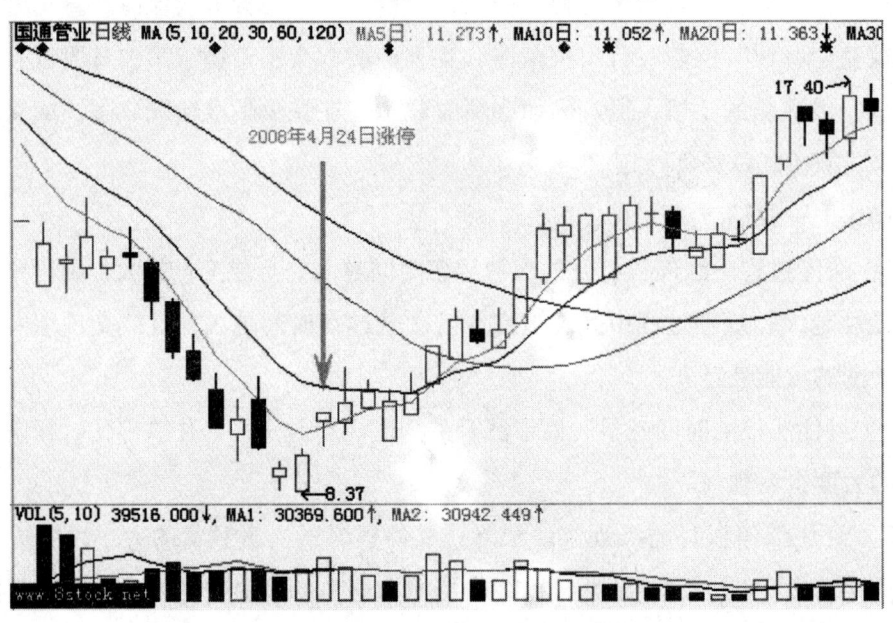

图4-51 "谷底标雷"形态一

首先，这个涨停是受当日大盘跳空高开的影响，4月24日个股普涨，涨停的股票极多，因此这个涨停板对研究个股意义就小了很多。从图上可以看出，连续几天该股在涨停附近震荡，并没有随大盘调整而调整，说明该股走势已经脱离了大市。震荡数日之后，该股开始盘升上涨。这轮行情，从最低点8.37元，最高涨至20.5元，不可谓不强悍。4月23日8.37元的这个低点，也成了该股2008年的最低点。图4-52是该股K线图的缩小图。

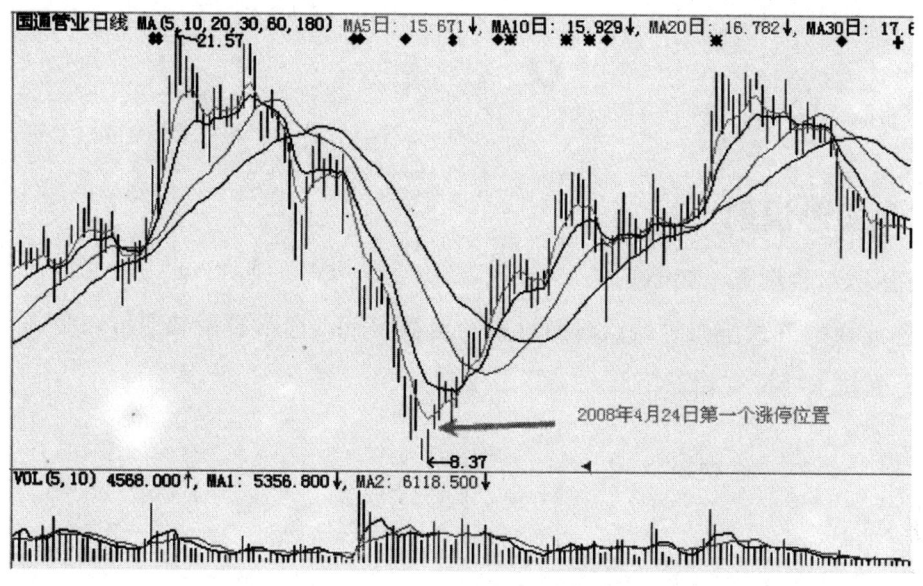

图4-52 "谷底标雷"形态二

实战中具有较高参与价值的个股在底部第一个涨停板时的成交量一般不会很大，分时走势图上呈现明显的涨停前放量，涨停后迅速缩量且封涨停时间较早的特点，这类个股通常可以迅速参与追涨，获利概率很大。配合有基本面题材的刺激，包括中期业绩"利空"的明朗、资产重组等。利好、利空消息均带来上攻动力，表明股价调整已到位，而且潜在的利好因素可能推动一轮中级行情的展开。

六、公式源码

{谷底惊雷 日线副图}

Var1：=close/hhv（close，100）<0.7；

Var2：=ref（high=LLV（high，40），1）；

Var3：=close/ref（close，1）>1.09 and vol/ma（vol，5）>1.5；

Var4：=Var1 and ma（Var2，10）>0 and Var3；

STICKLINE（Var4，0，70，4，0），colorred；

DRAWTEXT（Var4，85，'谷底惊雷'），colorMagenta。

双　　底

一、图形识别

双底K线组合形态（如图4-53）因形状像英文字母W，俗称W底。它是当价格在某时段内连续两次下跌至相约低点时而形成的走势图形，通常是反映股价走势由熊市转为牛市。其技术特征有如下特点。

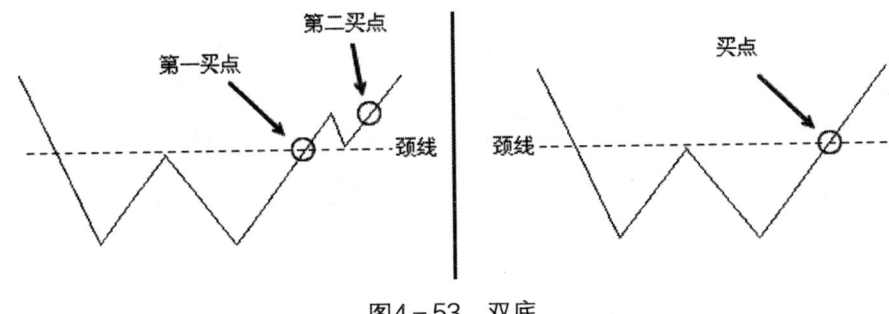

图4-53　双底

（1）股价前后两次探底，第二个低点一般比第一个低点高。传统技术理论认为，第二次探底的低位必须不低于第一次低位，实战中我们认为，第二个低点也有可能比第一个低点更低。因为对于庄家而言，探底必须要彻底，这样才可制造破位气氛，跌必须要跌到令多头害怕，令其不敢持股，让一些抄底盘出局，从而形成一个筹码相对集中的底部，以利于庄家后市的拉抬。

（2）在它形成第一个底部后的反弹，反弹幅度一般在10%左右，反弹高点的平行线构成"颈线"。

（3）第一个低点与第二个低点之间，时间跨度应不少于1个月。如果时间太短形成的双底，其触底回升的信号就不太可靠，反弹上去后要随时注意它回落的时间，因为主力常用这种手法来诱骗投资者。

（4）成交量上，第一次探底时成交量已经大幅萎缩，反弹自然发生，而在第二个底部形成时，成交量更小，市场交投沉闷，但在反弹上破颈线之时成交量必须迅速放大。

（5）双底的突破有两种形态：第一种是突破之后有回抽，在颈线附近自然止跌回升，从而确认往上突破有效（如图4-53中的左图）；第二种是突破颈线后一路上扬（如图4-53中的右图）。

（6）常以大阳线突破，突破时主动性买盘介入明显，成交量明显放大。

（7）在双底形成时，KD线、RSI等指标与大盘常出现底背驰状况，均线系统由弱势转为强势。

二、实战操作要点

在实战中，双底没有圆底稳健，也比不上头肩底信号可靠，笔者在这里将双底放在圆底与头肩底之前，是因为双底形态是底部形态中最经典、出镜率相对最高、实战运用相对最多，也是庄家最常用、顺应股市规律最好用的修复技术指标，尤其是缓解了长期均线对中短均线压力所采用的有效方法。

双底形成过程中，由于股价长期下跌，遇到合理支撑，便出现一次反弹。但由于前期跌势过深且又没有大力度反弹，产生逢高打压行为，造成第二次回落。随后当股价下跌到前次低点附近时，成交量明显萎缩。之后伴随着成交量的逐步放大，股价再次上升，并且冲过了前次高点，形成突破。股价突破之后，往往有回抽。股价回落至第一次反弹高点附近止跌，随后上扬。

双底是个底部转势信号，属于一种中期底部形态，一般发生于股价波段跌势的末期，很少出现在行情趋势的中途。但它转势信号的可靠程度比头肩底差，因为双底形形态只经历了两次探底，对盘面的清理不如头肩底那样彻底干净，这也就是有很多双底冲破预线后又重新探底的一个重要原因。双底形态内有两个低点和两次回升，从第一个高点可绘制出一条水平颈线压力，股价再次向上突破时，必须要伴随大反弹突破，双底才算正式成立。如果向上突破不成功，则股价要继续横向整理。股价在突破颈线后，颈线压力变为颈线支撑线，股价在此时会出现回抽，暂时回档至颈线附近，回抽结束，股价则开始波段上涨。

操作中，选择双底的买入点需要注意以下几点。

（1）双底的突破若以第一种方式突破（如图4-53中的左图），即在颈线处回抽，此时突破颈线处为第一买点，但这个买点风险较大，一旦上冲失败，在这个点位买进者就会套牢。故在"第一买点"买进的投资者要做好随时止损离场的准备。"第一买点"作为买入信号，从趋势上讲，续涨和下跌的比率是6:4，机会也不小。适合激进型投资者进行操作。

（2）股价突破颈线回抽试探颈线支撑有效，再次放量上攻，此时的点位为第二买点。这是比较安全而又稳健的做法，赢利的把握相对更大，但获利机会相对较小，因为双底有可能采取第二种突破方式，一路上扬不再回头。适合稳健性投资者进行操作。

（3）若双底的突破方式选择第二种方式（如图4-53中的左图），即突破颈线后一路上扬，此时突破颈线点为买点。

（4）依据实战统计数据，双底的第二种突破方式较少，绝大多数双底走势都会有一个回抽过程，因此笔者建议投资者选择"第二买点"作为介入时机。即使在操盘中遇到股价冲破颈线后一路上升的情况，可选择在股价上升趋势明显后加仓介入。

三、原理解析

双底包括前后两次探底的过程，这个过程反映出买卖双方力量的消长变化。在市场上实际走势当中，形成圆底的机会较少一些，反而形成双底的机会较多。因为市场参与者往往难以忍耐股价多次探底，当股价第二次回落而无法创新低的时候，投资者大多开始补仓介入。

一般来说，每次股价从高水平回落，到某个位置自然而然地发生反弹之后，这个低点就成为一个有用的参考点。市场上许多人都将股价是否再次跌破此点当成一个重要入市标准。同时，股价探底反弹一般也不会一次完成，股价反弹时不必立即追高。一般来讲，小幅反弹之后股价会再次回落到接近上次低点的位置。这时应仔细观察盘面，分析接近上次低点之后的抛压情况。

双底能够清晰地显示多空双方力量变化的全过程：股价长期下跌后，持股者惜售，成交量减少。而抄底盘和空头回补者的加入，令股价出现一次较为有力的反弹。当股价反弹到一定高度时，前期套牢盘和短线获利盘涌出，令股价再次下跌。但此次下跌成交量明显减少，显示主动性抛盘减少，而错过行情的投资者又会趁回调买入，令股价无法跌穿上次低位。伴随股价的回升，越来越多投资者加入买方阵营，最终股价在巨大成交量配合下，突破上次高点，上升趋势确立。

第二次探底时，成交量将更加萎缩，显示出无法下跌或者说没有人肯抛的局面。此时若有新的买入力量愿意在这个价位上接货，主动性买盘开始介入。在这种主动性买盘的推动下，股价开始上升，并以比第一次反弹更大的成交量向上突破，二次探底才能成功，双底也就形成。

但双底形成第二个底部时也有失败的时候。一般情况下，股价跌无可跌时总有人去抄底，但有没有人愿意出稍高的价钱就不一定了。如果股价二次探底之时抛压减轻，但仍然无人肯接货，那么这个双底形态可能会出问题，股价在悄无声息中慢慢跌破上次低点，这样探底就失败了。

实战中，看盘高手会在股价第二次探底的时候就确认这是否是一个成功的双底，并立即作出买卖决定。但如上文操作要点所述，笔者建议大家等到双底确认完成之后，即向上突破之后再介入该股，安全系数相对增加。

四、深度研究

双底形态在日线上往往需要1个月以上的时间才能形成。实战中，短线投资者也可以在小时图或15分钟图上寻找双底图形，这也是一种有效的短线操作方法。但要小心的是，一个分时图上的双底形成之后，不能认为日线图上的造势改变了，因为分时图上的形态能量不足以改变日线图的走势。

五、案例分析

如图4-54所示，我们以实例来看一下双底的形成过程。图4-54为恩华药业（002262）在2008年年度形成双底形态的日线走势图。

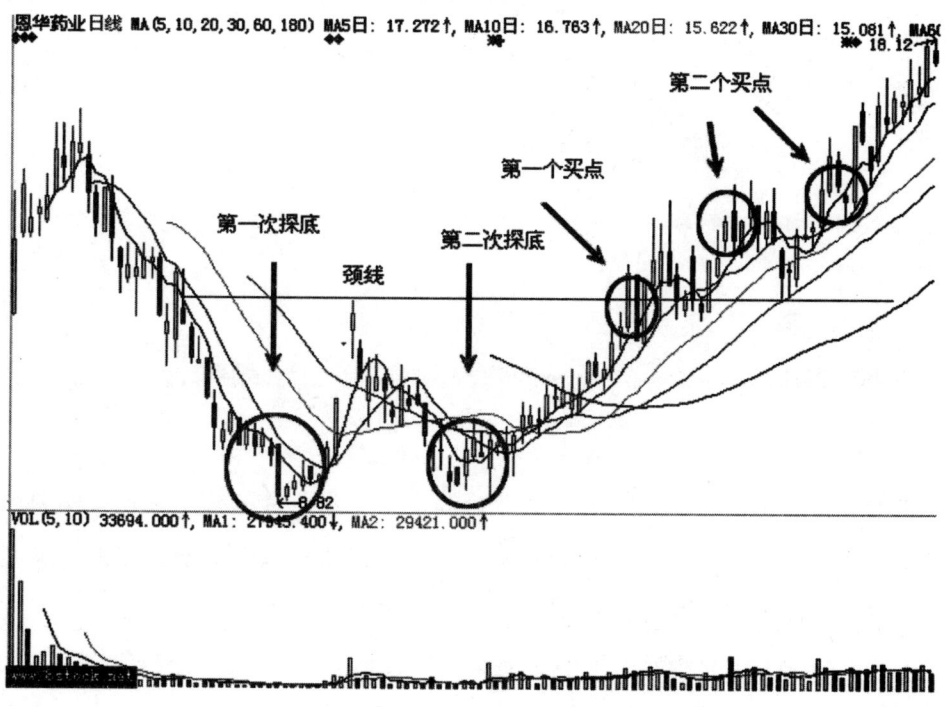

图4-54　"双底"形态一

恩华药业（002262）在2008年9月8日最低探至8.82元（还权价格），形成第一个低点。由于该股前期跌幅较大，形成第一个低点后抄底盘和空头回补者的加入，加上同期大盘走势较好，该股出现了一波强劲反弹。当股价反弹到一定高度时，前期套牢盘以及短线获利盘的涌出，股价再次下跌。在探至第二个低点时，此时错过行情的投资者又会趁回调买入，股价便无法跌穿第一个低点。伴随股价的回升，新的买入力量加入买方阵营，主动性买盘开始介入，在主动性买盘的推动下，股价进一步上升，向上突破颈线，出现了图中的第一次买点。股价突破颈线后发生了回抽，在确认颈线支撑有效后，股价再次放量上攻，这是图中的第二个买点。此时上升趋势已确立，双底也就形成。

恩华药业（002262）在2008年年底形成双底形态后，2009年年初即轻松地完成了翻番，图4-55为该股K线缩小图。

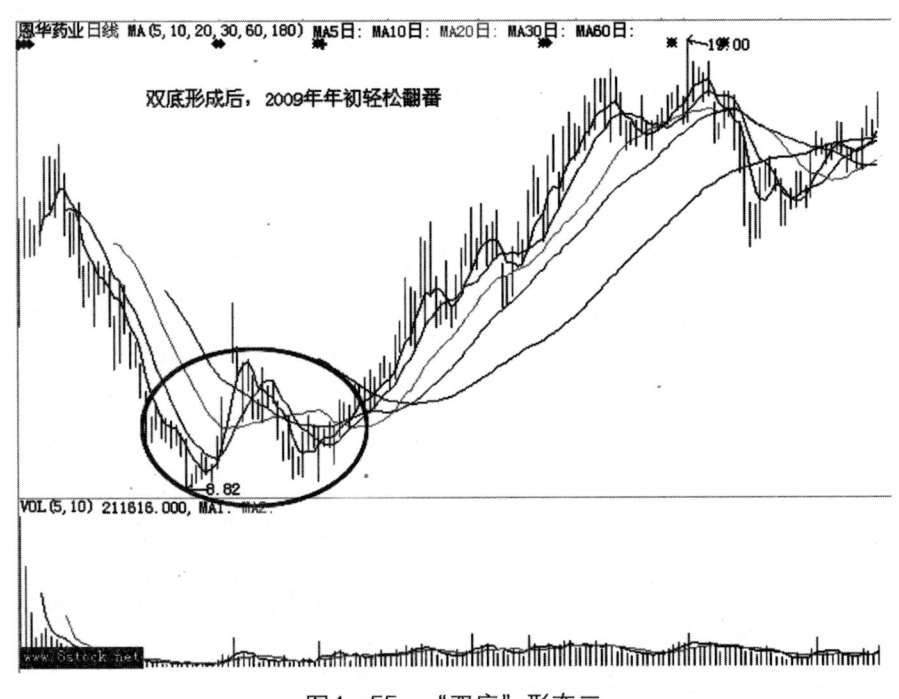

图4-55 "双底"形态二

这个例子中，第二个底比第一个底要稍高，这是属于传统技术理论中经典的双底模式。这里我们看一个第二次探底的低位比第一次探底更低的例子，如图4-56是华鲁恒升（600426）在2008年年底的走势图。

如下页图4-56所示，华鲁恒升第二次探底的最低位为6.40元（还权价格），相对第一次探底低位的6.70元更低。笔者认为，第二个底部探得更低的形态更完美，这样会吓

第 4 章　见底形态K线组合

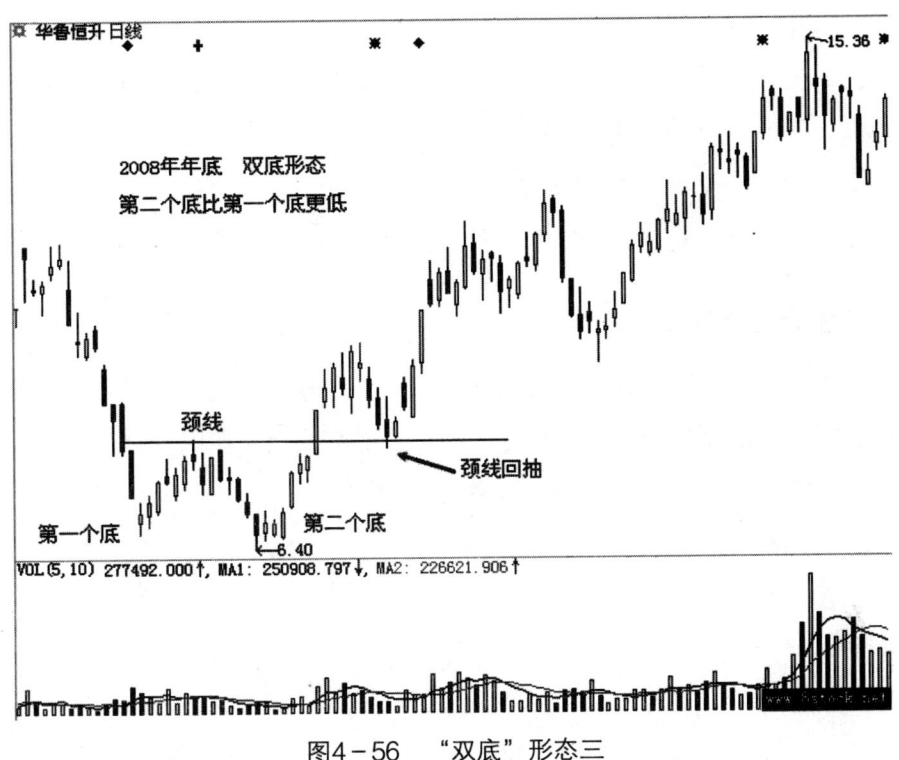

图4-56　"双底"形态三

出了多头的筹码，庄家的目的更容易达到，后期的拉升也将更轻松。

圆　　底

一、图形识别

圆形底（如图4-57）又称为碟形或碗形，是一种逆转形态。是指股价在经过长期下跌之后，跌势逐渐缓和，并最终停止下跌，在底部横盘一段时间之后，又再次缓慢地回升，终于向上突破的过程。其技术特征主要有以下几点。

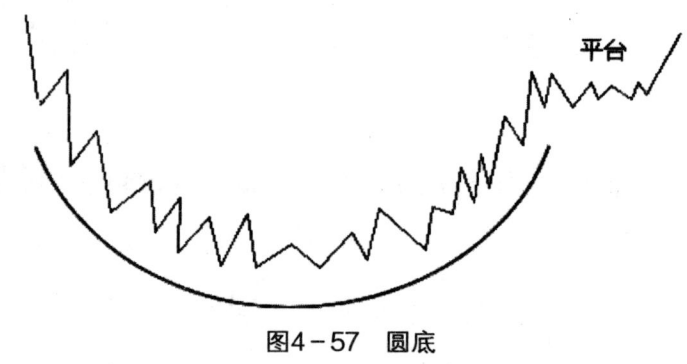

图4-57　圆底

（1）圆底形态可分为三部分，即下降、最低及上升。

形态的第一部分是下降：即带领圆形到低位。下降的倾斜度不会太大。第二部分是圆弧底的最低位，与尖底很相似，但不会太尖。这部分通常出现时间较长可达1个月。最后是上升部分，通常上升与下降所用的时间相同。如上升部分升得太快，便会破坏了整个形态，而且变为假信号。

（2）圆底常常在一个长时间的跌市后出现，低位通常记录新低及回跌。大多数出现在一个由熊市转为牛市的长时间整固期。

（3）圆底的成交量也常常呈圆弧形态。股价先是在成交量逐渐减少的情况下，下跌速度越来越缓慢，直到成交量出现极度萎缩，股价才停止下跌，然后，在多方主力有计划的推动下，成交量温和放大，股价由缓慢推进逐渐转变为加速上升，从而形成股价走势的圆弧形态。一般来说，底部的波动幅度极小，成交量极度萎缩，而盘至尾端时，成交量呈缓步递增，之后就是巨量向上突破阻力线。

（4）在日K线图上，股价与均线系统叠合得很近。

（5）双底通常需要数月才能完成。

需要注意的是，不少的投资者在学习该形态中（甚至包括不少的相关书籍中）认为，圆底一定是在底部呈一个非常明显的圆弧形。其实这种看法是不全面的，在实战中，完全标准的圆底并不多见，圆底的底部也并不一定是标准的圆弧形。

二、实战操作要点

圆底在实战中是最为稳健的底部图形之一，可以说是一种"稳赚"的技术形态，学习技术形态的投资者必须对该形态给予足够的重视。这是因为圆底形态的形成时间相当漫长，使得底部换手极为充分，一旦圆底向上突破，常会出现一轮可观的上涨行情。但笔者将圆底放在双底之后介绍，是因为圆底相对来说不常见，出镜率不如双底高，实战意义也相对较低。但圆底在实战操作也有其优势，就是较易识别。因为它有充分长的时间让大家看出它的存在，同时正是由于它形成所需时间很长，往往反而会被投资者忽视。

圆底在操盘中需要注意以下几点。

1. 介入时机的选择。

圆底形态在形成过程中，市场经历了一次供求关系的彻底转变，因此形成之后，由它所支持的一轮升势也是最持久的。由于该形态形成周期长，因此选择合适的介入时间也显得非常重要。如果过早入市，常常会陷入漫长的筑底行情中，股价不涨或略有下挫，几个星期甚至几个月都看不到希望，由此降低资金的利用率。另外从投资心理来说，不少的投资者就是因为经不起长时间的折磨，常在股价向上发动前，将股票一抛了之，从而与即将到来的上升行情擦肩而过。

2. 成交量的变化。

圆底在底部构筑完毕后，股价开始往上冲的时候必须有成交量配合，投资者在介入之前必须关注成交量的变化。如果看到成交量和股价都成一个圆弧形状态，可在成交量放大，股价往上冲的时候大胆介入，若成交量萎缩，无论股价如何变动，都不要轻易参与。

在形成"圆形底"后，价格可能会反复徘徊形成一个平台（或称为"碟柄"），这时候成交已逐渐增多。在价格突破平台时，成交量必须显著增大，股价也会加速上升。假如圆形底出现时，成交量并不是随着价格作弧形增加，则该形态不宜信赖，应该等待进一步变化，待趋势明朗时再作决定。

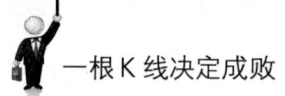

3. 突破的有效性。

与双底的形成一样，圆底图形的形成过程也有可能会失败。从整个图形来看，若价格未穿破阻力位，即图形开始下降的位置，则圆底仍未确认。如果信号可信的话，在圆形底部的最低点交易量会减少，而价格在经过了低谷之后开始缓慢爬升时，交易量增长却不明显，这时自然地会有一些不成熟的突破现象。

三、原理解析

圆底常见于低价股中，形成一种延伸的平底形状。圆底的形成过程也是一个买卖双方力量的消长变化过程。

当股价从高位开始回落，市场气氛依然热烈，对股价反弹充满信心，交投较为积极。因此，此时股价波动幅度依然较大。随着股价在震荡中逐渐下行，人们发现已经很难赚到钱，甚至常常亏钱，因此参与热情开始减小，由此带来的后果是股价进一步下跌，这时离场的投资者越来越多。

随着压力的减轻，交易量逐渐减少。需求慢下来，趋势也越来越趋于水平。当成交量越来越小的时候，经过长时间的换手整理，大家的持股成本也逐渐降低，这时候股价下跌的动力越来越弱。因为想离场的人已经离场了，余下的人即使股价再跌也不肯斩仓。这样，股价就不再下跌。但是这时候也不会有人进场买股票，大家心灰意冷。这种局面可能要持续相当长一段时间，形成了股价底部横盘的局面。在底部，由于买卖双方技术上达到平衡，相应的交易活动也几乎停止不前。

一段时间后，市场需求增长，出现了新的买入力量，打破了原有的平衡，因而股价上行。价格由曲线转为上升，交易开始活跃，交易量随着趋势加速增长，一直经过几天近乎"垂直"价格运动而达到一种爆发的高峰。这样的形态中，底部交易量顶端连线会呈现一个弧线，在一轮相当规模的下跌趋势之后出现这样的形态，就显得尤其重要，这意味着主要趋势的反转。当新的买入力量持续增强的时候，说明市场筑底成功，有向上发展的内在要求。于是形成了圆底的右半部分。

但这轮趋势很少立即开始猛烈飙升，相反，随之而来的上升趋势往往缓慢，且常常被打断，让没有耐心的投资者筋疲力竭。当股价在成交放大的推动下向上突破时，这是一个难得的买入机会。因为圆底形成所耗时间长，在底部积累了较充足的动力，一旦向上突破，将会引起一段相当有力而持久的上涨，此时为较佳的买入时机。

四、深度研究

圆底的底部形成过程与技术形态理论中的"休眠底部"形态逻辑相符。它极具特性的表现在那些小盘股中，开始形成圆低时的交易量很小，但有时交易活动会出现一个突然而又令人费解的短暂波动。这种"休眠形态的突破"可能是不成熟的运动，随后又是持续数周的休眠状态。或者从最开始的上升后，价格可能进行一步一步地上升。而每步之间的间隔越来越短，最终形成一轮连续的上升趋势。无论哪种情况，都是一种信号，我们面对的是一个重要的建仓形态。形成休眠底部的过程，主力不急于收集筹码，不主动买盘。

五、案例分析

如图4-58所示，紫金矿业（600899）在上市第一天遭遇到了疯狂炒作，随后在2008年的熊市中经过了漫长的下跌。到2008年年底，经过长时间的换手整理，成交量越来越小，股价下跌的动力越来越弱，趋势也越来越趋于水平。这时，股价不再下跌，股价开始与5日线和10日线纠缠。2008年10月底至11月中旬股价低位震荡，反复徘徊，逐步筑成了圆底底部平台。随着大盘交易的活跃，该股买盘开始踊跃，交投越来越积极，放量突破平台，圆底形态形成。随后该股开始了一段持久的升势。2009年短短4个月，股价翻了4倍。下页图4-59是该股在2009年第一季度的走势图。

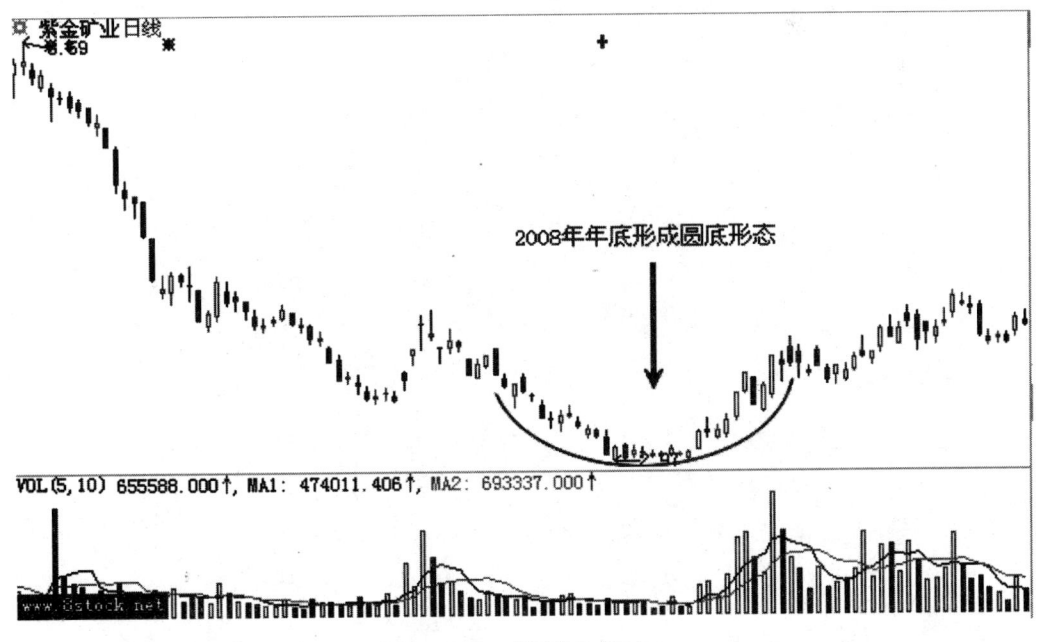

图4-58 "圆底"形态一

一根K线决定成败

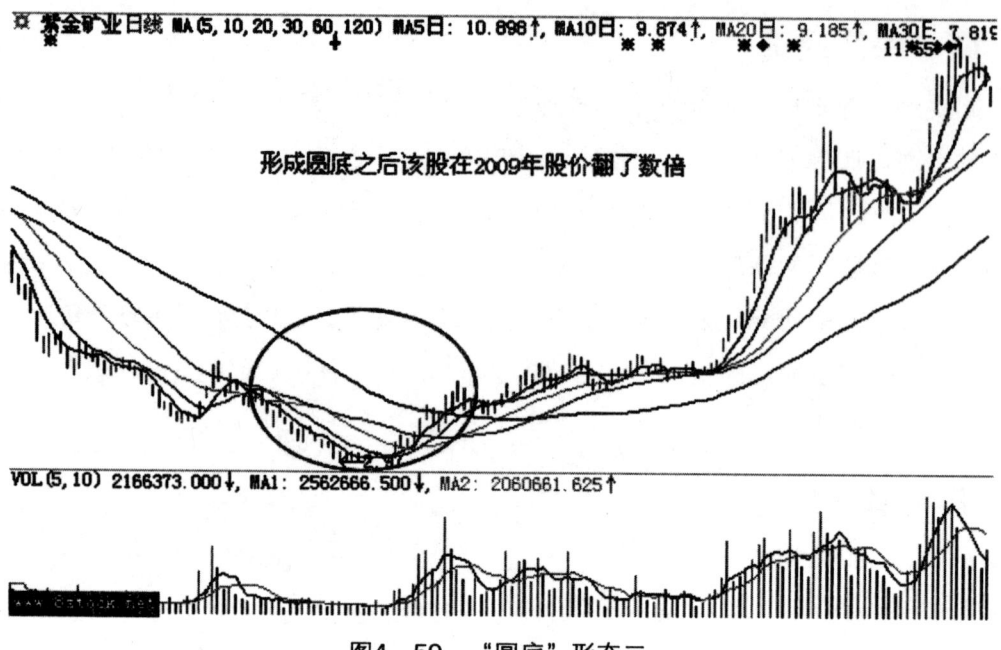

图4-59 "圆底"形态二

头 肩 底

一、图形识别

头肩底K线组合形态（如图4-60）为市况逆转的信号。顾名思义，图形以左肩、头、右肩及颈线组成，图中的曲线犹如倒置的两个肩膀扛一个头。其技术特征主要有以下几点。

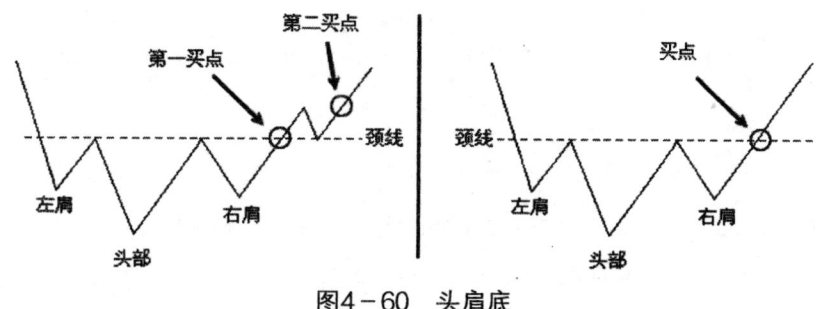

图4-60 头肩底

（1）头肩底有二三个连续的谷底，其中以中谷底（头）最深，第一个及最后一个谷底（分别为左、右肩）较浅，接近对称。

（2）第一个波谷（左肩）是因股价急速下跌，随后止跌反弹而形成。形成左肩部分时，成交量在下跌过程中出现放大迹象，而在左肩最低点回升时则有减少的倾向。

（3）第二个波谷（头部）是股价因第一次反弹受阻，股价再次下跌，并跌破了前一低点形成的。形成头部时，成交量会有所增加。

（4）第二次反弹即再次在第一次反弹高点处受阻，股价又开始第三次下跌。但股价跌到与第一个波谷相近的位置后就跌不下去了，成交量出现极度萎缩，此后股价再次反弹形成了第三个波谷（右肩）。第三次反弹时，成交量显著增加。

（5）第一次反弹高点和第二次反弹高点，用直线连起来就是一根阻碍股价上涨的颈线。但在第三次反弹时会在成交量配合下，将这根颈线冲破，使股价站在其上方。

头肩底有两种突破形态：一种是突破颈线后有一个回抽（如图4-60的左图），另一种是突破颈线后就一路上扬不回头（如图4-60的右图）。

二、实战操作要点

实战中头肩底形态远比双底信号可靠,这时因为头肩底在构筑头部的时候,股价曾一度跌破支撑形成恐慌,盘面得到了较为彻底的清理,信心不坚定者已被淘汰出局。但笔者在本书将头肩底形态放在双底与圆底之后,是因为头肩底出现的概率不高,尤其是完美有效的形态更难遇到,实战意义相对稍差。

头肩底形态中,股票价格从左肩处开始下跌至一定深度后弹回原位,然后重新下跌超过左肩的深度形成头部后再度反弹回原位。经过整理后开始第三次下跌,当跌至左肩位置形成右肩后开始第三次反弹,这次反弹的力度很大,很快穿过这个形态的顶部并且一路上扬。头肩底为典型的牛态入市信号,随后将有较大的升幅。投资者见到头肩底这个图形,应该想到这是个底部回升的信号,此时不能再看空,而要随时做好进场抢筹的准备。头肩底的买点与双底一样,也依据突破形态的不同而分为激进型与稳健性两种。

1.激进型买点。

股价放量冲破颈线时称为第一买点(如图4-60的左图)。当头肩底颈线突破时,是一个真正的买入信号。虽然股价和最低点比较,已有一段上升幅度,但升势只是刚刚开始,投资者可选择在此点买入。头肩底是极具预测力的形态之一,一旦获得确认,升幅大多会多于其最少升幅的。其最少升幅的量度方法是从头部的最低点画一条垂直线相交于颈线,然后在右肩突破颈线的一点开始,向上量度出同样的高度,所量出的价格就是该股将会上升的最小幅度。

2.稳健型买点。

在大多数图形中,当阻力线被穿破,相同的阻力线在后市中会转变为支持线。如果股价冲破颈线回抽,并在颈线位附近止跌回升再度上扬时可加码买进,通常称为第二买点。

两个买点各有利弊,在第一个买点买入时,若股价向上突破颈线时成交量并无显著增加,则可能是一个"假性突破"。这时投资者应逢高卖出,考虑暂时退出观望。因此,第一买点有一定的风险。头肩底形态突破颈线后,可能有回抛情况发生,如不跌穿颈线,市势将向着目标幅度上升。而若选择在第二买点介入,此时就会踏空。

头肩底相对双底,在第一个买点胜算更高,而双底形态在第一个买点买入的失败率很高。因此,笔者建议双底形态在第二买点介入,而头肩底形态可在第一买点介入。

在头肩底形态中,成交量的分析非常重要,成交量可谓头肩底形态的一个重要指标。大多数案例中,左肩较右肩和头部为大,下降的成交量加上头部创新低,这几个特征可充当一个警示信号,表示走势正在水平线上逆转。第二个警示信号出现特征是当价格由头部的顶峰上升时,即价格向上突破颈线后,再次回落至颈线支持位,然后大升。最后逆转信号是在价格向上穿破颈线后,应把握时机入市,若未能跟进,则可在出现回抽回试颈线支持位时买入。

头肩底形态形成过程中可能会判断失败的几个地方。

(1)当颈线阻力突破时,必须要有成交量剧增的配合,否则这可能是一个错误的突破。不过,如果在突破后成交逐渐增加,形态也可确认。

(2)在升破颈线后可能会出现暂时性的回跌,但回跌不应低于颈线。如果回跌低于颈线,或是股价在颈线水平回落,无法突破颈线阻力,而且还低于头部,这可能是一个失败的头肩底形态。

三、原理解析

头肩底常常出现在长期熊市的底部,表示长期性趋势已扭转。头肩底先后形成三个波谷,股价一次再一次地下跌,第二次的低点(头部)显然较先前的一个低点更低,但很快即掉头弹升,接下来的一次下跌股价未跌到上次的低点即获支持而回升,反映出看好的力量正逐步改变市场过去向淡的形势。当两次反弹的高点阻力线(颈线)打破后,显示看好的一方已完全把看淡的一方击倒,买方代替卖方完全控制整个市场。

一般来说,头肩底形态较为平坦,因此需要较长的时间来完成。这个周期需要1个月以上,而其时间跨度越大,信号越可靠。

四、深度研究

底部常见的技术形态还有潜伏底和底部三角形,读者若有兴趣可阅笔者其他拙著。作为本章见底形态的总结,笔者在这里和大家一起探讨一下底部的判断。

不同底部形态的行情特征,按行情的规模大小可将底部划分为短期底部、中期底部和长期底部。短期底部是指股价经过一段不长时间的连续下跌之后导致短期技术指标超卖,从而出现股价反弹的转折点。中期底部是指由于股价经过长期下跌之后借助于利好题材所产生的历时较长、升幅可观的弹升行情的转折点。长期底部是指弱势行情完全结束,多头行情重新到来的转折点。以上三种不同层次的底部行情特征和各股表现都不大相同,下面分别予以叙述。

短期底部以V形居多,发生行情转折的当天经常在日K线图上走出较为明显的下影线,在探到底部之前,常常会出现二三根较大的阴线,也就是说,每一次加速下跌都会探及一个短期底部。在短期底部前的几天加速下跌之中，一线、二线、三线股的跌幅差不大。短期底部之后，将是一个很小的反弹，这一反弹的时间跨度多则三五天，少则只有一天。反弹的高度在多数情况下很难超过加速下跌开始时的起点。在反弹行情中，以低价位的三线股表现最好，而一线优质股则波幅不大。

中期底部各种形态出现的可能性都有，其中双型底和头肩底出现的概率稍大。中期底部一般是在跌势持续时间较长（10周以上）、跌幅较深（下跌30%以上）以后才会出现。在到达中期底部之前往往有一段颇具规模的加速下跌。中期底部的出现，一般不需要宏观上基本因素的改变，却往往需要消息面的配合。最典型的情况是先由重大利空消息公布促成见底之前的加速下跌。然后再由利好消息的出现，配合市场形成反转。在见底之前的加速下跌中，往往优质股的跌幅较大。股价见底期间，优质股的成交量会率先放大。中期底部之后，会走出一个历时较长（一周至数周）、升幅较高的上升行情。这段上升行情中间会出现回荡整理。大体来讲升势可分为三段：第一段由低位斩仓者的补货盘为主要推动力，个股方面优质股表现最好；第二段由炒题材的建仓盘推动，二线股轮番表现的机会比较多；第三段是靠投机性炒作推动的，小盘低价股表现得会更活跃一些。在中期底部之后的升势发展过程中，有相当多的市场人士将这一行情当作新一轮多头市场的开始，而这种想法的存在正是能够走成中级行情而不仅仅是反弹的重要原因。

长期底部是熊市与牛市的交界点。长期底部的形成有两个重要前提。其一是导致长期弱势形成的宏观基本面利空因素正在改变过程中，无论宏观基本面利空因素消除的速度快慢与否，最终结果必须是彻底地消除。其二是在一个低股价水平的基础上投资者的信心开始恢复。长期底部之后的升势可能是由某种利好题材引发的，但利好题材仅仅是一个引发的作用，绝对不是出现多头行情的全部原因。也就是说，市场须存在出现多头行情的内在因素，才有走多头行情的可能性。而这种内在因素必须是宏观经济环境和宏观金融环境的根本改善。长期底部的形成一般有简单形态和复杂形态两种。所谓简单形态是指潜伏底或圆底，这两种底部的成交量都很小，市场表现清淡；而复杂形态是指规律性不强的上下震荡。长期底部走成V形底或小W形底的可能性不大，见底之后将是新一轮的多头市场循环。

由以上分析可以看出，作为投资者应当十分重视中期底部与长期底部的形成。看准中长期底部出现，可以下大注去搏。而对于短期底部，则不予理睬为上策。即使确实有兴趣进行短线操作，也应严格控制买放量，并坚决按照止损纪律进行操作。

以下是确认底部的几个必要条件及操作原则。

1. 不要指望在最低点买入。

大部分股民认为反弹即是底部，担心错过买入时机，次日无法追高。但由于抢反弹是高风险的行为，因此等待底部形态成熟后再大量买进，以免在跌势中被更低的低点套牢。

2. 不要迷信底部缩量。

价跌量缩，大家都知道，但量缩了还可以缩；所以应等待大盘指数走稳后，才能正式确认底部。

3. 不要认为底部是一日。

俗话说"天价三天，低价百日"就是这个道理。一般说，底有几种形态，双底及圆底是较为常见的底部，绝不要去抢V形底，因为V形底经常就是一个右肩，一旦买入就会有被套住的可能性。

4. 底部确认的标准。

底部的确认有阶段性的不同，一般情况下底部出现必须符合以下条件。

（1）技术线指标已严重超跌，走势上也出现有利于多方的形态。技术方面需满足以下三大条件。

a. 各种技术指标必须向上突破下降趋势线，由于各阶段其下降趋势线有所不同，一般以25日平均线（曹氏八线理论中的生命线）为准。

b. 从形态上看，以前的底部都会是参考点。如果在1年内有几次都是在某一低位反弹上升的，那么该位置即可认为是一处中期的底部。

c. 在KDJ、RSI的周线已成多头排列时，6日均量连续3日放大。

（2）基本面。中国股市有一通例，即当政治及经济消息未明朗前常易跌难涨，年底收紧银根、银行利率下调或新股即将上市等消息都可能使股市再跌一个台阶；反之，涨易跌难。

（3）其他因素。由于资金短缺，加之年关已近，大量机构准备收金回府，只逢高出货，不进场拉高，使得整个市场心理上看淡。因此"底部"是个长期的建立过程。

要想成功抄底，还需学会如何辨别小底部与大底部。所谓的小底部与大底部只是相对上升行情的大与小而言。小底部往往意味着大盘行情上升一段时间后便回落下来，又回到原位甚至跌穿原来的小底部。

小底部往往具有如下特征：①大盘回落调整时间短，如下调3个交易日、5个交易日、8个交易日、13±1个交易日、21±2个交易日或34±2个交易日不等。②大盘回落调整的空间有限，一般下调空间为先前上扬高度的1/3、38.2%或50%不等。③市场下跌时投资者惜售，成交量呈价跌量减，领跌板块股纷纷止跌，反映市场上卖方抛售力量开始逐步耗竭。④市场心理开始产生观望—徘徊—悲观—恐慌。⑤大盘跌破重要支撑位或重要指数大关口，引发股评产生恐慌性预测与评论。这部分悲观股评又加剧了广大中小散户的恐慌，导致割肉盘低价位卖出。⑥短期技术指标进入低位区，常用的相对强弱指标RSI在20以下，若在短期内连续2~3次在20以下，筑底信号明显；若在短期内随机指标KDJ值在20以下连续2~3次出现金叉，也可视为筑底信号；若RSI、KDJ等短期技术指标出现"底背驰"信号，更可确认底部成立。从日K线组合来看，若出现连续大幅下挫形成低位十字星或大阳线时，也或在下跌过程中形成三次跳空缺口时，均可视为筑底信号。

以上特征越明显，小底形成的机会越大，这六个因素是决定行情形成小底部的内因，一旦市场有利好传闻或利好政策出台，将直接刺激内因，刺激场外资金入市吸纳、行情便筑底回升，形成一个漂亮的小底部。

所谓的大底部是指这个底部从前期最高点下跌调整以来经历时间很长，达数个月甚至数年。下跌幅度很大，筑底上扬行情可持续很长一段时间，数个月甚至数年。行情要想重新回落到这个底部不太可能或者说需要数月或数年，小底部的特征经过放大后会呈现在大底部中。构成大底部的因素主要由宏观经济形势、供求关系、政策面发生重大改变、行业发展状况或上市公司业绩改善等内因构成。

大底部往往具有如下特征。

（1）大盘回落调整时间较长，如回落调整55个交易日或10个月、2~3年不等，调整时间越长，跨度越大，判断为大底的机会越高。

（2）大盘下跌调整的空间很大，下跌幅度是先前上升幅度的61.8%，81.9%或100%以上。

（3）市场投资者谈股色变，成交量持续很长一段时间萎缩，投资者屡买屡套，成交量屡创地量。

（4）市场心理由悲观产生绝望。

（5）大盘屡创新低，不少底部预测的评论屡屡犯错，投资者不知底在何方。

（6）短期技术指标周K线、月K线中的指标进入低位区，日K线中的短期技术指标在低位区反复钝化，牛皮盘整，导致投资者对技术指标的分析预测功能产生怀疑。

大底部的六个特征远远比小底部的特征明显，悲观绝望的气氛足以吓退众多投资者，人人都希望抄大底成功，其实真正大底部来临时却会吓退广大投资者。历史上每一次大底部形成之际，成交量极度萎缩，买入者只是些有胆有识的极少数人，而每次高点套牢的总是绝大多数人，每次高点的惊人成交量便是最好的证明。

无论抄小底与抄大底都不是简单的技术问题。抄底除了要有知识外，还要有良好的心理素质，更需要胆量与勇气。抄大底需要有投资的前瞻性，不计较数天、数周的得失，而注重数月、数年后的收益。

五、案例分析

如图4-61所示，美克股份（600337）在2008年年度走出了头肩底形态。该股从2007年9月的高点17.20元（还权价格）至2008年10月的1年时间跌到2元左右，跌幅不可谓不大。股价急速的下跌，形成了左肩，随后止跌反弹。但第一次反弹受阻（颈线），股价再次下跌，并跌破了前一低点，形成头部。第二次反弹再次在第一次反弹高点处受阻，股价又开始第三次下跌，但股价到第一个波谷相近处就不下去了，股价再次反弹形成了第三个波谷（右肩）。第三次反弹时，成交量显著增加，放量突破颈线。该股突破颈线后曾有两次对颈线的回抽，头肩底形成后，该股在2009年展开了一轮较大幅度的反弹。

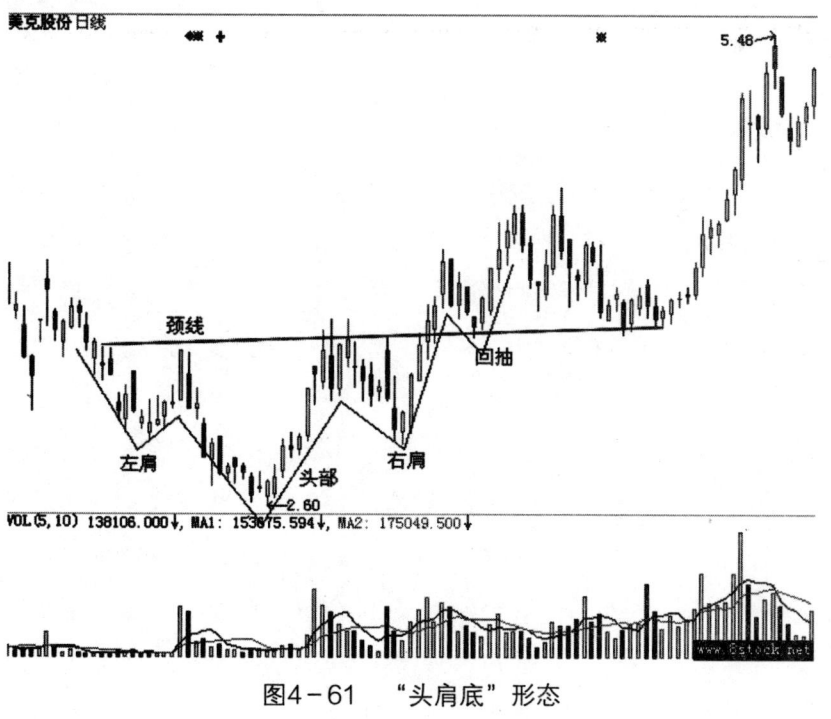

图4-61 "头肩底"形态

第 5 章
攻击形态K线组合

　　攻击形态K线组合共有16种，一般出现在上涨的途中，多为多方空中加油形态，预示着后市即将上涨，为买进信号。

红 三 兵

一、图形识别

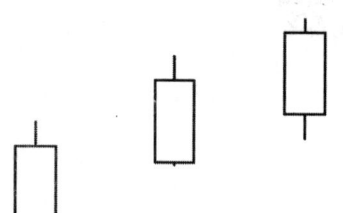

图5-1 红三兵

红三兵（如图5-1）K线组合形态顾名思义就是由3根红彤彤的小阳线组合而成，是多头开始进攻的信号。其技术特征主要有以下几点。

（1）一般出现在上涨行情的初期。

（2）由3根连续创新高的小阳线组成，即每天的收盘价高于前一天的收盘价，且都是小阳线。

以上两点为传统技术理论中红三兵K线组合的定义。对于该形态，笔者认为有必要补充以下两点。

（1）后两根小阳线中，每一天的开盘价需高于前一天的开盘价，但不高于前一天的收盘价。

（2）后两根小阳线中，每一天的最高价都高于前一天的最高价，每一天的最低价都高于前一天的最低价。

若3根小阳线都是光头阳线，即都收于最高价或接近最高点时，该形态则演变为"三个白武士"，我们将在下一节中探讨这一形态。若三天的阳线不是小阳线，而是大阳线或中阳线，则可演变为"三阳开泰"，这一形态也将在后文中探讨。

二、实战操作要点

红三兵应该是读者朋友们一个耳熟能详的名称，传统技术理论中将这个形态视为一个经典，不少的所谓"专家"在解盘的时候也常常提到这个名词。但红三兵真的那么神奇吗？笔者依据自己的实战体会以及计算机统计历史数据分析后发现，红三兵在实战中出现的概率非常高，但其转势信号较弱。因此，笔者建议，该形态一般不可单独使用，而只能作为一种辅助分析手段，结合其他多种分析方式后才能作出操作决策。这是因为红三兵K线组合在更多情况下所表达的仅是企稳信号，行情的全面启动还有待时日。

实战操作要点主要有以下几点。

（1）操作中可寻找红三兵下方的重要支撑位，如黄金分割位。如果下方有重要支撑位支持，可以考虑把止损设在此支撑位之下。

（2）审视K线交易的前提——结合整体的风险收益比和成功率，来判断是否值得建仓。

（3）在适合建仓的情况下，当第1根阳线出现，并依托重要支撑位向上拉升时，激进者可进场建立小型试探单，止损就设在重要支撑位之下。第二天如果价格形态走的标准，符合红三兵形态，多单可继续持有，早先没有进场的，此时也可以进场建多。第三天，红三兵形态正式确立，此时可以结合其他分析手段判断这是一个多头进仓的机会。

三、原理解析

红三兵K线组合所表现的多空搏杀原理是，在暴跌之后空方已无力继续打压，股价在低价区窄幅波动时小阳线与小阴线交替出现。价格处在市场底部震荡，市场沽空一方无力再度做空；而做多一方觉得价格经过下跌，已处在超卖状态，可以做多；观望一方在比较了多空双方的力量之后，认为多方略占优势，从而进场建仓做多。

经过较长时间整理之后，多方积蓄了足够上升的能量，市场受此合力影响，形成3天连续上扬局面，伴随着成交量的放大出现连续上升的3根小阳线。3根小阳线反映了在这三个交易日中，当多头力量与空方力量进行搏杀较量后，多方力量都取得胜利。每一日的往上运行代表了多方力量正在一小步一小步地前进，而空方力量则正好是节节败退。多方力量已经在不断地聚集积累，使股价突破盘局开始上升。多头力量小荷已露尖尖角，它的出现预示后市企稳转强的可能性增大。

四、深度研究

红三兵K线组合与成交量的关系紧密。我们分不同的阶段分别进行阐述。

巨量型红三兵K线组合中的巨量并不完全是好事，若巨量出现于上升趋势的初始阶段、中途阶段或下降趋势的末尾阶段，将会助涨股价，但若巨量出现于上升趋势的末尾阶段或下降趋势的初始阶段、中途阶段，将会助跌股价。

而缩量型红三兵K线组合出现于上升趋势的洗筹区域是庄家洗筹的典型表现，此种洗筹方式较特殊，一般是在大盘指数强劲大升之时使用，地量是洗筹的一个重要特征。地量型红三兵K线组合出现于上升趋势的初始阶段或下降趋势的末尾阶段，成交量上未有放量，但成交量可以通过多天的补量而积聚做多动能。当它出现于上升趋势的末尾阶段或下降趋势的初始阶段、中途阶段，虽然下跌没有伴随着大成交量，但缩量下跌也是沪深股市的一个特征，投资者千万别被缩量麻痹了视线。

五、案例分析

如图5-2所示，金宇集团（600201）在2008年10月出现红三兵K线组合后的走势图。

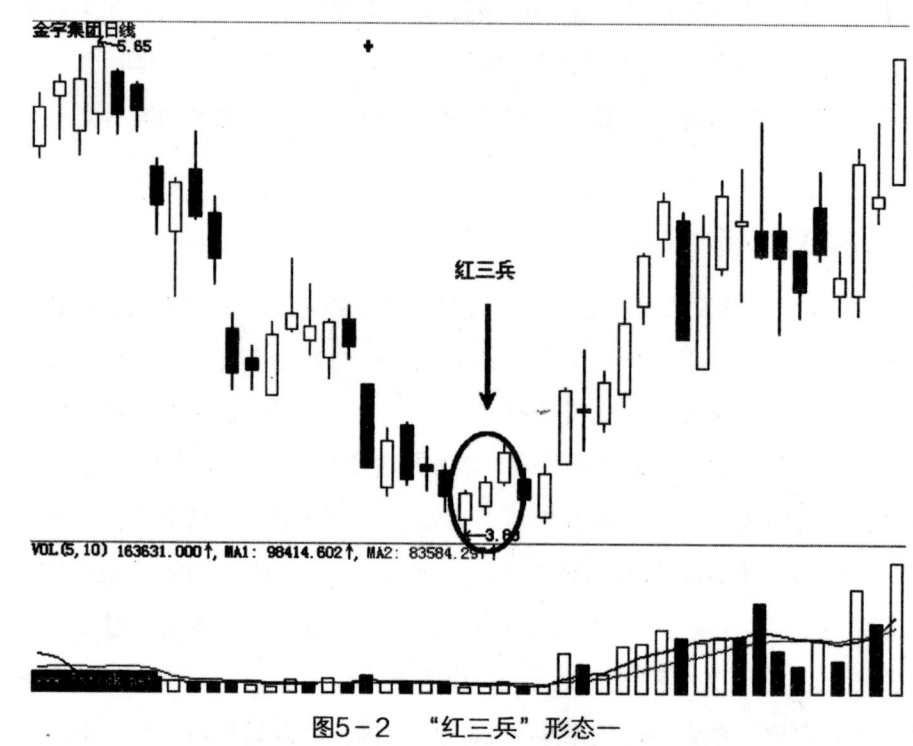

图5-2 "红三兵"形态一

金宇集团（600201）在2008年跌幅巨大，从2008年1月25日的高位20.20元（还权价格）一路下跌，最低跌至2008年10月3日的3.83元。在接下来的两个交易日，10月4日和5日连收两根小阳线，形成典型的"红三兵"K线组合。此时股价已有明显的止跌企稳态势，但投资者还是不宜轻易作出买入决定，因为单独使用红三兵成功概率并不高。结合其他技术分析，10月3日KDJ已经在低位形成金叉，10月4日MACD也显示出金叉，红柱开始出现，显示该股已有探底成功的迹象，可以试探性买入。出现红三兵之后，该股震荡一天，但成交量依然萎缩，但随后数天成交量密集放大，5日线也开始与10日线形成金叉，此时可以大胆跟进。几个月后该股在2009年2月24日就最高摸至10.38元，获利丰厚，下页图5-3为该股在2009年年初的缩小走势图。

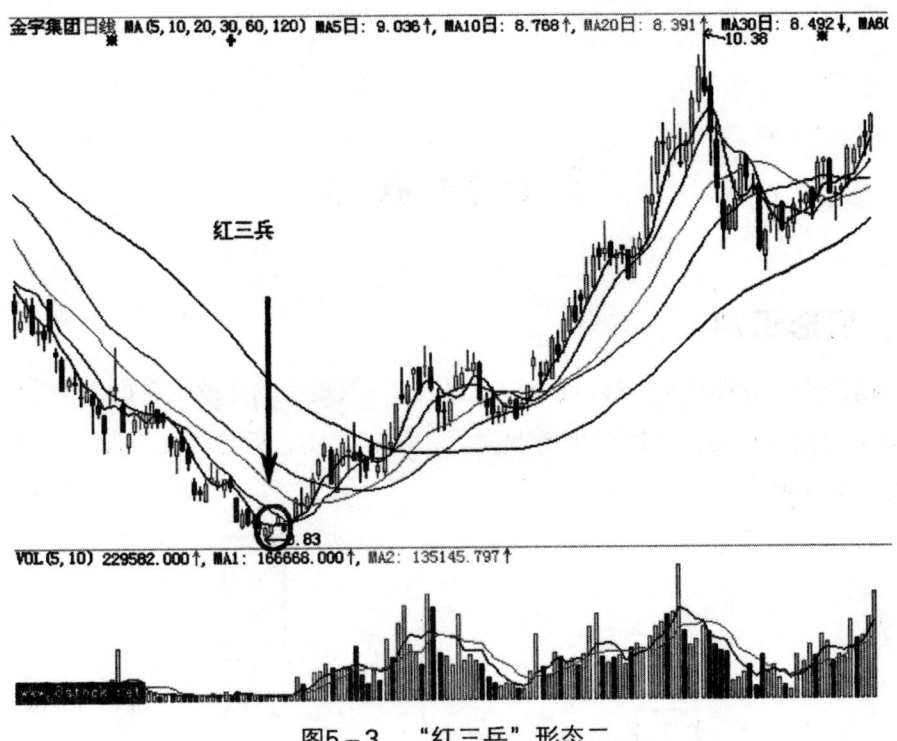

图5-3 "红三兵"形态二

六、公式源码

{红三兵 日线副图}

Var1：=close>open and close/open<1.03 and close>ref（close，1）and open>ref（open，1）and high>ref（high，1）and Low>ref（Low，1）；

Var2：=count（Var1，2）=2；

Var3：=ref（close，2）>ref（open，2）and ref（close，2）/ref（open，2）<1.03；

Var4：Var2 and Var3；

STICKLINE（Var4，0，70，4，0），colorred；

DRAWTEXT（Var4，85，'红三兵'），colorMagenta。

三个白武士

一、图形识别

三个白武士（如图5-4）K线组合形成是指由3根短小的连续上升的阳K线组成，K线收盘价一日比一日高，如同武士勇敢前进，基础扎实，后势涨幅将加大。其技术特征主要有以下几点。

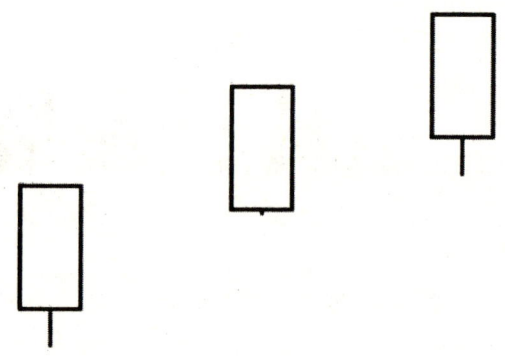

图5-4 三个白武士

（1）一般出现在上涨行情初期。

（2）由3根连续创新高的小阳线组成，即每天的收盘价高于前一天的收盘价，且都是小阳线。

（3）每天的开盘价在前一天的实体之内，也就是每根阳线的开盘价低于前一天的收盘价但高于前一天的开盘价。

（4）每一天的最高价都高于前一天的最高价，每一天的最低价都高于前一天最低价。

（5）每天的收盘价等于或接近当天的最高价。

三个白武士是红三兵K线组合的一种特殊形态，与上一节的红三兵K线组合的区别在于，三个白武士中3天的K线都是光头的小阳线，即每天的收盘价等于或接近当天的最高价。若3天的阳线是大阳线或中阳线，则该形态则演变为"三阳开泰"，我们将在下一节中作探讨。

二、实战操作要点

三个白武士K线组合比红三兵K线组合的上攻力度要大,表明多方开始反击,但实战中单独使用的成功概率并不高。因此,笔者依然不建议该形态单独使用,而只能作为一种辅助分析手段,结合其他多种分析方式后才能作出操作决策。三个白武士K线组合是股价在经过一段整理的走势后,连续出现3根阳线,而且每根K线都以最高价或次高价收盘,一般最后一根阳线的力度最大。操盘中需注意以下几点。

(1)一般出现在股价或指数的低位时效果比较明显,如果这时出现此信号,股价见底回升可能性很大。

(2)在下降趋势中,"三个白武士"呈阶梯形逐步上升,说明行情已经发生明显变化,后市将逐渐转好。

(3)在上升趋势中,如果在股价上涨幅度较大,上涨速度过快时出现该形态,则有可能导致行情的短期见顶。只有在缓慢上涨过程中出现该K线组合形态,才表明股价将进一步上涨。

三、原理解析

三个白武士的多空博弈原理与红三兵相似,3根光头的阳线,显示多方进攻的力度更为强大,收盘直接收在全天的最高价位置。在涨升初期,或股价横盘整理后出现三个白色武士,表示股价已经过充分的换手,积累了一定的上升能量,继续上涨的可能性较大。

四、案例分析

如下页图5-5所示,东安动力(600178)在2009年2月2日至4日,连续3天拉出3根小阳线,收盘价为全天最高价或接近最高价,形成"三个白武士"K线组合。该形态出现之时,正处在上涨初期,均线系统多头排列,MACD张口加大,红柱伸长有力,量能开始放大,可作试探性建仓。该股在随后的一个交易日收出1根中阴线,击破5日线,但止跌于10日线,洗盘特征明显。洗盘之后,庄家为了避免散户跟进坐轿,次日以长阳报收,可见后市拉升非常急迫。该股半个月涨幅即超过50%,三个白武士之后的洗盘中阴为最佳介入时机,关于庄家洗盘的描述可参阅笔者拙著《庄股经典洗盘模式》。

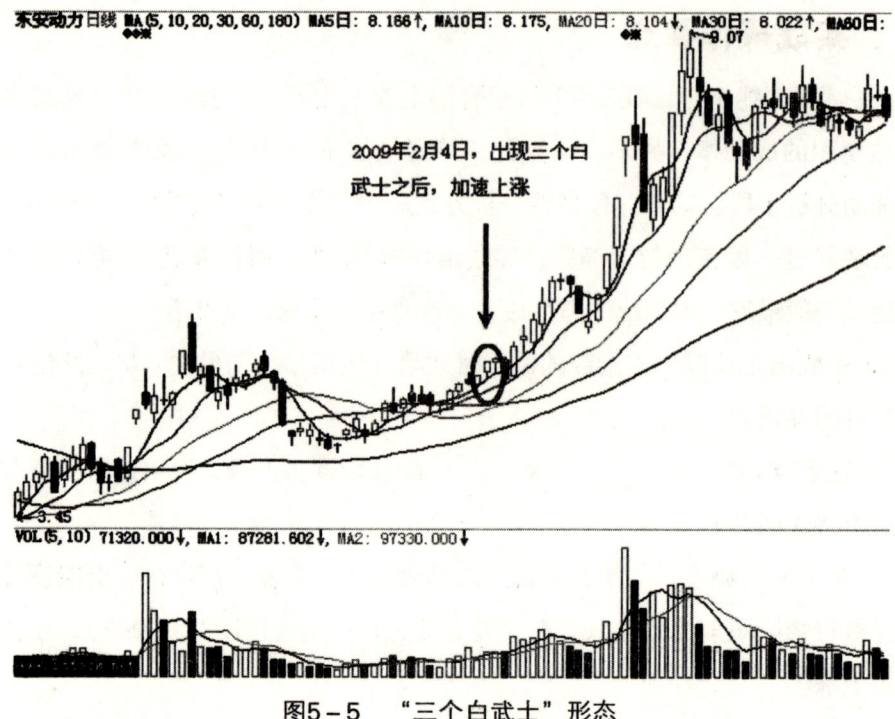

图5-5 "三个白武士"形态

五、公式源码

{三个白武士 日线副图}

Var1：=close>open and close/open<1.03 and close>ref（close，1）and open>ref（open，1）and high>ref（high，1）and Low>ref（Low，1）and high<=close*1.005；

Var2：=count（Var1，2）=2；

Var3：=ref（close，2）>ref（open，2）and ref（close，2）/ref（open，2）<1.03 and ref（high，2）<=ref（close，2）*1.005；

Var4：Var2 and Var3；

STICKLINE（Var4，0，70，4，0），colorred；

DRAWTEXT（Var4，85，'三个白武士'），colorMagenta。

三阳开泰

一、图形识别

三阳开泰（如图5-6）K线组合形态为加速上涨的信号。阳与羊同音。阳光之下三只羊，中国传统吉祥寓意图案，画题就叫《三阳开泰》。三阳开泰之说来自《易经》。六十四卦之中，古人以《坤》为十月的卦象，《复》为十一月卦象，《临》为十二月卦象。卦爻分阴阳。《坤》卦六爻皆取阴爻，为纯阴之象；《复》卦一阳生于下；《临》卦二阳生于下；而《泰》卦，乾下坤上，阳爻有三——于是，"三阳开泰"成为岁首的吉语。明代杂剧《闹钟馗》剧中演，逢元旦，三阳真君在三阳阁下排宴庆贺新年——那"三阳真君领三个绵羊太子"，三羊象征三阳。"三阳开泰"是一种吉祥语，它表示大地回春，万象更新的意义，也是兴旺发达，诸事顺遂的称颂。股市中的三阳开泰K线组合显示股价开始企稳转强。其技术特征主要有以下几点。

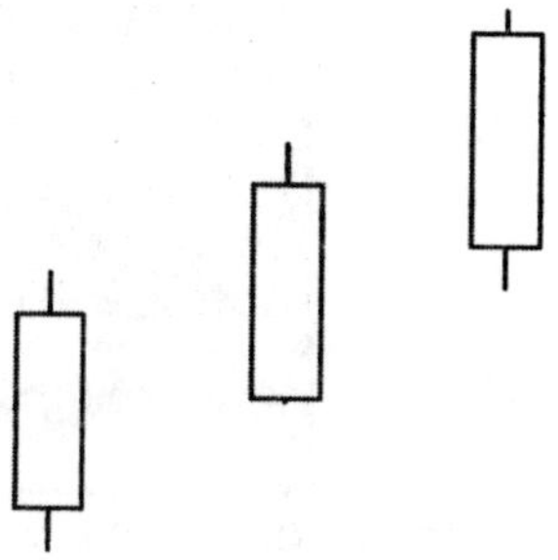

图5-6 三阳开泰

（1）一般出现在上涨行情初期。

（2）由3根连续创新高的中阳线或大阳线组成。

（3）每天的开盘价在前一天的实体之内，也就是每根阳线的开盘价低于前一天的收盘价但高于前一天的开盘价。

（4）每一天的最高价都高于前一天的最高价，每一天的最低价都高于前一天最低价。

三阳开泰与红三兵和三个白武士形态类似，但三天的K线都为中阳线或大阳线，三阳开泰对每根阳线是否有上影无限制，即不要求光头。

二、实战操作要点

三阳开泰在实战中出现的概率较高，同时测试成功率也非常不错，具有极优的实战意义。以1999年1月1日至2009年1月1日期间沪深两市股票的历史数据统计，该股的测试成功率如下页图5-7所示。

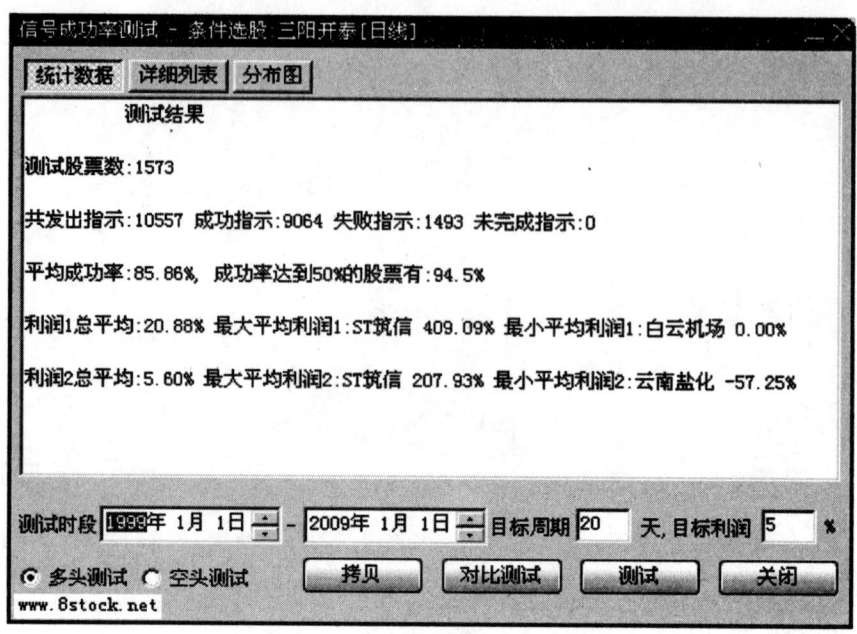

图5-7 "三阳开泰"日线

数据显示，共发出指示10 557次，成功指示90.64次，平均成功率85.86%，成功率达到50%的股票有94.5%。这是一个较为少见的高成功率形态。

三阳开泰与红三兵和三个白武士形态类似，都是在低位时连拉3根阳线，预示着后市可能见底回升，但三者的实战意义不同。红三兵一般是企稳信号，行情的全面启动还有待时日；三个白武士K线的3根阳线皆为小阳，为短期见底信号；而三阳开泰则是较为强烈的反转信号。在实战中，红三兵出现的概率最高，但成功率在三者中最低，三个白武士次之，三阳开泰转势信号最强，成功率在三者中最高。

三、原理解析

三阳开泰K线组合是在股价有所企稳之后与加速上扬之前，多头能量在短时间内的快速爆发，稳中有升并连拉3根中阳线或大阳线，呈现加速上升特征，显示多方力量的强大。在研判过程中要注意第三根阳线的实体大小与上影线长短的变化，如阳线的实体呈现逐渐缩短或者出现上影线较长时，说明该三阳开泰K线形态缺乏进一步上涨动力。如果3根阳线为光头，则为强势型三阳开泰K线组合。

四、案例分析

如下页图5-8所示，为湘潭电化（002125）在2008年11月12日至14日连收3根中

第 5 章 攻击形态K线组合

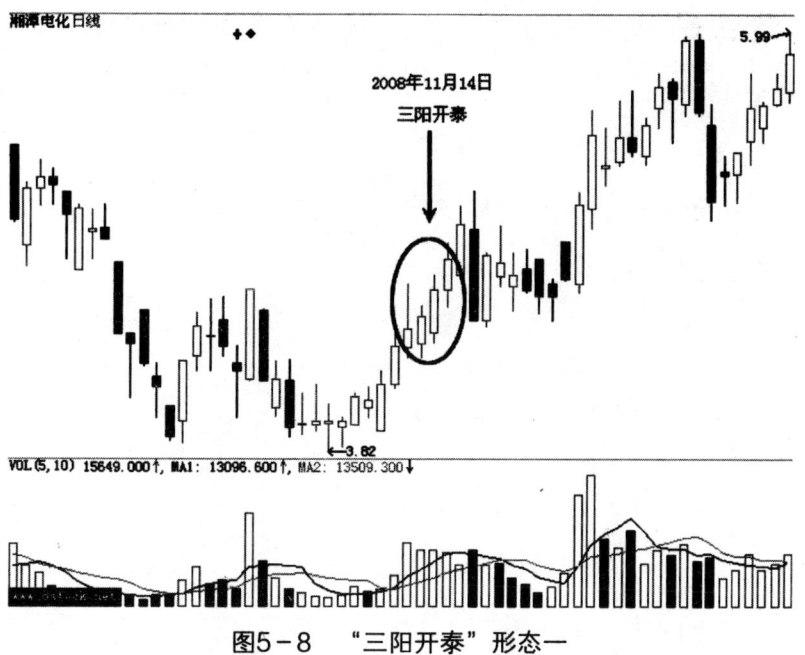

图5-8 "三阳开泰"形态一

阳线，此时的三阳开泰出现在上涨初期。该股由于短线拉升过急，18日打在跌停板上，收出让市场生畏的长阴线，接下来的几天连续震荡，但成交量却一天比一天萎缩，很明显，庄家在洗盘。在随后的几个月中该股涨幅惊人，图5-9为2009年年初的缩小走势图。

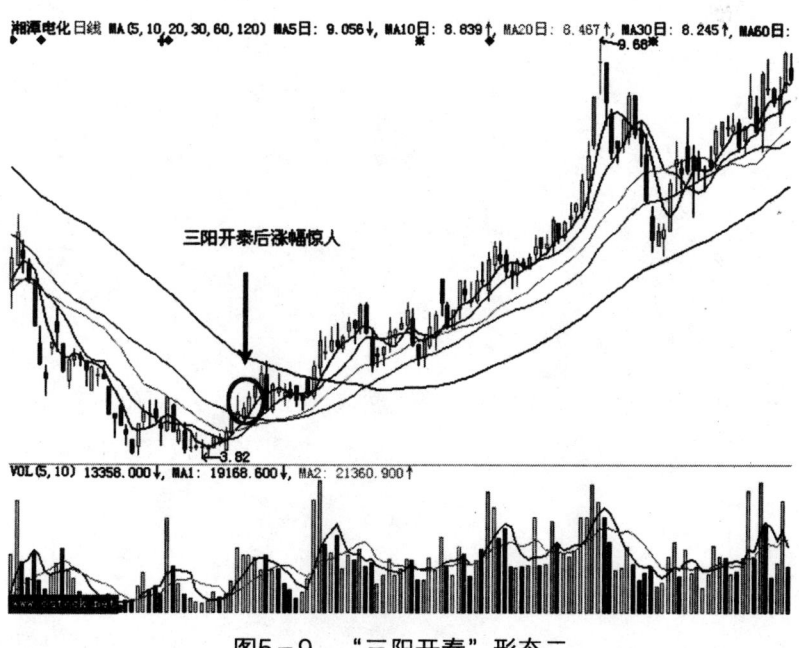

图5-9 "三阳开泰"形态二

五、公式源码

{三阳开泰 日线副图}

Var1：=close>open and close/open>1.03 and close>ref（close，1）and open>ref（open，1）and high>ref（high，1）and Low>ref（Low，1）；

Var2：=count（Var1，2）=2；

Var3：=ref（close，2）>ref（open，2）and ref（close，2）/ref（open，2）>1.03；

Var4：Var2 and Var3；

STICKLINE（Var4，0，70，4，0），colorred；

DRAWTEXT（Var4，85，'三阳开泰'），colorMagenta。

上升三部曲

一、图形识别

上升三部曲（如图5-10）K线组合形态是由大小不等的5根K线组成，走势有点类似英文字母"N"。其技术特征主要有以下几点。

（1）在上升走势中，出现一根中阳线或大阳线。

（2）在阳线后面跟着3根小阴线，即黑三鸦，这是上升途中调整和换手所致。

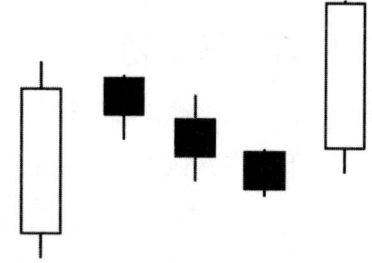

图5-10　上升三部曲

（3）小阴线或高或低地排列，并保持在第一天长阳线的范围之内，也就是3根小阴线的最高价不能超过第一根长阳线的最高价，而3根小阴线的最低价不能低于第一根长阳线的最低价。

（4）黑三鸦后又出现一根中阳线或大阳线，且其收盘价大于第一根阳线的收盘价。

二、实战操作要点

上升三部曲K线组合在实战中出现的概率并不高，其实战意义一般。一般出现在上涨过程中呈上升中继形态，表明多方上攻虽遇阻，但连续多日回调幅度不大，继续上行。具体操作中，中间有多根小阴线。小阴线是庄家清洗浮筹的手段，当一些人看淡时庄家会突然发力，再拉出一根大阳线。宣告一轮震仓洗盘暂告一个段落，接着还将向上发动攻势。操作中需要注意以下几点。

（1）上升三部曲组合线形的下影线越长，多头气氛越浓，实体越长，多头就越强。

（2）5日的换手率越高，后市的上升行情就越强。

（3）如果处于头、尾的两根长阳线出现时有较大成交量配合，表明股价的上涨趋势将更加强烈，投资者应以持股为主。

三、原理解析

上升三部曲是在股价上经过一段时期的上涨后，首先是1根大阳线或是中阳线，显示多方发起强而有力的攻击。然后空方力量反击，连续出现了3根小阴线，反映出多方力量仍然强于空方力量，这就是"三阴不吞一阳"，为多方力量取胜的结果。但3根小阴线都没有跌破前面这根大阳线的开盘价，并且成交量也开始减少，随后出现了1根大阳线或是中阳线。该根中阳线或大阳线将前面的3根小阴线吞没，形成"一阳吞三阴"的结果。空方力量经过3天时间都无法吞掉第一根阳线，多方再次发起强劲攻击，空方败北。这充分显示了多方力量的做多动能之强劲，它已经放量洗净前期的获利和套牢筹码，是蓄势待发的征兆。

四、深度研究

1. 大阳上涨小幅下挫型。

上升三部曲中若第一根阳线是大阳线，说明了多方力量已达到最大级别；而3根小阴K线的下跌幅度窄小，说明了做空动能明显不足；第五根K线再次收出大阳线，说明了多头能量的强劲。所以这种类型的上升三部曲K线组合是强势型组合。

2. 中阳上涨大幅下挫型。

上升三部曲中若第一根阳线是中阳线，说明多头向上攻击力量较大；而3根小阴线的下跌幅度虽然没有跌穿第一根中阳线的开盘价，但是跌幅已近极限（即接近于第一根中阳线的开盘价）；第五根阳线同样为中阳线，它说明了多头力量再次使用中等级别的能量向上攻击。所以这种类型的上升三部曲K线组合是弱势型组合。

五、案例分析

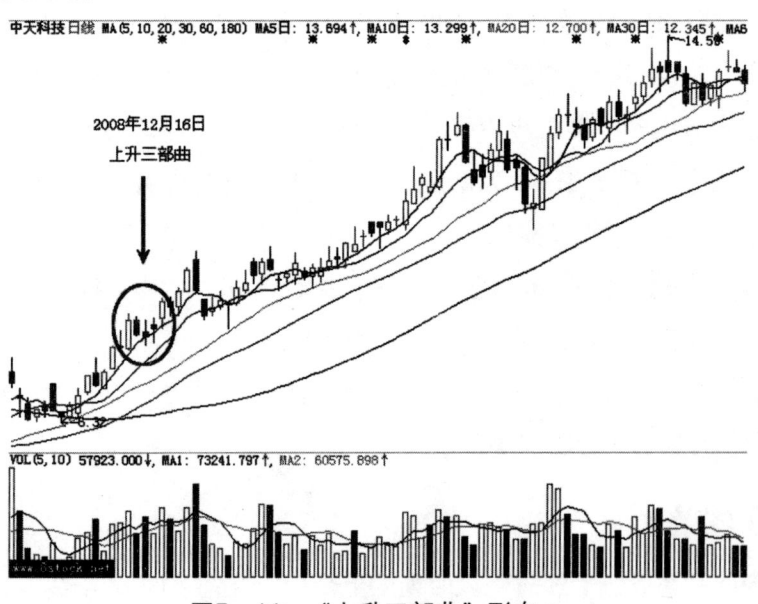

图5-11　"上升三部曲"形态一

如图5-11所示,中天科技(600522)在2008年12月16日收出1根长阳线,随后的第二、第三和第四个交易日连收3根小阴线,第五个交易日为1根中阳线。这5根K线形成了一个典型的上升三部曲形态。此时的上升三部曲处在股价拉升初期,5日的成交总量不大,为股价上升途中的换手整理。

再如图5-12所示,新华制药(000756)在2009年1月20日也走出了上升三部曲K线组合。

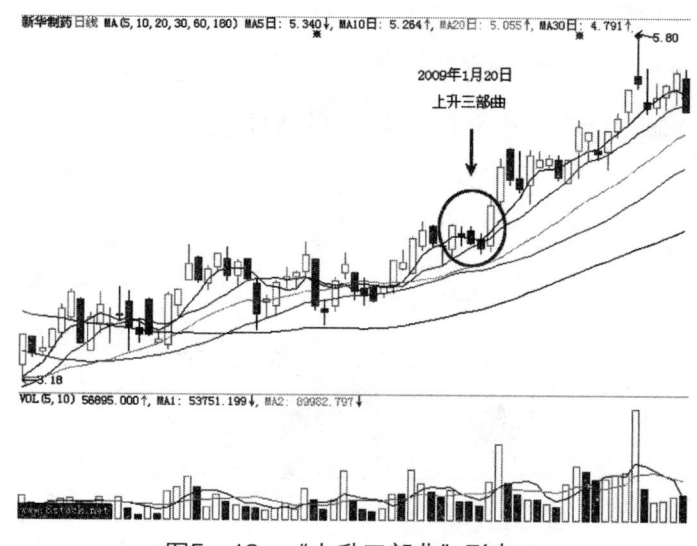

图5-12 "上升三部曲"形态二

六、公式源码

{上升三部曲 日线副图}

var1:=ref(Close,4)/ref(Open,4)>1.03;

var2:=ref(Close,3)<ref(Open,3)and ref(Close,2)<ref(Open,2)and ref(Close,1)<ref(Open,1);

var3:=ref(LOW,4)<ref(LOW,3)and ref(LOW,4)<ref(LOW,2)and ref(LOW,4)<ref(LOW,1);

var4:=ref(HIGH,4)>ref(HIGH,3)and ref(HIGH,4)>ref(HIGH,2)and ref(HIGH,4)>ref(HIGH,1);

var5:=Close/Open>1.03 and Close>ref(Close,4);

var6:=var1 and var2 and var3 and var4 and var5;

STICKLINE(var6,0,70,4,0),colorred;

DRAWTEXT(var6,85,'上升三部曲'),colorMagenta。

平台突破

一、图形识别

平台突破（如图5-12）K线组合形态是指股价启动后已经拉出一定的升幅，日K线在形态上形成一个横盘状态的小平台，某天突然放量突破的形态。其技术特征主要有以下几点。

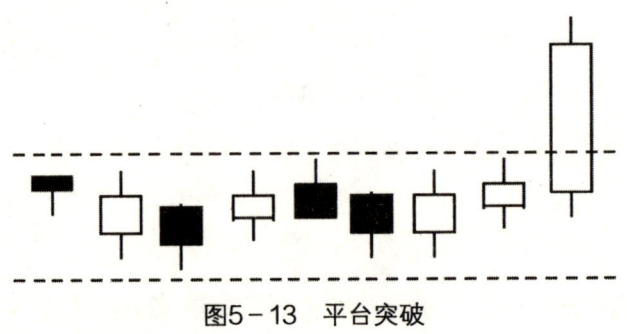

图5-13 平台突破

（1）股价处在拉升初期，已经有一定的涨幅。

（2）股价在一段时间内横向上下震荡，每天以小阴小阳线运行，形成一个小平台，时间一般在3~10天之间。

（3）1根放量的大阳线突破平台整理时的最高点，其线收盘价稳定在平台整理时的最高处。

（4）股价突破的同时，成交量也迅速放大。

平台突破一般是拉升初期的洗盘，成功突破后将有新的一轮上升行情。

二、实战操作要点

平台突破在实战中应用广泛，是庄家非常喜欢的一种洗盘方式。个股或指数经过一定幅度的上升之后开始调整，调整方式是股价横向震荡，在这个小平台中可以看到日K线在震荡中带有比较长的上下影线。个股或指数经过充分的蓄势整理之后，最终爆发向上突破行情。在形态上，则显示先是一个横盘整理的过程，然后才是放量突破，突破的大阳线代表的是庄家结束洗盘再次做多。

实战中，需要关注突破当天的走势，不仅要注意量价关系，还需关注突破时的阳线不能是依赖尾盘拉升，而要在盘中稳健上行。操作上可以在个股出现突破平台大阳线当天，在尾盘临近收盘10分钟左右介入，也可以在个股出现突破平台大阳线的第二天介入。这类形态出现突破平台大阳线的当天不要过早介入。因为在突破平台的当天股价盘中冲高，并不代表收盘价能收在高位。股价很有可能在盘中冲高后到收盘时大幅回落。如果突破平台大阳线收出长上影线，那么很可能是股价上升受到压力或是庄家还不愿意做多。

三、原理解析

平台突破K线组合的出现是庄家再次发动行情的开始，是行情再次启动的一个标志。庄家在拉升过程中突然停止做多，使缺乏耐心者出局，一般持续时间相对较长。此类洗盘方法适用于大盘绩优白马类个股。正是由于这种具备投资价值的个股被大家都虎视眈眈地盯着的缘故，所以作为庄家，绝对不能采用打压的形式洗盘。因为这类个股业绩优良，发展前景看好，散户投资者和小资金持有者的心态稳定。如果采用打压洗盘，散户投资者和小资金持有者不但不会抛售手中的筹码，反而还会逢低买进摊平和降低持仓成本。而其他场外投资机构也会乘机抢走打压的筹码。这样很容易造成庄家筹码的严重流失，形成肉包子打狗，有去无回的局面。

采用横向整理洗盘的庄家实力较弱的，往往保持一定幅度的震荡，在震荡中不断以低吸高抛赚取差价，以摊低成本和维持日常的开支。实力较强的庄家，往往将股价震幅控制在很窄的范围内，使其走势极其沉闷。这种横向整理洗盘的方法，主要通过长期的牛皮沉闷走势来打击和消磨散户投资者和小资金持有者的投资热情和考验他们的信心和毅力。由于散户投资者既想盈利的又怕煮熟的鸭子飞掉，所以股价在横盘时就会加剧散户的焦虑心理，横盘时间越长，这种焦虑感就越强烈，从而动摇了散户投资者持股的信念。渐渐地，那些意志不坚定或无耐心的投资者最终放弃继续持股的念头，这正中庄家下怀，庄家再次拉升时就会轻松很多。关于横盘筑平台洗盘方式的详细分析可参阅笔者拙著《庄股经典洗盘模式》。

四、深度研究

洗盘是庄家操纵股市，故意压低股价的一种手段，是庄家为拉高股价获利出货，先有意制造卖压，迫使低价买进者卖出股票，以减轻拉升压力的一种做市手法。在股市中投资者都想自己手中的股票一买就涨，一卖就跌。但往往事与愿违，很多的投资者都曾拿到过黑马股票，却因走势太可怕而斩仓离场，但刚一斩仓，股价就像飞一样地涨起来，似乎就差自己手中这几股。这种痛苦相信人人都经历过，而且大都不止一次。其实这种现象并不是偶然的，因为就算庄家吸饱了筹码也不可能一味盲目地拉高股价，股价无回档地大幅上升使得短线投资者无惊无险地大赚庄家的钱，这在逻辑上是不可能的，这也是投下了巨资的庄家无法容忍的，于是股市中便有了洗盘。

事实上，无论庄家控盘手段多么高明，资金量怎么大，也不能通吃整只股票的流通盘，只能控制部分流通盘或大部分流通筹码，而市场上仍然保留着一定意义上的流通股份。而这一定意义上的流通股份的持有者，随着股价的逐步上涨，已渐次获利。而这些获利的筹码犹如没有被排除引信的炸弹，揣在庄家怀中，时刻威胁着庄家资金的安全，很大程度上制约和牵制着庄家再次拉高股价。这些小资金投资者由于资金较小，持有流通筹码的份额较少，和控盘庄家的大资金持有者所持有流通筹码的份额比较起来，有着船小好掉头的巨大优势。这样势必会造成庄家在做高股价后在高位派发获利筹码的难度。

正因为这样，庄家如果一味地盲目拉升，必然遭到沉重的抛压和获利回吐，那样庄家会得不偿失。庄家建满仓之后，按照事先的计划，要使股价上涨才能赚钱，而在拉升前、拉升中肯定离不开洗盘。控盘庄家往往在股价有一定涨幅或取得阶段性胜利后，也或在获利筹码涌动时，恰当地利用大势或者个股的利空传闻，强制股价破坏原来的走势，进入箱体震荡或平台整理，或向下打压股价，通过股价走势上的不确定性，破坏小资金持有者对市场正确的感知能力。极力渲染和放大资金持有者的恐慌情绪，深化资金持有者对后市错误的判断。利用这些散户投资者对后市股价走势的不确定性，促使获利的小资金持有者和一些不坚定的散户投资者，交出筹码和使看好后市的新多或新的增量资金入驻，充分换手，从而进一步提高和垫高除庄家以外投资者的投资成本，为日后再次做高股价，打下牢固的基础。以此类推，周而复始，经过几轮涨升与洗盘后，其他投资者的投资成本也越来越高，最终形成中小投资者和小资金持有者在高位自然而然地帮助庄家锁仓，并沦为庄家出货时的掩护部队。

从表面上来看，洗盘是处于拉升和再拉升的过程阶段。从实质上来说，洗盘是庄家利用心理战来逐步提高除了庄家以外的二级市场上流通份额持有者的投资成本。

五、案例分析

如下页图5-14所示，一致药业（000028）在2009年年初经过一段时间的上涨，获

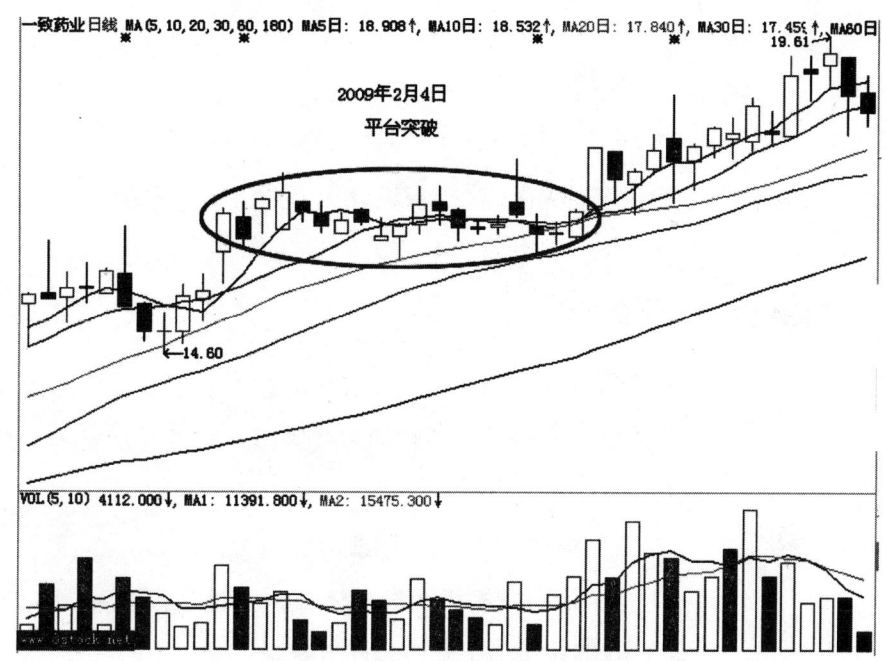

图5-14 "平谷突破"形态

利盘较多，此时再往上拉升压力太大，庄家选择了平台震荡洗盘的方式。从2009年1月7日至2月3日，该股一直维持着小阴小阳的走势，震幅维持在5%以内，有时候股价上行，庄家还刻意打压下来，形成长长的上影，以时间换取空间。散户终究熬不住寂寞，纷纷另觅新欢，市场自然换手，洗盘目的达到。2月4日长阳突破，宣告新一轮涨势的开始。

六、公式源码

{平台突破 日线副图}

Input：M（10，3，10）；{参数可设置可在3~10之间任意设置}

Var1：=count（ABS（（c-o）/o）<0.03，M+1）=M；

Var2：=ref（（HHV（CLOSE，M）-LLV（CLOSE，M）），1）/ref（CLOSE，1）<0.05；

Var3：=c/o>1.05 and c=HHV（HIGH，M+1）；

Var4：=Var1 and Var2 and Var3；

STICKLINE（Var4，0，70，4，0），colorred；

DRAWTEXT（Var4，85，'平台突破'），colorMagenta。

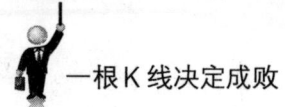
一根K线决定成败

巨阴洗盘

一、图形识别

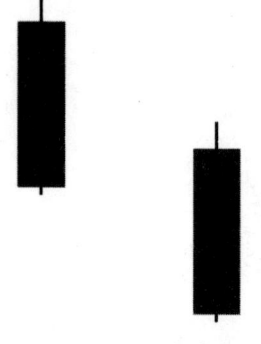

图5-15　巨阴洗盘

巨阴洗盘（如图5-15）K线组合形态是指庄家以凶狠的方式往下砸盘，作出一根长长的阴线，以达到洗盘的目的。其技术特征主要有以下几点。

（1）由1根或多根长阴线组成。

（2）该阴线不仅阴线实体长，而且跌幅也大，一般都在6%以上，目的就是为了制造恐怖气氛。

（3）巨阴洗盘之前曾出现过KDJ指标黄金交叉，并且在巨阴洗盘之后，KDJ指标仍能维持强势。

（4）个股的股价虽然大幅下跌，但却没有什么实质性的利空消息，或许只是因为一些常见的利空消息，如预亏、涉及诉讼或遭遇天灾等。

巨阴洗盘是典型的超短线洗盘方式，后市往往会有较大的升幅。

二、实战操作要点

巨阴洗盘也是庄家常用的洗盘方式之一，庄家利用阴线洗盘的方式还有连阴洗盘、伪阴洗盘（详见拙著《庄股经典洗盘模式》与《黑马捕捉术》）。巨阴洗盘属于庄家打压式洗盘方式中的一种，采取打压震仓的庄家往往实力雄厚，控盘能力较强，否则既无较多筹码打压，也无资金接盘，反而会使局面变得不可收拾。通常采取打压式洗盘的大多为投机性股票，且多为流通盘较小的绩差类个股，庄家在经过猛升之后借调整时打压。如果是绩优股，庄家一般不采取这种打压方式，因为这类股票看好的人多，打压砸出去的筹码，不易捡回。

操作上庄家一般在拉高之后实施反手打压，也就是以凶狠的方式往下砸盘，作出1根长长的阴线，让人相信后市无戏。然而这种跌势并不会继续下去，股价在低位停留的时间（或天数）不会太长，往往在一周内甚至第二天跌势就停止，有时甚至出现一个跌停之后，紧接着便是一个涨停，让前面抛股者莫名其妙。

打压洗盘方式的特点为"快"和"狠",一般采用时间较短,但洗盘的效果却较好。

实战操作上,洗盘之后是较好的介入时机,但操作中并不太好把握,投资者遇到这种巨阴洗盘走势之时,一定要分清庄股所处的阶段,弄清楚庄家的意图。如果并非庄家刻意打压,而是市场自然形成的巨阴,则不可介入。另外在股价未完全止跌之前,暂时不要介入。因为在弱市行情中,个股的巨阴洗盘可能不是偶尔一次,有时会延续多次这种走势。投资者可以等待股价止跌,并开始转为升势时,再积极建仓。

三、原理解析

巨阴洗盘出现的过程是,股票前期曾经有过长期的调整过程,而且调整幅度巨大。近期个股明显有放量迹象,并随着股价逐渐走好,形态也趋于修复中。而恰在股价走势转暖之际,突然出现这种令人恐惧或出人意料的阴线走势。这种K线形态一般出现在庄家基本建仓完毕后的震荡洗盘阶段,庄家为了清洗浮筹,骗取更多的低价筹码,往往采取长阴暴跌走势来恐吓意志不坚定的投资者。其表现在K线形态上是1根或连续多根较长的阴线实体。这时庄家临时多翻空,大量卖盘向下倒货,在图形上形成跌势行情,破坏技术图形,此时市场普遍认为庄家在出货,于是持股者丧失信心,争先抛出手中的股票,庄家乘机空翻多,顺势买入。此法持续时间不长,一般只有几天工夫,在日线组合上出现短期空头陷阱形态,有时只维持半天时间,而且往往配合运用对倒的方法以保证手中筹码不要流失。

这种洗盘方法,适用于流通盘较小的绩差类个股。由于购买小盘绩差股的散户投资者和小资金持有者,绝大多数是抱着投机的心理入市的,这类个股的稳定性就要差一些。这些散户投资者和小资金持有者常常一脚门里,一脚门外,时刻准备逃跑。而看好该股的新多头由于此类个股基本面较差,大多不愿意追高买入,常常等待逢低吸纳的良机。鉴于持股者不稳定的心态和新多头的意愿,作为控盘庄家,往往利用散户对个股运作方向的不确定性,控盘打压股价,促进和激化股价快速下跌,充分营造市场空头氛围,强化散户投资者和小资金持有者的悲观情绪,促进其持有筹码的不稳定性,激发持筹者在实际操作过程中的卖出冲动,使这种悲观的情绪达到了白热化状态。庄家通过控盘快速打压,采用心理诱导战术,促进市场筹码快速转化,以达到洗盘的目的。

四、深度研究

打压式洗盘是指庄家大幅拉高后，利用市场已积累较多获利盘，投资者有很强的获利回吐欲望，猛然反手打压，使股价大幅下跌，把胆小获利者吓出场。打压式洗盘可分为压盘逼空和打压震仓两种情况。压盘逼空是庄家在某个价位以大量的卖盘挂出，但并不主动成交，等到市场关注、并形成散户恐慌，为了抢先成交而以较低的价格挂单卖出，庄家预先在低位挂单接货，暗中买盘成交。一旦目标达到，股价当日冲高。在分时图和K线图上，此法的技术特征不明显。

五、案例分析

如图5-16所示，国祥股份（600340）在2009年1月8日于消息面平静的情况下突然杀出1根巨阴，全天跌幅7.65%，且跌穿5日线、10日线、20日线和30日线，形态上似乎已经恶化。仔细分析一下该股，2008年熊市中该股跌幅较大，最低探至2.45元（还权价格），近期已有一定的涨幅，庄家尚处在拉升初期，不存在出货的可能，很可能借此清洗浮筹，为日后进一步拉升减轻压力。该股1月6日KDJ已形成金叉，巨阴之后KDJ金叉并未破坏，且近几日的整理阶段缩量明显，巨阴之后又快速站上均线系统，由此可以判断庄家巨阴为洗盘，待股价重新站上10日线后跟进，等待拉升。

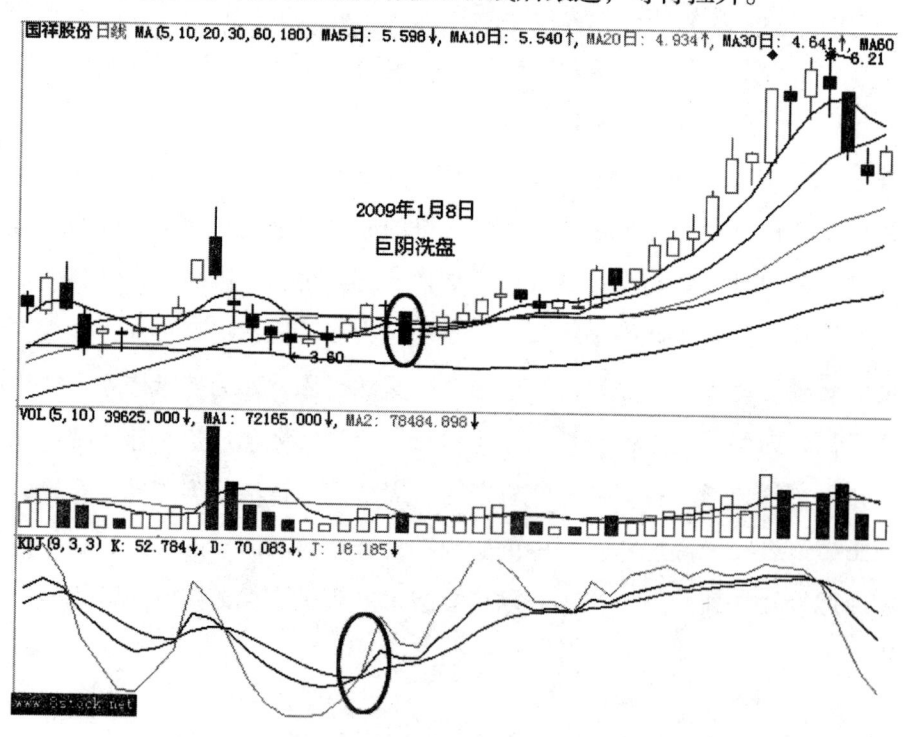

图5-16 "巨阴洗盘"形态

六、公式源码

{巨阴洗盘 日线副图}

Input：M（10，3，10）；{参数可设置可在3~10之间任意设置}

Var1：=close<open and open/close>1.05 and ref（close，1）/close>1.06；

STICKLINE（Var1，0，70，4，0），colorred；

DRAWTEXT（Var1，85，'巨阴洗盘'），colorMagenta。

步 步 高

一、图形识别

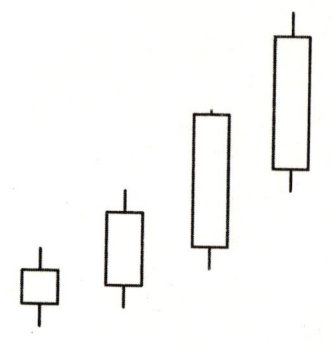

图5-17 步步高

步步高K线组合（如图5-15）顾名思义是数根K线"步步登高"，是指连续上涨、阳线实体不断加大的K线组合。其技术特征主要有以下几点。

（1）步步高K线组合由4根阳线组成。

（2）连续4天上涨，即每一天的收盘价都大于前一天的收盘价。

（3）阳线实体不断加大，即每一根阳线的实体都大于前一根阳线的实体。

二、实战操作要点

步步高K线组合在实战中具有较高的成功率，该形态的出现表示上涨行情处于不断加速状态中，一轮个股的牛市行情可能就此诞生。操作中，需要注意形态出现的时机。如果出现在股价的高位，则需提防是否是庄家诱多出货。实战中，如果阳线实体比较大，特别是第三、第四天的阳线已经是中阳或大阳的话，就说明多头的力量十分强大，即使招致空头反扑，也不过是极短时间的调整，反而成为短线追买的良机。当股价出现步步高K线组合形态时，投资者可以积极买进操作。

三、原理解析

步步高K线组合形态是由4根或4根以上的阳线组成的K线组合形态，在股价的上涨过程中，连收阳线，且阳线实体越来越大，使得股价上涨幅度也越来越大。股价上升途中，多头接连向空头发起进攻，且攻势一天比一天猛烈。反映在K线图上，就是股价连收阳线，且阳线实体也越来越大，这也是股价将加速上行的先兆。连续阳线的实体有小变大，便是多头的攻势日见顺利，必将趁热打铁，向空方发起总攻。

四、案例分析

如图5-18所示,宁波热电(600982)在2009年1月21日、22日、23日和2月2日连续4天收出阳线,股价重心一天天上移,阳线实体也一天天增大,出现标准的步步高K线组合形态。2月4日承接上一天涨势继续上涨。

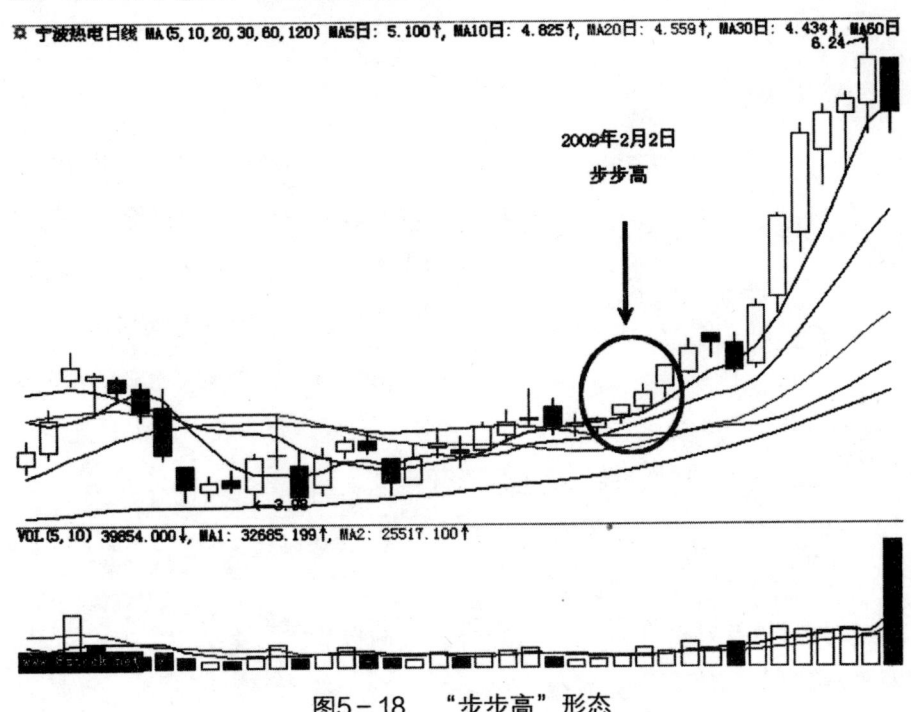

图5-18 "步步高"形态

接下来两天收出两根洗盘的阴线,此时为最佳介入时机。洗盘结束后,股价出现了加速上涨,短期涨幅惊人。

五、公式源码

{步步高 日线副图}

Var1：=c>ref（c,1）and c>o;

Var2：=(c-o)/c>(ref(c,1)-ref(o,1))/ref(c,1);

Var3：=count(Var1,4)=4 and count(Var2,3)=3;

STICKLINE(Var3,0,70,4,0),colorred;

DRAWTEXT(Var3,85,'步步高'),colorMagenta。

三阳反转

一、图形识别

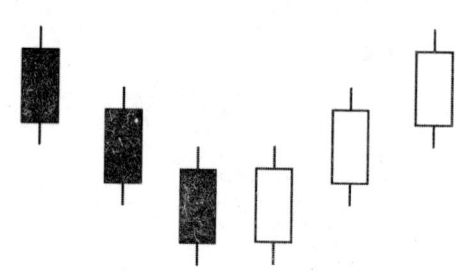

图5-19 三阳反转

三阳反转（如图5-19）K线组合形态是一类典型的V型反转走势，显示股价急跌后企稳，多方快速展开反攻。其技术特征主要有以下几点。

（1）三阳反转由6根K线组成，前3根为连续下跌的K线，后3根为连续上涨的K线。

（2）在前3天的K线中，都是连续下跌的阴线，即股价一天比一天收低，且收盘价低于开盘价。

（3）在后3天的K线中，都是连续上涨的阳线，即股价一天比一天收高，且收盘价高于开盘价。

三阳反转中后3根阳线与上一节中步步高3根阳线的区别在于，三阳反转K线对实体的长短无要求。

二、实战操作要点

实战中，V形反转无疑是所有的技术走势中最令人期待的，因为如果发生V形反转，无论是大盘还是个股都有较大力度的上涨。因此，这种走势也是在市场持续低迷时，投资者十分向往的。三阳反转K线组合形态反映出股价由连续下跌转变为连续上升，止跌信号明显。操作需要注意成交量的变化，连续3天的下跌过程中，其累计成交量必须小于连续上涨3天的累计成交量。该形态前3天连续下跌的幅度越大，越说明该K线组合形态的止跌意义明显，而连续上涨速度越快，越说明反转的可靠性。

三、深度研究

这里我们一起探讨V形反转。在V形反转上涨过程中，个股表现通常非常惊人，涨幅非常大，而且在短期内有急速的拉升。在这里，我们就大盘V形反转和个股V形反转两种情况进行分析。

1. 大盘的V形反转。

大盘出现V形反转主要是由于前期股指过度急跌引起的，它能在短期之内出现惊人的上涨。比如著名的2008年9月19日印花税单边征收等三大利好齐发促使的反转行情。此类行情往往在发生之前有较大的跌幅，并出现超跌，之后在一些利好消息的刺激下开始报复性反弹。也就是说，它是由于累计亏损巨大导致的、是有内外双重因素刺激的反弹行情。而且在初期阶段，市场上所有的个股全都出现大幅上涨的走势，不久之后个股走势分化，出现持续上涨的主流热点，一般投资者只要抄到了底部，就可以获得十分丰厚的收益。

2. 个股的V形反转。

个股的V形反转大多是由于突发性利多引发的上涨，一般都是有改变上市公司基本面的重要信息的突然公布，而在此之前其股价并没有特别的反应，在消息明确之后股价往往持续涨停。其特点是利好属于突发性，事前保密性极强，因此当信息公布时，股价反应极为强烈。也或者是之前股价虽有所反应但并不充分，因利好的力度极大，前期的上涨不足以反映公司基本面的变化。当信息公布时，股价便急速上涨。当然，也有一些V形反转个股是技术上的炒作，是主力资金借助短期题材进行疯狂的拉升，介入的主力资金往往是快进快出。但一般来说，V形反转多数是由于重大利好刺激而引发的行情。

投资者对大盘和个股的V形反转应区别对待。如果是前者，投资者一般都有充足的时间来进行个股品种的选择，而且此时几乎所有的个股都有机会，投资者可积极参与建仓。因为后市往往会快速拉升，会在相对较短的时间内完成一次力度较大的上涨行情。因此，上涨初期就应介入；如果是后者，其机会较难把握。因为许多个股往往是连续涨停，不给机会，但涨到相当幅度、投资者有机会买入的时候，一般来说就是风险较大的时候。但此类个股有两种机会：一种是如果第一个涨停不坚定，投资者可积极参与；另一种是当上涨一波后有短暂的调整，之后会再度发力发起第二波冲击，因此在中期调整时可积极介入。但此类情况不太多，因为它需要非常大力度的利好刺激。

总体而言，无论是大盘还是个股的V形反转行情都是可遇而不可求的，都具有突发性。但相对而言，对大盘走势的预测还是有一定的脉络可寻，即股指往往跌到非常低的位置，市场被严重低估，此时只要有任何利好就会成为刺激市场反转的导火索。所以，市场出现超跌是大盘快速反转的前提；个股则要高度关注企业基本面的变化，关注可能发生的质变，但如果发现错了，应及早止损出局。

四、案例分析

如图5-20所示，上海新梅（600732）从2009年2月24日开始，连续4天出现阴线下跌，短线跌幅巨大，庄家利用大盘大跌清洗浮筹。3月2日开始止跌回稳，并连收3根不断走高的阳线，形成三阳反转K线组合形态，其后短线快速拉升。

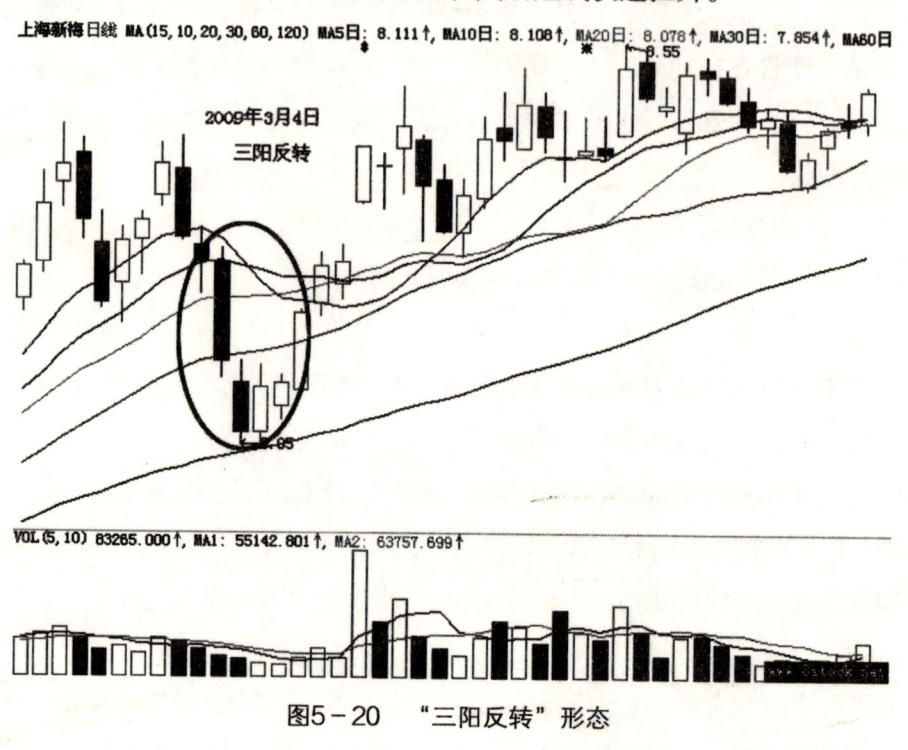

图5-20 "三阳反转"形态

五、公式源码

{三阳反转 日线副图}

Var1：=ref（c,5）<ref（o,5）and ref（c,4）<ref（o,4）and ref（c,4）<ref（c,5）and ref（c,3）<ref（o,3）and ref（c,3）<ref（c,4）；

Var2：=c>o and c>ref（c,1）；

Var3：=count（Var2,3）=3；

Var4：=Var1 and Var3；

STICKLINE（Var4,0,70,4,0），colorred；

DRAWTEXT（Var4,85,'三阳反转'），colorMagenta。

冉冉上升

一、图形识别

冉冉上升（如图5-21）K线组合形态是指个股或指数在一段时间内呈现向上倾斜的一组小K线，走势犹如冉冉上升的旭日，故名冉冉上升形。其技术特征主要有以下几点。

（1）出现上涨初期。

（2）由若干小K线组成（一般不少于8根），其中以小阳线居多，中间也可夹着小阴线或十字线。

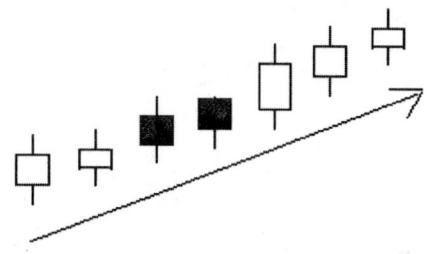

图5-21　冉冉上升

（3）整个K线排列呈向上倾斜状。

冉冉上升K线组合往往是股价大涨的前兆。

二、实战操作要点

冉冉上升K线组合在实战中出现的概率极高，对于牛股的挖掘具有很好的参考价值。从沪深股市历年来的一些大牛股来看，它们在启动初期，就常以这种形式表现。投资者在操作中遇到该类形态，可结合其他技术形态综合研判，可先试着做多，如若日后股价出现拉升现象，再继续加码买进。操作中应注意以下几点。

（1）如成交量能同步放大，这种可能性加大。

（2）小K线数量多于8根，称为牛股的可能性也加大。

（3）后面的阳线对插入的阴线覆盖的速度越快越有力，上升的潜力就越大。

（4）K线排列向上倾斜角度大，上升的潜力也就越大。

三、原理解析

冉冉上升K线组合是股价经过一段时间的横盘后出现了向上倾斜的一组小K线，其中以小阳线居多，中间也可夹着一些小阴线。庄股在拉升初期，往往不希望引起市场的关注，羞答答的玫瑰静悄悄地开。因此这种不起眼的小幅上升，配合着的成交量也呈温和放大态势，它是多方开始蓄势上攻的信号，也是股价日后大涨的前兆。

四、案例分析

如图5-22所示，白云机场（600004）在2009年1月至2月的一段时间内，K线以小阴小阳稳步上行，形成冉冉上升K线组合形态，2月3日该股长阳拉升，开始了一波上涨行情。

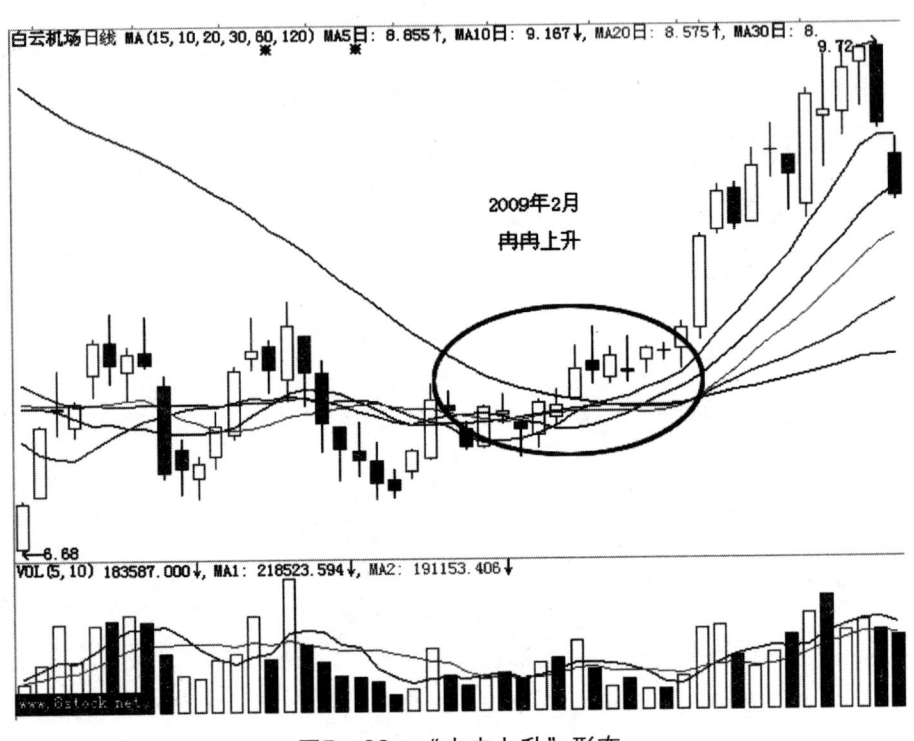

图5-22 "冉冉上升"形态

五、公式源码

{冉冉上升 日线副图}

Var1：=abs（c-o）/c<0.03 and ma（c，5）>ref（ma（c，5），1）；

Var2：=count（Var1，8）=8；

Var3：=count（c>o，8）>4；

Var4：=Var2 and Var3；

STICKLINE（Var4，0，70，4，0），colorred；

DRAWTEXT（Var4，85，'冉冉上升'），colorMagenta。

跳 空 上 涨

一、图形识别

跳空上涨（如图5-23）K线组合形态是个股或指数连续跳高开盘的一种形态，其技术特征主要有以下几点。

（1）在上涨途中出现。

（2）由若干K线组成。

（3）连续跳高开盘，途中收出阴线，但该阴线收盘价要比前一根K线的收盘价高。

该形态为见底信号，后市看涨。

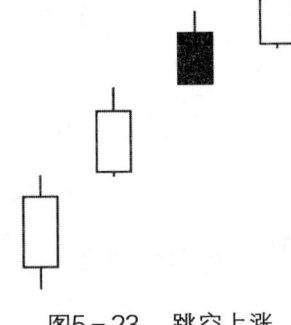

图5-23 跳空上涨

二、实战操作要点

跳空上涨K线组合在实战中出现的概率不高，需要仔细甄别。该形态是在股价上升过程中，连续跳高开盘，收出众多阳线，中间夹杂少量阴线，但这些阴线的收盘价均比前1根K线的收盘价高。这些阴线在上升时出现上升抵抗形式，是买方力量逐渐增强的一种表现，它显示日后股价仍会继续上涨，少数还可能出现加速上扬态势。因此，投资者见到上升抵抗形K线形态时，可适量买进。

三、原理解析

股价跳空高开突破后，多头不会尽快将防线向前推进，到距离前一天跳空缺口较远处的设防，这也是占优的走势。表明相当多的空头已经放弃抵抗，股价的上行速度将会加快。

四、案例分析

如下页图5-24所示，中国铅笔（600004）在2008年11月出现了跳空上涨形态，途中虽收1根阴线，但收盘价依然高于前一天。该股短线走势出现了加速上涨，连拉两根长阳。中线走势经过调整洗盘后步入了上升通道，在2009年上半年走出了翻倍行情。

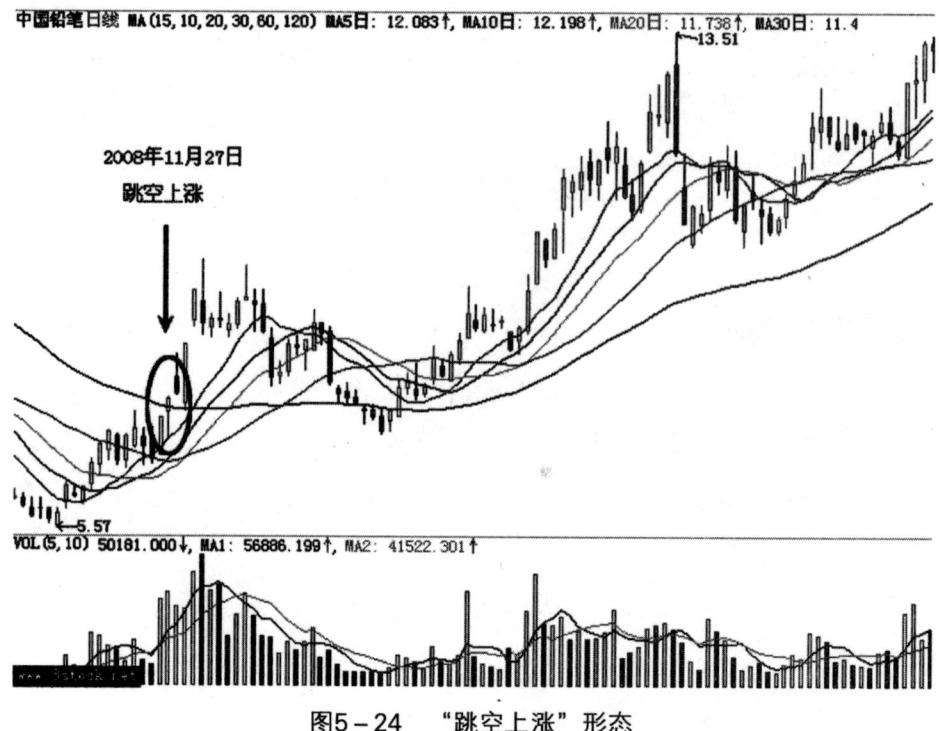

图5-24 "跳空上涨"形态

低位并阳

一、图形识别

低位并阳（如图5-25）K线组合形态是指在股价处在下跌趋势中，出现跳空下跌并列阳线。其技术特征有以下几点。

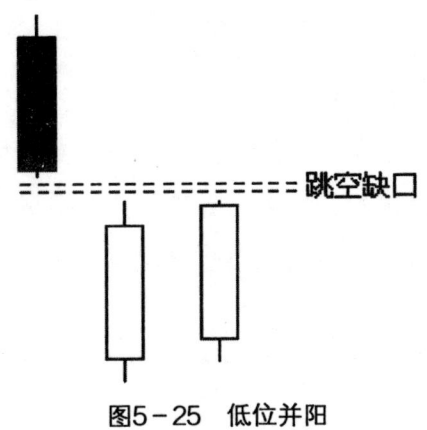

图5-25　低位并阳

（1）出现在下跌趋势中，由两根K线组成。

（2）股价经过一段时间的下跌，出现了1根跳空低开的阳线，至收盘时仍留下一个缺口，第二天又出现1根与之并列的阳线。

（3）成交量也随之逐渐放大。

低位并阳多为短线见底，为即将反弹的信号。

二、实战操作要点

低位并阳在实战中主要用作搏短线反弹，也可归类为见底K线组合中。在下跌行情中出现低位并阳线往往是股价已到谷底或到阶段性底部，投资者见此K线图形可考虑适量建仓，介入反弹。应用中需要关注以下几点。

（1）"向下跳空并列阳线"形态出现在一个较为清晰的下降趋势之中，快速下降产生向下跳空，随即出现"并列阳线"。

（2）第一根阳线与前一根K线有向下跳空缺口。

（3）连续出现两根阳线。

（4）成交量也随之逐渐放大。

三、原理解析

低位并阳K线组合的形成过程是：先是股价出现下跌趋势，然后在此基础上，第二天向下跳空开盘，随后形成"并列阳线"走势。由于前期股价已经过了一个较深的跌幅，跳空开盘，出现了加速下跌，空方力量已经消耗殆尽。多方在缺口下方连收并排阳线，显示股价已经逐步企稳，正在积蓄力量反攻，技术面上的缺口对股价上涨有较大的牵引力，反弹可能就此展开。

四、案例分析

如图5-26所示，红太阳（000525）在2008年年初跌幅较深，2008年4月21日，该股收出1根光头光脚、令市场恐怖的长阴线，此时该股处于明显的下降趋势中，均线系统呈空头排列，但连续的下跌，空头力量已经消耗殆尽，反弹即将出现。该股次日再次跳空低开收小阳，4月23日探底后再收1根小阳，形成低位并阳形态，可介入抢反弹。

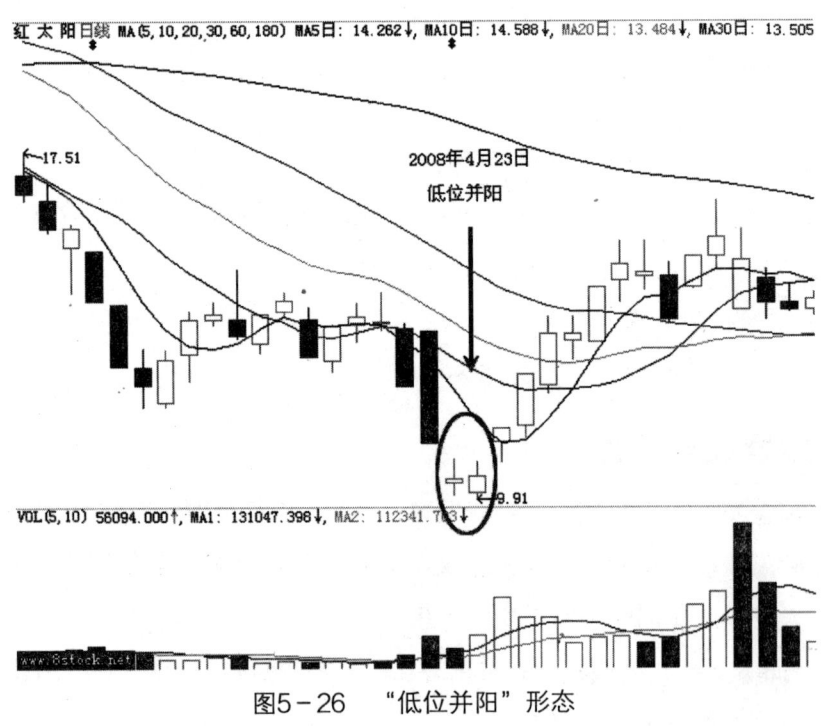

图5-26 "低位并阳"形态

连 续 上 下 影

一、图形识别

连续上下影（如图5-27）K线组合形态是指连续出现射击之星与吊颈（倒锤头线和锤头线）的情况。此类K线有一个共同的特点：都有较长的上影线或下影线，且K线实体较小。注意中间不包括十字星或类十字，即有上影时不能有下影或者下影极短，而有下影时不能有上影或上影极短。关于射击之星、吊颈、倒锤头线和锤头线的图形识别可参考前面的章节。

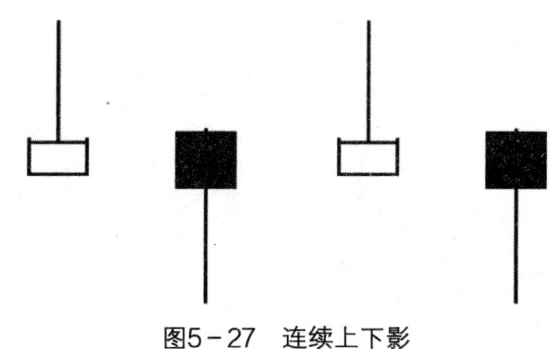

图5-27 连续上下影

二、实战操作要点

连续上下影K线组合在实战中出现的概率不高，一般在ST股中较常见，由于ST有涨跌停板5%的限制，因此操作中应过滤掉ST股中出现的信号。一般来说，当个股出现连续性的射击之星与吊颈（倒锤头线和锤头线）K线形态时，往往预示着该股后市有较大上升空间，即将演变成黑马，这时投资者要特别注意研判和识别该股所处的环境。如果该股启动时间不长，在出现连续性的射击之星与吊颈（倒锤头线和锤头线）K线形态时成交量有一定萎缩，并且股价有强有力的支撑，无法深入回调时，投资者可以积极介入。

三、原理解析

连续上下影K线组合是股价在一段时期内，连续出现射击之星与吊颈（倒锤头线和锤头线）几类K线形态，这类K线都有着较长的上影线或下影线，出现时意味着下档承接盘较多，或上档有较强的抛压。这些K线形态如果单一出现将是很正常的，如果连续性地出现，则说明该股股价受到某种外力因素的影响，而显现出异动行情，多为庄家刻意做盘动作，后市可密切关注，结合其他技术分析手段综合研判。

四、案例分析

如图5-28所示，锦州港（600190）在2007年8月15日至21日，连续5天出现长上下影线，而K线实体较小，形成连续上下影K线组合。综合分析来看，该股处在上涨途中，出现该类形态后成交量萎缩，均线系统多头排列未破坏，而每次下探虽跌破5日线和10日线，但受20日线支撑明显，MACD红柱维持，可见庄家为拉升途中的洗盘，可积极介入。

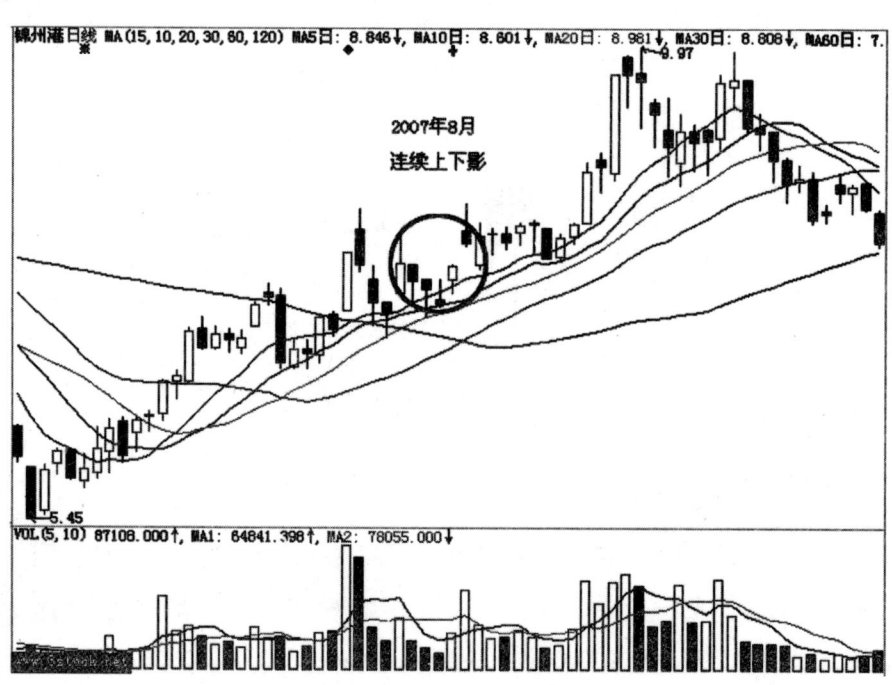

图5-28 "连续上下影"形态

波段买点

一、图形识别

波段买点（如图5-29）K线组合形态是K线与主图指标布林线（BOLL）结合起来运用的形态，专门用于波段操作中买进信号。其技术特征主要有以下几点。

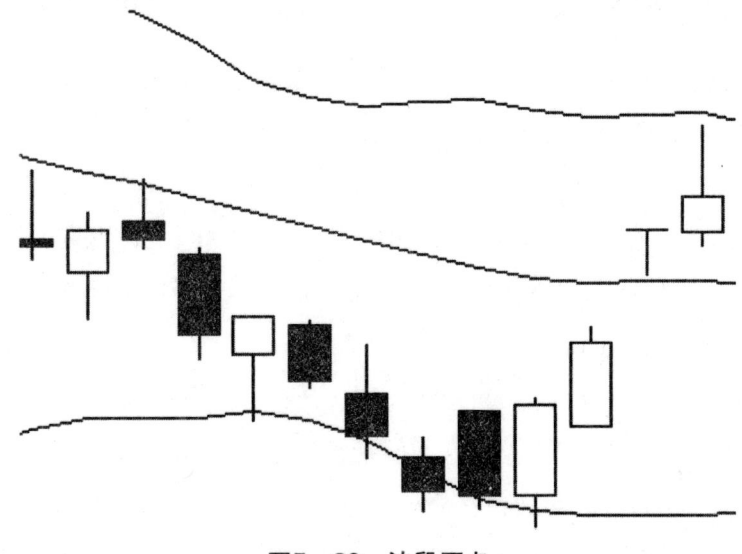

图5-29 波段买点

（1）股价运行在布林线的中轨与下轨之间，最近几日的K线触及布林线的下轨线，但收盘价在下轨线之上。

（2）股价以阳线成功摆脱布林线下轨线束缚，走出脱离下轨线的阳线，阳线实体不能过小，一般要求至少达到2%以上。

二、实战操作要点

该形态在实战中具有较好的波段指导意义，但需要认真甄别信号的真假，形态出现之时，要求布林线的运行比较平稳，或者处于震荡向上走势中，且布林线的上下轨线保持一定的宽度，因为过窄的容易引发变盘行情，而且投资获利的空间有限，不利于波段操作。

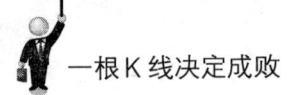
一根K线决定成败

三、原理解析

在布林线（BOLL）应用中，当股价在中轨和下轨之间运行时，说明这只股票相对较弱，建议投资者回避此类个股。如果持有这样的股票，可以反弹到中轨附近卖出。当股价跌破了BOLL线的下轨，说明股价超跌后有反弹，激进型投资者可以适当抢反弹。当股价突破布林线的上轨，说明股价超卖了，投资者可以适当分批减仓。布林线指标开口逐渐变小代表股价的涨跌幅度逐渐变小，多空双方力量趋于一致，股价将会选择方向突破，而且开口越小，股价突破的力度就越大。可参考上一章中的"布林突破"形态中的解析。

四、深度研究

布林指标的英文名是BOLL，是20世纪70年代美国著名证券分析师布林格发明的。它的特点就是能够对股价的运行进行一个规划，勾画出股价运行的轨迹。布林线指标对行情的发展具有神奇的预告作用。它与前面讲的通道的使用方法有相似之处，不过通道不是直的，它是弯的，既具备了通道的性质，又克服了通道宽度不能变化的弱点。对股价的追踪更为及时，特别是对于横盘的股票，能及时给出提示，到底什么时候能够突破。

从行情软件中调出布林线指标的方法，在任何一个看盘软件当中，在键盘上敲出BOLL四个字母即可。取消BOLL指标，只需在键盘中输入MA（平均线）即可。从布林线的示意图当中，我们可以看到，它共有三条线，分别是上轨、中轨和下轨。中轨是股价波动的平衡点，大部分情况下，股价围绕着中轨运行。当行情处于上升状态，股价通常在中轨和上轨之间运行，当行情处于下跌时，股价通常在中轨和下轨间运行。

BOLL指标使用方法看上去复杂，其实使用起来非常简单。简而言之，就是股价在中轨和上轨间运行时，可以在这两条线之间高抛低吸，当股价在中轨和下轨间运行时，则离场观望。当BOLL指标在相对低位横盘时，开口变窄，说明股价上涨，可以买入。如果在高位开口变窄，则可能见顶回落，应该卖出。现在，就可以现学现用，通过BOLL指标，判断一下您手中的股票，到底将驶向何方，现在应该是继续坐顺风车还是马上半路下车。

需要提醒的是，没有放之四海而皆准的指标和分析方法，任何技术指标都有其局限性，不可能百发百中，不同的指标会得出不尽相同的结论。尽信指标不如无指标，结合其他分析方法，综合分析效果则佳。

五、案例分析

如图5-30所示，武钢股份（600005）在2008年年初的大熊市中依然出现了不少好的波段买点。如图中三个位置，分别出现三次在触及BOLL下轨后，马上拉出阳线脱离下轨的走势，以第三次的形态最为标准。2008年4月中旬，该股多次触及BOLL下轨，但收盘价都在下轨之上，4月22日下探至11.13元（还权价格）后阳线拉回，波段买点出现。

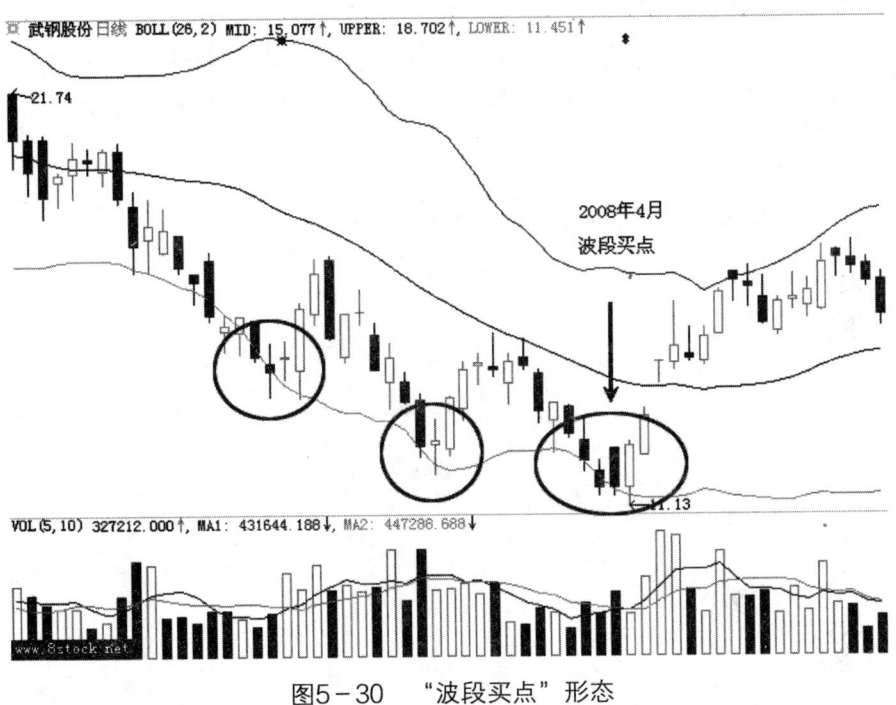

图5-30 "波段买点"形态

鸭头上攻

一、图形识别

鸭头上攻（如图5-31）K线组合形态是庄家建仓、洗盘、过鸭头顶拉高等一系列行为所形成的经典形态。如图中所示，标上眼睛之后，是不是活脱脱一个鸭头图形？

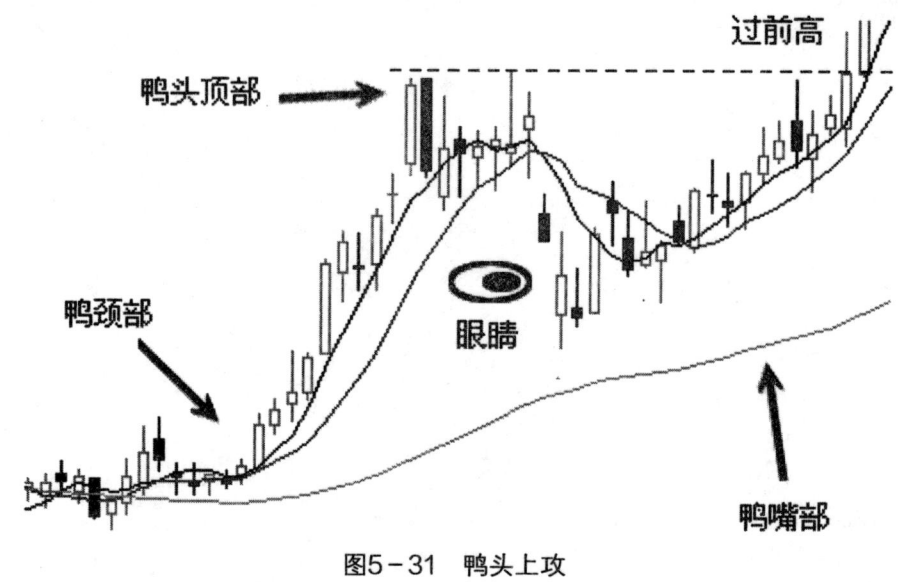

图5-31 鸭头上攻

该形态其技术特征具体有以下几点。

（1）采用5、10和60参数的价格平均线。当5日、10日均线放量上穿60日平均线后，形成鸭颈部。

（2）股价回落时的高点形成鸭头顶。

（3）当股价回落不久，5日、10日均线再次金叉向上形成鸭嘴部。

老鸭头是股票的预期上升形态，该形态是一个传统技术形态，笔者在本节对该形态作出了一些优化。

二、实战操作要点

该形态在某些书籍和教程中被奉为经典，但笔者认为该形态有借鉴之处，但实战意义不大。该形态一般是庄家拉高建仓后，见散户惜售，借某种理由向下打压，使一个好的形态股价连破5日、10日线，震出短线获利筹码，而不破支撑位，在20日、30日线或其他支撑线，调整时末期缩量，最后低量，然后慢慢吃进拉起，在高点下方画个眼睛，再走出扁嘴，形成鸭头，庄家做第二波行情。股价紧贴5日、10日、30日均线运行，而5日、10日、30日均线也由三线合一后向多头趋势发散。操作中的要求如下：

（1）5日、10日均线的黄金交叉点与60日均线的距离较大，而且距离越大越好。

（2）鸭嘴下方成交量图中有大量芝麻点，说明在这里回档时成交量萎缩，主力控盘较好，这样的股票上升潜力大。

（3）鸭头张嘴。

传统的技术教程中，认为该形态的介入点可以有三个：

（1）在5日、10日均线放量上穿60日均线形成鸭颈部时买入。

（2）在鸭嘴部附近成交量呈芝麻点一带逢低买入。

（3）当股价放量冲过鸭头顶瞬间介入。

这三个介入点显然有问题，我们一起来分析一下：

（1）第一个介入点：在5日、10日均线放量上穿60日均线形成鸭颈部时买入。此时鸭头上攻的形态根本没有形成，也就无"介入"一说。单纯依据"5日、10日均线放量上穿60日均线"来作为买点是没有理论依据的。

（2）第二个介入点：在鸭嘴部附近成交量呈芝麻点一带逢低买入。这个介入点有一定的道理，这与笔者在拙著《庄股经典洗盘模式》中的"瓮中捉鳖"量能挖坑形态相吻合，缩量下跌洗盘，可以适当介入。但此时风险还是较大，如果此时短线均线曾空头排列，继续下跌的可能性不小。尤其是在熊市之中，风险更大，2008年期间此类失败案例比比皆是。"瓮中捉鳖"形态中，最佳的介入点是在量能放大突破之时。

（3）第三个介入点：当股价放量冲过鸭头顶瞬间时介入。这个介入点笔者认为是最合适的，也就是图5-31中标出的"过前高"处。依据实战统计，股价不过前高就介入，该形态的失败概率占到了一半左右。"过前高"还需要结合股价当时所处的时期和成交量判断，否则有可能形成双头。

（4）该形态仅适用于明显的上升趋势中。缺点是主力建仓不充分，只做多不做空，只在行情的上升段控盘，在行情的下跌过程不控盘。

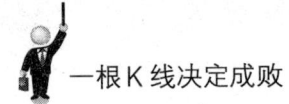

总结如下，该形态并非某些教程上所吹嘘的那么神奇，实战意义并不高。这一节分析该形态的其中原理，做到举一反三。本书的目的就是和读者朋友们一起探讨股市涨跌最基本的K线动因和多空搏杀原理，学习的是基础的一招一式，练习的是最扎实的基本功，基础打好了，再复杂的套路也能迎刃而解。

三、原理解析

在股价上升到一定高度时会遇到大量的抛单，这主要有以下几点原因。

（1）经过长期跌势后股民的心态还不稳定，在底部买入的股民见有盈利开始逢高减磅；在原下跌通道中套牢的股民见股价停止上升并有滑跌的趋势，也开始解套出局。巨大的获利盘、解套盘同时夹攻，往往在第一浪上升浪顶部做头。

（2）庄家在经过紧急建仓后，完成了大部分建仓任务，见股价上升乏力，也有打压股价，清洗浮动筹码的动机。于是股价开始回落，作出小头部。但不久庄家对低价筹码又发生兴趣，反手做多，继续买进，使股价下跌趋缓。根据小头部处股价回落的幅度，会形成不同的K线形态。如果回落幅度在1/3附近，K线形态会形成"鸭头"，这是常见的强势回调形态。不久股价继续缓慢上升，形成"鸭嘴"，在成交量的推动下股价冲过"鸭头"，展开上升浪。主升浪的高度与"鸭头"下的成交量有关，在鸭头下的成交量越大，股价上升的力度也大；反之则小。在鸭头的鼻孔处或放量过头前进入是好机会。

（3）两条中期平均线在运行的时候，它的运行速度比较慢，而三条短期平均线（5日、10日、20日）运行速度较快，当三条短期（快速）平均线向上通过两条中期（慢速）平均线的时候，进入刚刚股价开始上涨的区间，进而步入正在上涨的股价区间，此时还不知哪儿是顶，最后上涨速度减缓，达到初步见顶的区间。

（4）该形态背后蕴含超级题材，受到良好基本面支撑，个股获利空间巨大。

（5）注意下方的成交量，这种形态要求鸭头下方的成交量要缩量，量越小，下一波涨幅就越高。

四、案例分析

如下页图5-32所示，南方航空（600029）在2009年年初形成鸭头上攻形态，在突破前高时为安全介入点。

第5章 攻击形态K线组合

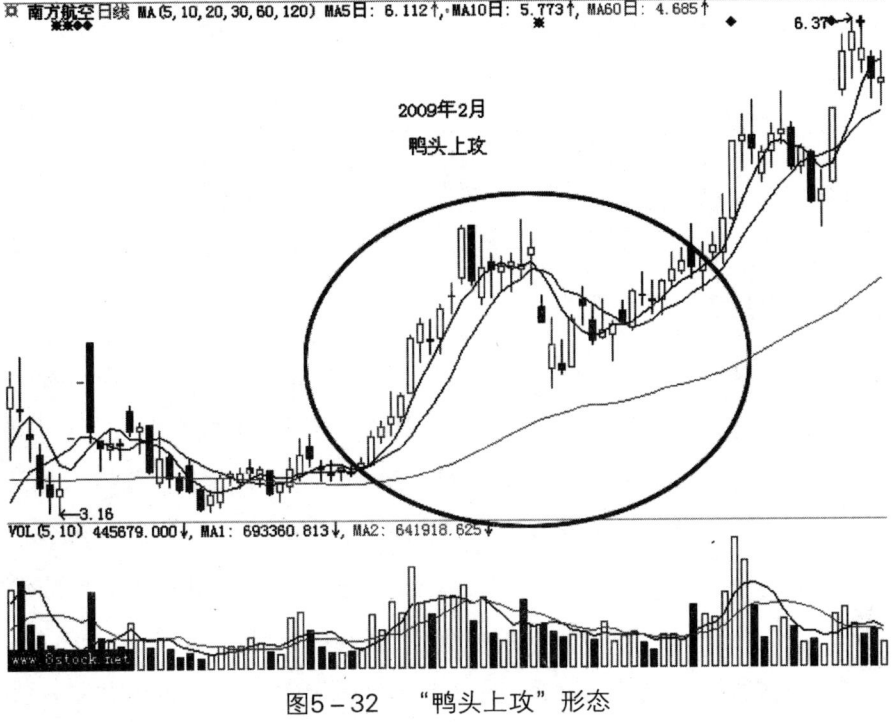

图5-32 "鸭头上攻"形态

孕 育 线

一、图形识别

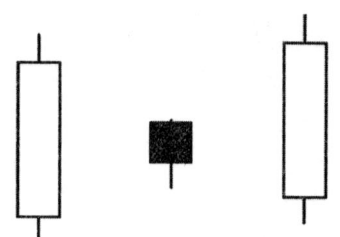

图5-33 孕育线

孕育线（如图5-33）K线组合形态由两阳夹一阴3根K线组成，中间的1根阴线被两根阳线完全包围。其中的小K线如同孕育中的小宝宝，故得此命名。其技术特征主要有以下几点。

（1）第一根K线是长阳线，阳线的实体涨幅需达到2%以上，即收盘价比开盘价上涨2%以上。

（2）第二根K线是小阴线，这根K线的实体跌幅要小于2%，即收盘价比开盘价下跌不能超过2%；另外，该阴线的收盘价不能小于第一天的开盘价，而该阴线的开盘价不能高于前一天的收盘价，也就是说，该阴线实体完全在第一根长阳线实体之内。

（3）第三根K线又是长阳线，阳线的实体涨幅同样要达到2%以上，即收盘价比开盘价上涨2%以上；另外，第三根长阳线的实体部分必须完全包容前一天的小阴线。

（4）第一根长阳线和第三根长阳线的收盘价位相差不远，两个收盘价之间的高低差距不超过1%，大致上呈相等的高度。

注意与后面章节的身怀六甲和十字胎相区分。

二、实战操作要点

（1）孕育线表示一轮行情正在酝酿发展中，这种K线形成后股价往往会形成突破性走势。

（2）孕育线对底部的确认也往往十分有效，当股价经过较长时间的下跌之后，若出现该形态，则表示该股的底部已经构筑完成。

三、案例分析

如下页图5-34所示，浙江广厦（600052）经过了2008年的长期下跌，逐级走出底部，1月6日、7日和8日3根K线形成了孕育线，终于确认底部，一轮新的上升行情开始了。

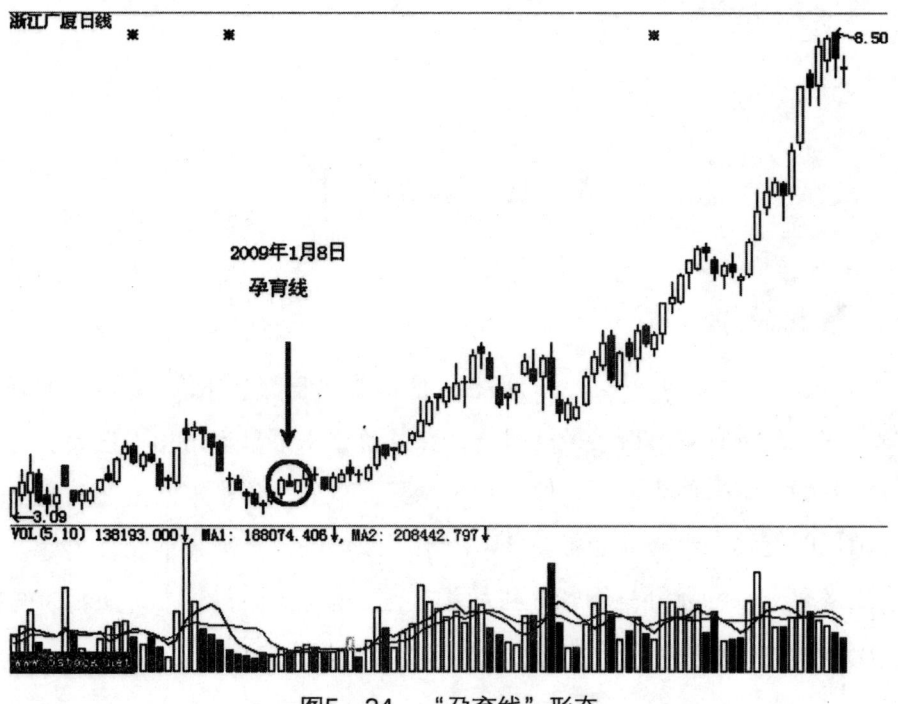

图5-34 "孕育线"形态

上升三角形

一、图形识别

上升三角形（如图5-35）K线组合形态一般形成在股价上升到一定幅度或到达敏感价位区域，抑或市场背景有所转换的时候，在某价格水平呈现出相当强大的卖压，价格从低点回升到这水平便告回落，但市场的购买力良好，价格未回至上次低点即告弹升，此种情形的持续令价格围绕着一条阻力水平线波动，日渐收窄。若把每一个短期波动高点连接起来，可画出一条水平阻力线（上边线）。而每一个短期波动低点则可相连出另一条向上倾斜的线（下边线），形成一个三角形形态。

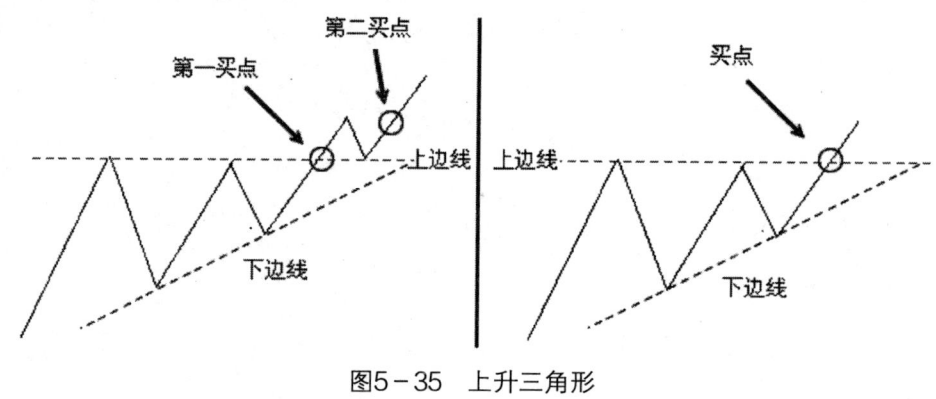

图5-35 上升三角形

其技术特征如下：

（1）两次冲顶连线呈一水平线（上边线），两次探底连线（下边线）呈上升趋势线。

（2）成交量逐渐萎缩在整理的尾端时才又逐渐放大，并以巨量冲破顶与顶的连线。

（3）整理至尾端时，股价波动幅度越来越小。这是所有三角形形态中最显著的一个共同点即价格波动的幅度从左至右逐步减小，多空双方的防线逐步靠近，直至双方接火，形成价格突破。

在上升三角形形态内伴随着股价的震荡和筹码的逐步换手，成交量也逐步递减，表示经历洗盘和换手后，盘面浮筹日趋稳定。在股价形成突破时往往伴随着较大的成交量，预示着新一轮的升势即将展开。

二、实战操作要点

上升三角形在实战中具有极其重要的地位，应为投资者重点掌握的形态，一个标准的上升三角形突破形态，是一个"稳赚"的图形。上升三角形不但作为中继形态经常出现，而且有时也经常成为一个中期顶部或底部的反转形态。

上升三角形在向上突破时，会出现两种情况：一种是突破上边线，经回抽后再往上走，如图5-35中之左图；另一种是突破上边线后，就一路往上走，如图5-35中之右图。

在实战中需要注意以下几点。

（1）首先必须关注成交量的配合。一般形态派人士将价格形态作为一个重点，但他也不会忽视形态内成交量的变化。在上升三角形形态内的成交量是从左至右呈递减状态，但上升三角形向上突破时一般都配有较大的成交量。在向上突破阻力，如果没有成交量剧增的支持，价格将会出现盘整的格局，信号可能出错，投资者应放弃这指示信号，继续观望，等待形势进一步的发展。倘若该形态往下跌破，则无需成交量的增加。另外一点，如果在上升三角形形态内的成交量呈不规则分布，则维持盘整的几率要大。

（2）上升三角形越早突破，成功率越高，上升三角形越早往上突破后劲越足。迟迟不能突破的"上升三角形"，有可能是庄家为出货而设的多头陷阱，极有可能演化为"双顶形态"。

（3）一般情况下，上升三角形向上突破的可能性很大，持筹者待突破时再做定夺。持币者关注突破方向，暂时不要操作，一旦发现放量突破则可介入，如无量突破，则观望。

（4）如果上升三角形突破失败的话，则会承接形态内的强势整理而出现矩形整理，形成头部形态的几率也不会太大。但不可排除后市演变为"双顶"，寻求往下突破，实战中这种现象很少，但也须注意。尤其有了很大涨幅后出现的"上升三角形"。一旦发觉"上升三角形"往下突破时应及时反手做空，已经介入的需马上止损离场。

三、原理解析

上升三角形其趋势为上升势态，从形态上看，多方占优，空方较弱，多方的强大

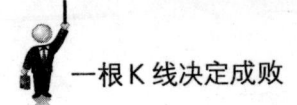

买盘逐步将价格的底部抬高，而空方能量不足，只是在一水平颈线位做抵抗。从K线图中可绘制低点与低点相连，出现由左至右上方倾斜的支撑线，而高点与高点相连，基本呈水平位置。

上升三角形形成的理论基础是买卖双方在特定的价值区域内较量的结果，而其中反映出买方的力量在争持中已稍占上风。而看淡后市的空头也并不急于出货，只在某一特定区域内减磅操作。也可能是主力故意在某一价值区域内刻意压制股价，促进筹码换手。随着股价震荡幅度的收窄使市场筹码持有者的投资成本逐渐升高，形成一条水平阻力线（上边线）。但市场的购买力量很强，他们不等价格回落到上次的低点，便急不可待地买进，因此形成一条向上倾斜的直线（下边线）。

从主力的角度来看，上升三角形的形成过程，是主力在某一水平区域打压住股价的升势，抛出一部分筹码或者市场上的获利盘兑现了一批筹码，造成股价下跌。当股价下跌告一段落时，多头开始买进或者主力开始护盘，股价逐渐回升，当回升到前期高点附近时，主力再次打压股价，股价再次回落，但由于多头买进士气正盛，股价尚未回到前期低点，即告弹升……这种情形一直持续，令股价随着一条水平阻力线波动。而波动幅度逐渐收窄。我们把每次波动的高点连接，形成一条水平阻力线（上边线）；而每次震荡的低点连接，形成一条向上倾斜的直线（下边线），两条直线最终交汇一处，就形成了一个上升三角形。

四、深度研究

在技术分析领域中，形态学派中经常会用到几何中"三角形"的概念。在K线图中，典型的三角形形态一般会出现正三角形、上升三角形和下降三角形三种。形态学派技术分析人士经常会利用三角形的形态来判断和预测后市。三角形的形成一般是由于价格发展至某一阶段之后，出现价格反复或者停滞的现象，价格震幅会越来越小，K线的高点与高点相连，低点与低点相连并延伸至相交点，此时会发现价格运行在一个三角形之中，这种形态又以正三角形为典型代表。此形态的出现，投资者不要急于动手，必须等待市场完成其固定的周期形态，并且正式朝一确定方向突破后，才能正确判断其未来走势。下面我们一起探讨正三角形形态。

（一）确认正三角形形态

正三角形又被称为"敏感三角形"，不易判断未来走势，从K线图中确认正三角形需注意以下条件：

（1）三角形价格变动区域从左至右由大变小，由宽变窄，且一个高点比一个高点低，一个低点比一个低点低。

（2）当正三角形发展至形态的尾端时，其价格波动幅度显得异常萎缩及平静，但这种平静不久便会被打破，价格将会发生变化。

（3）当正三角形上下两条斜边，各由两个或多个转折点相连而成，这上下点包含着"涨→跌→涨→跌"，每一次涨势的顶点出现后，立刻引发下一波跌势，而每一次跌势的低点出现后，又立刻引发下一波涨势，而价格的波动范围会越来越小。

（二）一般操作策略

由于正三角形的形成是由多空双方逐渐占领对方空间，且力量均衡，所以从某种角度来说，此形态为盘整形态，无明显的价格走向。在此期间，由于价格波动越来越小，技术指标在此区域也不易给出正确指示。故投资者应随市场变化而变化，或离场观望。

价格在正三角形中运行，如果价格发展到正三角形尾端才突破斜边，则其突破后的涨跌力道会大打折扣，会相对减弱。这是由于多空双方长时间对峙，双方消耗大，故在三角形尾端短兵相接时，双方力量均不足以做大幅波动。一般来说，价格在三角形斜边的2/3处突破时，涨跌力度会最大。三角形在向上突破斜边后，价格往往会出现短暂性的"回抽"，其回抽的终点，大致会在三角形尾部的尖端上，这是多空双方力量的凝聚点。多方占优，后市将有一段不俗的涨幅。

五、案例分析

如下页图5-36所示，鑫茂科技（000836）在2009年年初启动了一波行情，2月24日开始受大盘大跌影响，连收4根阴线，庄家也借机完成了洗盘。2月27日开始反弹，但高点未能突破2月23日的前高点，即开始回落。回落获得支撑后，开始了第二次反弹，波动幅度逐渐收窄。低点不断抬高，每次震荡的低点连接，形成一条向上倾斜的直线，而每次波动的高点连接，形成一条水平阻力线。两条直线最终交汇形成了一个上升三角形。放量完成了上升三角形突破后，该股开始一段漂亮的升幅。

再如紫光古汉（000590）在2008年12月也完成了上升三角形的突破，随后在2009年涨幅较大。

图5-36 "上升三角形"形态

第 6 章

见顶形态K线组合

生活中，在危险路段都会立有"此路不通"的警示牌。见顶形态K线组合就如同股市中的警示牌，也往往意味着"此路不通"，为谨慎离场信号。其中部分形态具有巨大的杀伤力，操作中应及时回避。

黄昏之星

一、图形识别

黄昏之星（如图6-1）K线组合形态是由3根K线组成的转向利淡形态。其图形犹如太阳，从西山之巅缓缓滚落。在夕阳的余光之中，黄昏之星就像魔鬼的特使君临股市。市场在持续的涨势之后，已激情不再，就像再好的筵席也有散场之时。其技术特征主要有以下几点。

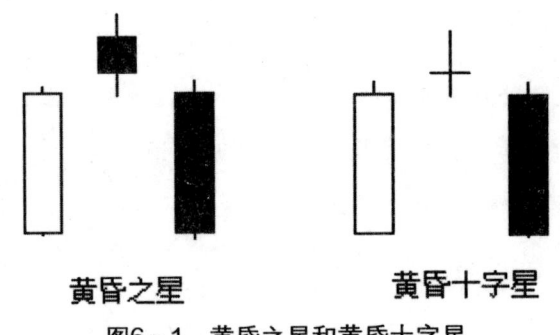

图6-1　黄昏之星和黄昏十字星

（1）黄昏之星出现在一个上升趋势后，由3根K线组成。

（2）第一根K线是1根长阳线。

（3）第二根K线波动较小，形成一根小阳线或小阴线，构成K线组合中的主体部分。

（4）第三根K线是1根实体较长的阴线，它深入第一根K线实体之内。

该K线组合在识别时需要注意以下两点。

（1）在传统技术理论中，认为第二根K线必须是跳空高开，且最低价高于前一天的最高价，即与第一根的阳线之间产生一个跳空缺口。依据笔者的实战经验，带跳空缺口的黄昏之星K线组合，虽然能提高转势信号的强度，但出现的概率极低。依据笔者的统计，1999年1月1日至2009年1月1日10年期间，带缺口的黄昏之星仅出现454次，基本不具备实战意义。本书中，笔者将黄昏之星的定义去掉了第二根K必须带跳空缺口的限制。

（2）若第二根小K线为十字星，则该形态称作"黄昏十字星"，是黄昏之星K线组合的特殊形态，趋势转弱信号更为强烈。

黄昏之星是股价见顶回落的信号，预示市场趋势已经见顶，卖出的时机已悄然来临。

二、实战操作要点

黄昏之星是股价见顶回落的信号，实战中，黄昏之星充当顶部的概率非常之高。在牛市的后期，要特别警惕这种反转信号。投资者遇到这种K线组合形态，不宜再继续买进，应考虑及时减仓，并随时做好停损离场的准备。

相对而言，黄昏十字星形态是更为强烈的趋势转弱信号，预示行情将进入震荡下行趋势中，投资者需要把握时机获利了结或止损出局。

三、原理解析

黄昏之星K线组合形态形成过程是，股价经过一段时间的持续上涨，第一天，市场在一片狂欢之中继续涨势，并且拉出一根长阳线。第二天，继续冲高，但尾盘回落，形成上影线，实体部分窄小，构成星的主体。第三天，突然下跌，间或出现恐慌性抛压，价格拉出长阴，抹去了前两天大部分走势。其中第一根K线为承接前期上升走势的大阳线，买盘强劲，显示升势持续。第二根K线可为出现在裂口高开后的十字星或纺锤，此信号显示买方压力逐步得以舒缓，股价可能已见顶。倘若第二根K线有着与射击之星相同的上影线，利淡转向信号的可靠性大为提高。第三根是卖盘强劲的阴线，此时市况已发生根本的转变，跌势一直持续到收市。

四、深度研究

黄昏之星K线组合有多种变形的形态，其实战意义与标准形态类似。

1. 第一种变形形态。

在标准的三根黄昏之星K线组合之上，中间增加1根K线的变形，即由原先的中间只有1根小K线，现增加到两根小K线，而最左边的阳K线与最右边的阴K线不变。

2. 第二种变形形态。

在标准的三根黄昏之星K线组合之上，中间增两根小K线的变形，即由原先的中间只有1根小K线，增加到3根小K线，而最左边的阳K线与最右边的阴K线不变。

3. 第三种变形形态。

在标准的3根黄昏之星K线组合之上，在中间增加3根K线的变形，即由原先的中间只有1根小K线，增加到4根小K线，而最左边的阳K线与最右边的阴K线不变。

五、案例分析

如图6-2所示，红豆股份（600400）在2008年11月探底开始反弹，12月19日以长阳涨停报收，次日冲高回落，收出长上影，巨量成交，全天高换手。看过笔者拙著《庄股经典出货模式》的读者应该清楚，这是典型的庄家出货形态，手中的筹码应该立刻卖出离场。当日没有离场的，该股23日收出长阴，形成黄昏之星形态，下跌趋势已形成，为短线最后的卖出时机。

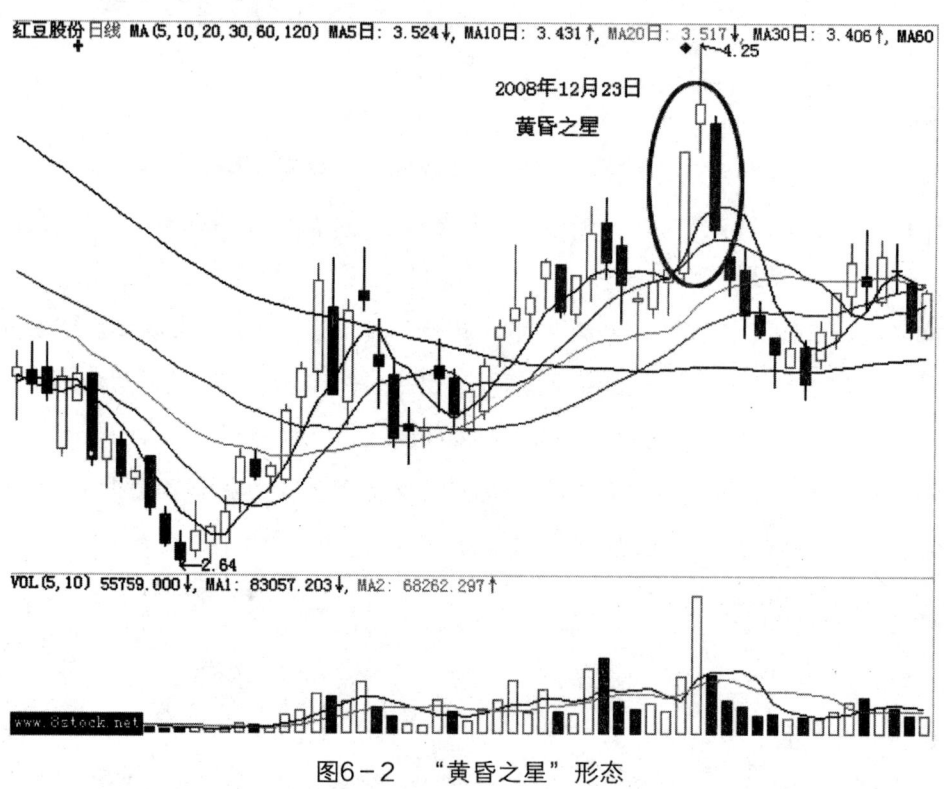

图6-2 "黄昏之星"形态

乌 云 盖 顶

一、图形识别

乌云盖顶（如图6-3）K线组合又称乌云线形态，由两根不同颜色及处于相对顶部的阴阳线组成，属于一种见顶回落的转向形态。其技术特征主要有以下几点。

（1）通常在一个上升趋势后出现。

（2）在上涨行情中，第一天出现的是1根中阳线或大阳线。

（3）第二天股价跳空高开，但没有高走，反而高开低走，收了1根中阴线或大阴线。

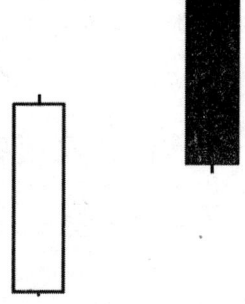

图6-3　乌云盖顶

（4）第二天阴线的实体已经深入第一根阳线实体的1/2以下处。这一点非常重要，在传统技术教材中，都没有严格定义该点。

乌云盖顶形态预示股价上升势头已尽，一轮跌势即将开始。

二、实战操作要点

实战中，乌云盖顶形态出现频率较高，在许多重要头部都出现过。同样在某些阶段性高点价位上，也能见到这一形态。投资者应对这一形态高度重视。乌云盖顶是强烈的卖出信号，投资者见到此K线形态，应警觉市况有变，以抛售出局为宜，果断离场。操盘中应注意以下几点。

（1）第二天的阴线实体向下穿进第一天的阳线实体的程度越深，则该形态构成顶部反转过程的可能性就越大。

（2）若第二天的阴线实体全部吞噬第一天的阳线实体，即看跌吞没形态，见顶可能性更强。

（3）第二根K线开盘初段的成交量也是一个很重要的指标。成交量越大，表示其中潜伏的投资者越多，市势转向的可能性越大。

（4）乌云盖顶是一个见顶标志，预示价格可能会见顶回落。长线投资者可以制定初始的空单策略，轻仓建空。在一段上涨趋势中，不要被第一天的大阳线所迷惑，要看第三天走势是否下跌，确定下跌形态。

（5）在乌云盖顶做空时候，有一种设定止损的方法，即在第二天形成的K线高点之上设立止损点。

三、原理解析

市场本来处于上升趋势中，某天突然出现1根大阳线，第二天市场向上跳空开盘，买方完全掌握着主动权。然而市场并没有继续上冲，当日在最低处收盘，K线明显地穿进前一天实体中。这意味着市场上升动力已耗尽，买方策划的最后一轮上攻失利，被卖方控制大局，形成下跌。

四、深度研究

几类乌云盖顶K线组合的形态研究。

1. 大幅高开低走型。

第二根阴K线大幅度跳空高开然后低走，这表现在当天的走势是股价跳高很大幅度开盘，然后高开低走将这段升幅全部抹光，收盘时收在前一根阳K线的 1/2 以上。这种类型的组合属于乌云盖顶空头强势型组合。

2. 收盘价接近阳K线开盘价型。

第二根阴K线高开，但高开的幅度不大，然后低走，并且收盘价接近于第一根阳K线的开盘价处。此种类型的K线组合属于乌云盖顶K线组合中的空头强势型组合。

3. 收盘价刚达标准型。

第二根阴K线高开，但高升的幅度不大，收盘价处于前一根阳K线实体的 1/2 位置处。这种类型的K线组合属于空头弱势型组合。

五、案例分析

如下页图6-4，沱牌曲酒（600702）在2008年1月23日长阳报收之后，次日高开低开，收出长阴线，收盘价深深地穿进前一天实体内部，意味着市场上升动力耗尽，下跌开始。

第6章 见顶形态K线组合

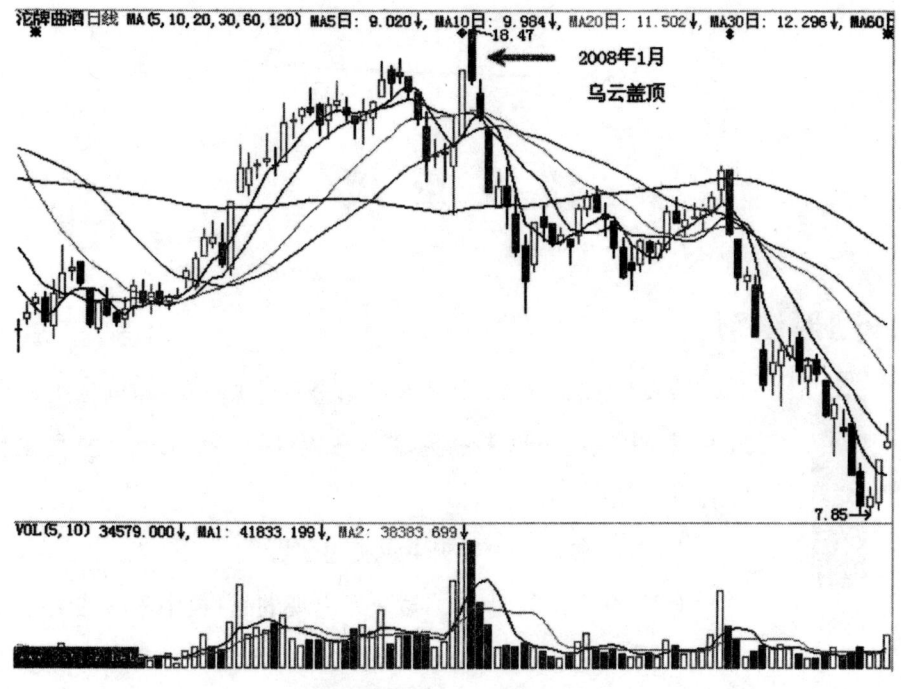

图6-4 "乌云盖顶"形态

淡友反攻

一、图形识别

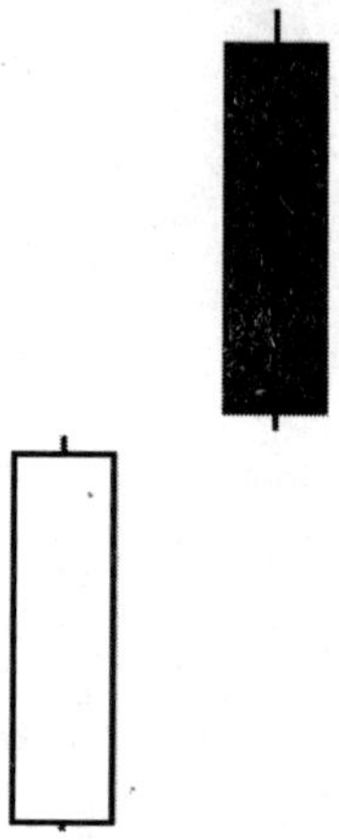

图6-5 淡友反攻

淡友反攻（如图6-5）K线组合形态属于一种见顶组合，是与好友反攻K线组合形态的见底形态相对的一类形态。其技术特征主要有以下几点。

（1）通常在一个上升趋势后出现。

（2）在上涨行情中，第一天出现的是1根中阳线或大阳线。

（3）在出现中、大阳线的次日，股价跳空高开却上攻无力，继而下跌，其收盘价与前1根阳线的收盘价相同或相近，形成1根大阴线或中阴线。

淡友反攻是见顶信号，它提示投资者不要再盲目看多。

与"好友反攻"的见底形态相对的就是"淡友反攻"的见顶组合。"淡友反攻"类似于"乌云盖顶"，是在上升市势中出现长阳线的次日，股价跳高开盘，冲高无力回落，其收盘价与昨日收盘价相同，从而形成中长阴线。这样两根K线组成的"淡友反攻"K线组合形态是股价上升乏力、见顶回落的信号。

二、实战操作要点

淡友反攻与乌云盖顶K线组合的区别是看收盘价的变化，淡友反攻K线组合形态的阴线实体未深入阳线实体中，两日收盘价处于同一水平。就可靠性而言，好友反攻K线组合形态和淡友反攻K线组合形态均弱于曙光初现K线组合形态与乌云盖顶K线组合形态。实战中，淡友反攻其预示下跌的可靠性不如乌云盖顶。但上升行情中出现淡友反攻，若伴随着成交量的急剧放大，它的领跌作用要超过乌云盖顶，此点也不可忽视。因此投资者见此K线组合形态后，可根据盘面情况，适量减仓。

实战中，淡友反攻K线组合出现的概率较低，且成功率不高，单独使用基本不具备实战意义，可作为一种辅助分析手段与其他分析方法结合使用。

三、原理解析

淡友反攻K线组合中，第一根阳K线为中阳K线或大阳K线，说明市场上的多方力量将空方力量打败，并大举进攻取得重大胜利，在接下来的第二个交易日，因为第一根阳K线的多头能量的惯性作用，使其在开盘时一步到位，并升至当天高点位置区域，然后多方力量渐渐不支而下滑，而此时的空方力量则乘机反击收复了当天几乎所有的失地。淡友反攻K线组合反映了多头能量已走到尽头，并已露出衰竭的苗头。最终多空双方力量在收盘时打成平手或接近于平手。

四、深度研究

几类淡友反攻K线组合的形态研究。

1. 越过实体型。

第二根高开低走阴K线的收盘价越过第一根阳K线的收盘价。此类淡友反攻K线组合为空头强势型组合。

2. 未及实体型。

第二根高开低走阴K线的收盘价未触及第一根阳K线的收盘价。此类淡友反攻K线组合为空头弱势型组合。

五、案例分析

如图6-6所示，中大股份（600704）在2009年2月20日走出淡友反攻K线组合形态，上升波段由此结束，于是出现了快速的下跌。

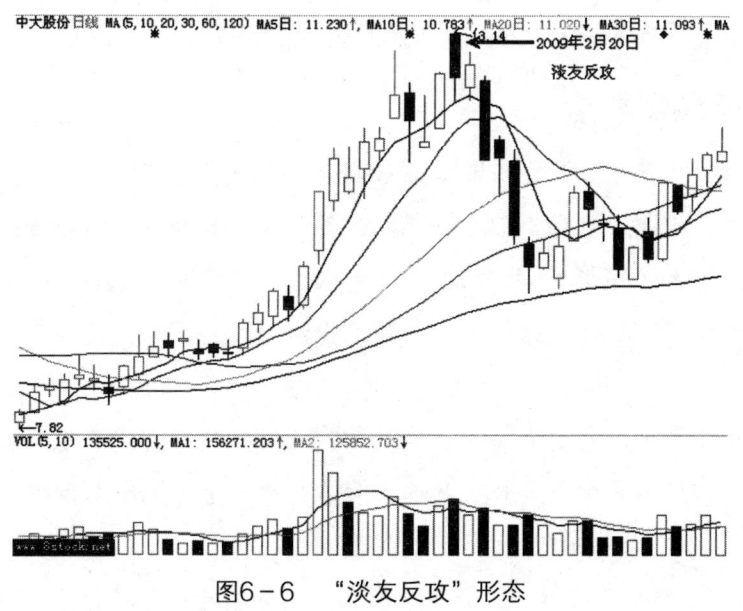

图6-6　"淡友反攻"形态

倾 盆 大 雨

一、图形识别

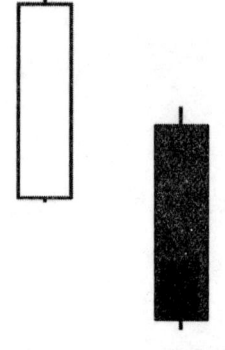

图6-7 倾盆大雨

倾盆大雨（如图6-7）K线组合可能是上升趋势中的见顶信号。杜甫《白帝》诗中："白帝城中云出门，白帝城下雨翻盆。"第二根低开低走的大阴线雨大势急，使多方信心受到了极大的打击，股价后市看跌。其技术特征主要有以下几点。

在股价有了一段升幅之后，先出现1根大阳线或中阳线，接着出现了1根低开低收的大阴线或中阴线。其收盘价已比前1根阳线的开盘价要低。

（1）出现在上涨趋势中，股价已经有了一定的升幅。

（2）由一阳一阴两根K线组成。

（3）先是1根大阳线或中阳线，接着出现1根低开的大阴线或中阴线，阴线的收盘价低于前1根阳线的开盘价。

倾盆大雨K线组合与旭日东升K线组合在形态外观上相反，在技术含义上也相反。前者一般表示股价后市下跌，后者一般表示股价后市看涨。

二、实战操作要点

实战中，倾盆大雨K线组合的见顶信号要强于乌云盖顶K线组合。该形态第二根低开低收的阴线，说明人们已不敢追高，而想低价出售股票的投资者却大有人在，低收更是明明白白反映了市场看淡该股的大众心理。这种K线组合形态的出现，若伴有较大成交量，形势则更糟糕。故很多有经验的投资者见此图形，第一个反应就是减磅操作。

实战中，并非这个图形出现后，股价就非跌不可。这中间也不排斥庄家利用此招进行中途洗盘，为日后股价上升夯实基础。但这种情况发生的机会很少。其原因主要有以下几点。

（1）庄家用这种方法洗盘，破坏技术形态，本身就要冒着洗盘没有洗成反而招来更大的抛盘，并促使股价快速下跌的风险，有时甚至会把自己套在其中。

（2）即使庄家洗盘，也大多数是发生在股价涨升初期，一般不会发生在股价已有了相当升幅之后。

因此在涨势中，尤其在股价涨幅较大之后看到这种图形，从规避风险出发，以减磅操作为好。一旦发现在这之后，股价重心仍在下移，则坚决抛空离场。

倾盆大雨K线组合形态第二根阴线实体低于阳线实体部分越多，转势信号越强。

三、原理解析

倾盆大雨K线组合第一根中阳K线（或大阳K线），说明当天多空双方在争夺股价阵地时经过搏杀较量后，空方力量被打败，多方力量取得大胜的结果。第二根K线为低开低走的阴K线，显示了当天多空双方在激烈搏杀后，空方力量最终取得大胜。该根阴K线在开盘时就与前一天的阳K线大相径庭，它间接地反映了经过一个夜晚的酝酿，空方力量在集合竞价时开始发动蓄谋一夜的进攻计划，最终空方力量将多方力量打得落花流水，惨败收场。并且在收盘时，空方力量不但吞并前一个交易日的多方成果，还超越了前一个交易日的开盘价。这一切都说明了做空动能异常强劲。

倾盆大雨K线组合的多空力量演变过程为多方力量由强转弱，空方力量发动突然袭击（开盘低开就是突然袭击），并且乘偷袭成功之机发动攻击，最终空方力量吞没多方力量，并超越了多方力量。

四、深度研究

几类倾盆大雨K线组合的形态研究。

1. 大幅度低开型。

第二根阴K线的开盘价与第一根阳K线收盘价间的距离越大，则说明该倾盆大雨K线组合的空头能量越强，所以这种类型的倾盆大雨K线组合是空头强势型组合。

2. 大幅度收盘型。

第二根阴K线的收盘价与第一根阳K线的开盘价距离越大，则说明该倾盆大雨K线组合的空头能量越强势。所以这种类型的倾盆大雨K线组合是空头强势型组合。

3. 弱势型。

第二根阴K线的开盘价与第一根阳K线的收盘价之间的距离窄小，且阴K线的收盘价刚好超越前1根阳K线的开盘价，则说明这种类型的倾盆大雨K线组合是空头弱势型K线组合。

五、案例分析

如图6-8所示，中大股份（600704）在2008年11月至12月探底反弹后，在12月9日收出1根长阴，形成倾盆大雨形态，显示短线股价到顶，此时应以卖出为宜。

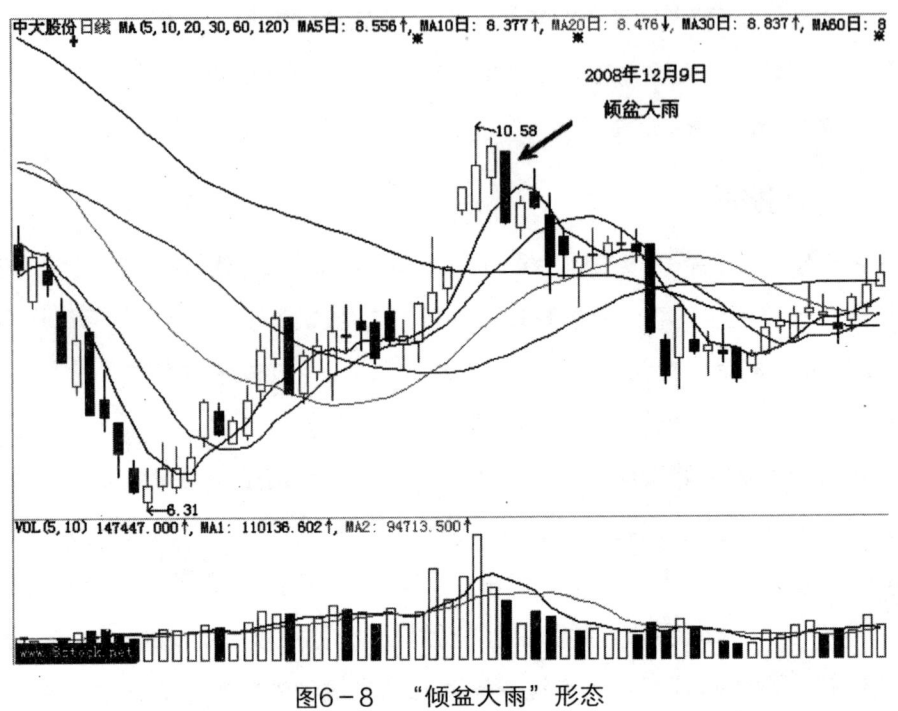

图6-8　"倾盆大雨"形态

双 飞 乌 鸦

一、图形识别

双飞乌鸦（如图6-9）K线组合又称树上二鸦K线组合形态，乌鸦挂树梢会带来厄运，股市中也不例外，这是一种较典型的向淡型K线组合。其技术特征主要有以下几点。

（1）在上升途中连续出现两根阴线，第一根阴线的实体部分，与上一根K线的实体形成一段小缺口，构成起飞的形状，可惜翅折羽断，没有飞起来，出现了高开低收的情形。

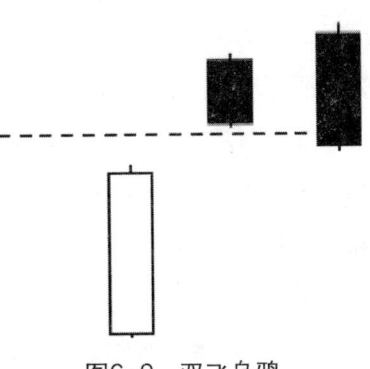

图6-9　双飞乌鸦

（2）第二根阴线也是跳空高开，然后再次下跌，且实体部分较长，已把第一根阴线完全吞并。

从图形上看，它们好像两个乌鸦在空中盘旋，因此人们给它起了个双飞乌鸦的名称。双飞乌鸦的出现，令人生厌。它说明人们对这个市场已腻烦，做多力量严重不足，后市由升转跌可能性很大。

二、实战操作要点

作为典型见顶回落的K线组合，双飞乌鸦与下一节将要提到的三只乌鸦挂树梢都具有极强的转势意义。凡是"乌鸦"形态的K线组合，投资者都应小心，它们均属于各种级别的头部形态，是实战中的出货信号，只是有的"乌鸦"必死无疑，有的"乌鸦"则可能起死回生。双飞乌鸦K线组合在实战中应注意以下几个应用条件。

（1）一般来说，双飞乌鸦K线组合形态的阴线实体越大，其下跌空间也就越大。

（2）双飞乌鸦一定要先起飞后回落。即行情经过一段连续上升后，在股价高位出现实体跳空的阴线，即表明"乌鸦"起飞。然后再出现一条低开低走的阴线，便形成"乌鸦"回落。在实战中应立即出货了结。

（3）双飞乌鸦的第一根K线为大阳线，或涨停板跳空形成的一字线，若其后出现高开阴线封头，则后面再飞一只"乌鸦线"的可能性极大，此时无论行情怎样，都应先退出为宜。

（4）双飞乌鸦K线组合最容易出现在除权前的高位与新股上市后的高开位置，因除权前的高位与高开的新股均是拉出的股价非理性高点，这将为今后的股价底部运行打好伏笔。

（5）双飞乌鸦K线组合的"起死回生"条件必须是在双飞乌鸦的后1根阴线之后紧接着被一条大阳线吃完收回，那么后面的行情就可能会再向上，在实战中应注意与趋势线的配合使用方为有效。

双飞乌鸦的交易策略有以下几点。

（1）双飞乌鸦K线组合一般达不到标准形态的要求。在看盘时，只要发现是处在高位、且在阳线后出现的两条阴线，不管它是否符合要求，就应卖出，这是逃顶最省事的办法。

（2）双飞乌鸦K线组合形态有时类似黄昏之星的走势，在分不清它们的形态特征时，同样不管三七二十一，卖掉即可。

（3）双飞乌鸦K线组合出现后，其较好的获利点与止损点为双飞乌鸦的第二根阴线形成的临收盘前。若当天没来得及卖出，也应在第二天出手。出货时，丝毫不能手软，手一软就要吃大亏。

三、原理解析

双飞乌鸦是由一条大阳线和两条向上跳空开盘且呈抱线形态的阴线组成的图形。出现"双飞乌鸦"，表示在上升趋势中连续两日高开，但未能贯彻始终，全部以低价收市，形成两条阴线。使多头对后市产生疑虑，开始获利了结，从而造成向下调整的压力。第一条大阳线表示价格大幅上升，显示上升趋势已近尾声，市场的上升力度在逐渐减弱。当形态初成的时候，市场仍存在一定的上升动力，因此双双以高开为主，摆出起飞的形状，但可惜后继乏力，尽管出现空头斩仓，其价格仍然上升，但最终以最低价报收，未能进一步攀高。第三天再次收阴线，表明股价会进一步下跌，后市看淡。在上升趋势中连续两日高开，但未能贯彻始终，市场人气受到了较大的打击，做空力量突然剧增，使多头对后市产生疑虑，开始获利了结，从而造成向下调整的压力。

四、深度研究

一般情况该形态的两根K线都是相对于前一天收盘价向上跳空高开的，但双飞乌鸦还有一种更加明显和强烈的转向信号，就是会出现第二根阴线再次高于上日开盘价开出，然后低收，形成类似于"穿头破脚"的图形。从理论上说，这样的形态有着非常明显的杀伤力，这主要是由于市场力量发生了转变而引起的。投资者需要果断止损。

五、案例分析

如图6-10所示，*ST华光（600076）在2008年5月23日出现双飞乌鸦K线组合形态后，股价出现了加速下跌。

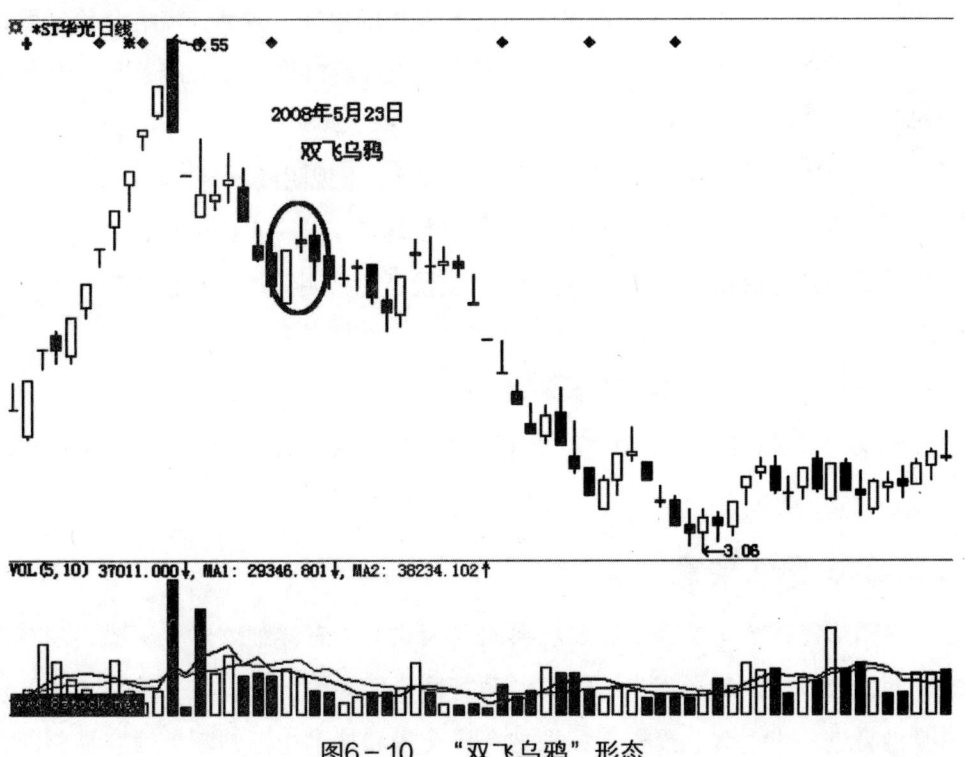

图6-10 "双飞乌鸦"形态

三只乌鸦

一、图形识别

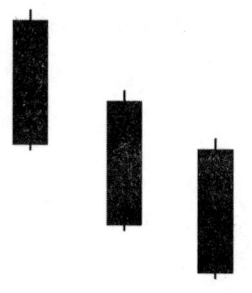

图6-11 三只乌鸦

三只乌鸦（如图6-11）K线组合形态，又称暴跌三杰。图形上看恰似三只黑乌鸦坐在将快要枯萎的大树上，即三只乌鸦挂树梢。乌鸦在我国民间是不吉祥的象征，这种K线组合预示股市即将构筑短期的阶段性顶部，并且后市将面临下降趋势。其技术特征主要有以下几点。

（1）在上升趋势中连续3天出现阴线。

（2）每根阴线的收盘价均低于前一天的最低价。

（3）每天的开盘在前一天的实体之内，也就是每根阴线的开盘价均低于前一天的开盘价。

（4）每天的收盘等于或接近当天的最低价。

股价连续3天在相对高位收阴，市场由强转弱的信号较为明确，发生转势的可能性较大。

二、实战操作要点

三只乌鸦形态在笔者拙著《庄股经典出货模式》中有详细阐述，一般出现在庄股出货的后期，股价呈阶梯形逐步下降，说明行情已经无力上升。在下降趋势中，该形态表明股价将进一步下跌。投资者如果结合成交量和技术指标判断，很容易判断市场是否会转势。

调整有两种基本形式即缓慢盘跌和快速急跌。一般来说，出现三只乌鸦时成交量同步缩小，5日均量线下穿10日均量线，后市反复盘跌的可能性极大，跌势绵绵不绝，犹如钝刀子割肉。若调整时采取长阴惯下、短线急跌的形式，短线则易出现反弹。

三只乌鸦挂树梢的出现是股价暴跌的先兆，是个不祥的信号。一旦出现投资者可先获利了结或止损出局，其较好的获利点与止损点为三只乌鸦的第三根阴线形成的临收盘前，或出现之后一两天内的小阴小阳时。

实战中需要注意的是，三只乌鸦出现在上升趋势之末、下跌趋势启动之初，空头取得优势并开始发力。务必注重这种K线成立的前提，即发生在下跌趋势成立的初期。在下跌趋势的末端，有时也会有三连阴的K线形态出现，但这与三只乌鸦无神似之处。

三、原理解析

在上升行情中出现三只乌鸦，说明上档卖压沉重，多方每次跳高开盘，均被空方无情地打回。和三个白武士K线组合形态相反，三只黑乌鸦是由三个短小的连续下跌的小阴实体组成，K线收盘一日比一日低，表示空方力量在逐步加强，后市看淡，下跌速度将加快。

四、深度研究

对于K线组合形态的分析必须结合均线系统进行综合研判，如果出现三只乌鸦K线组合形态的同时，伴随有均线系统的破位，则说明股指见顶的可能性更大。当三只乌鸦K线组合击穿了5日、10日和60日均线，并且使得整个均线系统进一步向空头排列转化，说明破位是有效的，投资者要果断卖出。

五、案例分析

如图6-12所示，浦发银行（600000）在2008年9月3日出现三只乌鸦K线组成形态，其显示了空方力量的强大，加速了股价的快速下跌。

图6-12　"三只乌鸦"形态

一阴穿三线

一、图形识别

一阴穿三线（如图6-13）K线组合形态表明股价运行趋势由强转弱，K线上的有效破位预示股价将来会有继续下跌的空间，是一种卖出信号。

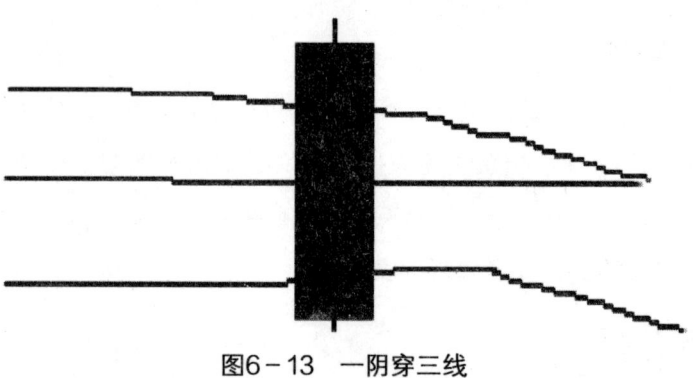

图6-13　一阴穿三线

技术特征主要有以下几点。

（1）通常是创出本轮行情的高点之后出现。

（2）1根阴线同时跌破5日、10日和20日均线。

（3）该K线将改变均线排列方向为空头排列。

（4）出现该K线时，成交量明显放大。

二、实战操作要点

一阴穿三线K线组合在实战中屡屡带来巨大的杀伤力，此种形态通常是在创出本轮行情的高点之后出现，是对调整趋势的最后确认。若你未能在最高点卖出，在此形态出现时是最后的逃命机会。在笔者的博客中解盘时曾多次提到大盘出现该形态，建议立刻出局。出现此种形态时，后市看淡，应立刻逃命。没有出现此形态，即使短期内股价出现波动，亦可继续持股。

此形态不仅适用于判断大盘的走势，也适用于个股，若盘中多数个股同时出现此种形态，大盘通常已经见顶。

如果在股价的下跌过程中出现一阴穿三线的K线组合形态，则充分强化下降趋势的有效性，这时投资者要坚决看空该股，不要轻易介入抢反弹。

三、原理解析

此种形态的含义是指股价从高位回落，某天出现1根阴线同时跌破5日、10日和20日均线，表明大盘（或是个股）顶部构筑成功，后市将展开调整浪，该K线组合形态表明行情将走弱，此时应立刻出局观望。

四、案例分析

如图6-14所示，2008年上半年大盘一路下跌，7月初出现了一个短暂的反弹，最高摸至2952点，经过近1个月左右的震荡，上证指数在7月31日长阴跌破5日线，10日线和20日线，短期均线开始出现空头排列。在当日的博客中，笔者曾建议前期未来得及出局者应立刻清仓出局，此时是最后的逃命机会。8月开始，大盘再次走出了下降通道，跌幅绵绵，最低探至1664点，投资者损失惨重。

图6-14 "一阴穿三线"形态

三阴反转

一、图形识别

三阴反转（如图6-15）K线组合形态是与前面章节提到的三阳反转K线组合形态相反的一种K线组合形态，是一种见顶信号。其技术特征主要有以下几点。

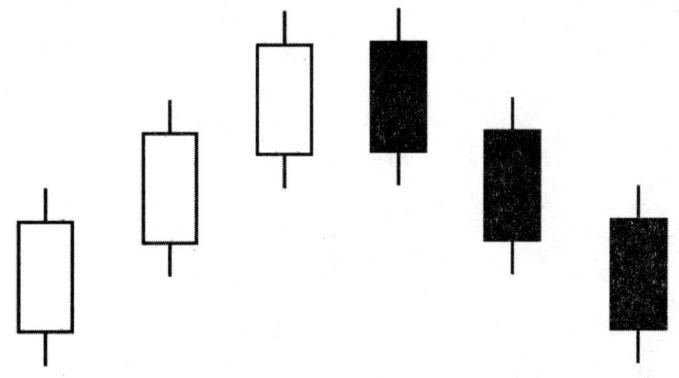

图6-15 三阴反转

（1）三阴反转由6根K线组成，后3根为连续下跌的K线，前3根为连续上涨的K线。

（2）在前三天的K线中，都是连续上涨的阳线，即股价一天比一天收高，且收盘价高于开盘价。

（3）在后三天的K线中，都是连续下跌的阴线，即股价一天比一天收低，且收盘价低于开盘价。

反映出股价由连续上升转变为连续下跌行情，是典型的倒V形反转走势。

二、实战操作要点

在实战操作中需要注意，3天阴线的累计成交量如果大于3天阳线的累计成交量，则说明股价的下跌更具有实质性。如果3天的跌幅超过3天的累计涨幅，或者在形态上形成严重破位走势时，投资者都必须斩仓。

三、原理解析

该形态前3天连续上涨的幅度越大，越说明随后出现的下跌走势具有较强杀伤力。而后3天连续下跌速度越快，越说明见顶信号的可靠性，投资者需要果断卖出。

四、案例分析

如图6-16所示，浦发银行（600000）在2008年8月27日开始，连续3天出现阳线上涨，但随后3天出现连续3根阴线下跌，且后3天的跌幅是前3天的一倍，股价已经成有效破位之势，其随后几个月股价跌幅再次接近50%。

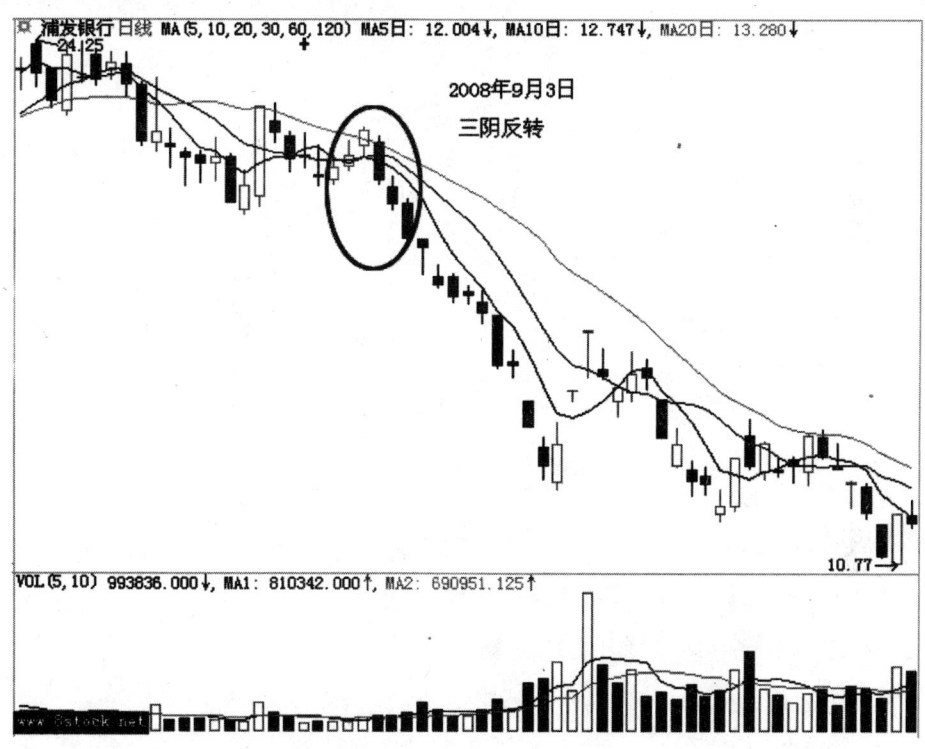

图6-16 "三阴反转"形态

裂谷下跌

一、图形识别

裂谷下跌（如图6-17）K线组合形态类似于前面章节的裂谷反转形态，两者的区别在于缺口的方向是相反的。其技术特征主要有以下几点。

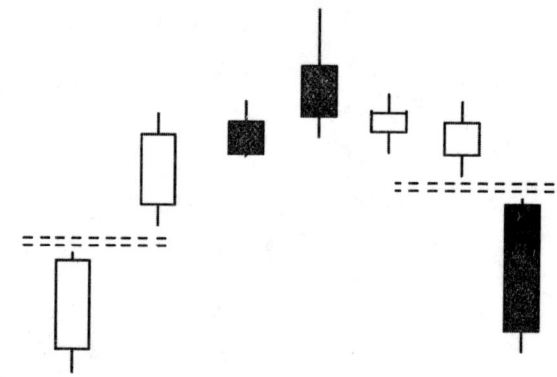

图6-17　裂谷下跌

（1）股价或指数在短时间内出现两个跳空缺口，这两个缺口的方向是相反的，其中前一个为向上跳空缺口，而后一个是向下跳空缺口。

（2）出现向下跳空缺口时有放量迹象。

（3）两个缺口之间的间隔不能长，最多不能超过10个交易日。

二、实战操作要点

裂谷下跌K线组合与前面章节的裂谷反转K线组合形态的差别在于，裂谷下跌表示见顶回落，而"裂谷反转"表示见底回升。在操作中注意以下几点。

（1）两个缺口之间允许有一定限度的高低落差，差异幅度的大小不会影响对形态的研判效果。

（2）两个缺口之间的间隔，通常时间间隔越短，反转力度越强，理想的间隔期是2~4个交易日。

（3）两个缺口之间的股价波动以低位盘旋形式出现为好。

三、原理解析

该形态形成的过程是，由于股价不断地上升，使原来想在低位买入的投资者无法在预定的价位买入，持续的升势令这批投资者难以忍受踏空的痛苦。终于忍不住便不计价位地抢入，于是形成一个上升的缺口。可是股价并没有因为这样而继续快速向上，在高位明显出现放量滞涨。说明此时暗中有着巨大的抛压，经过一段短时间，主力和一些先知先觉的机构大量出逃，股价终于无法在高位支撑。一旦下跌引发市场信心的崩溃，即出现缺口性下跌。下跌缺口之上套牢了大量的筹码，股价便开始了漫长的下跌。

四、案例分析

如图6-18所示，东风汽车（600006）在2008年9月18日收出1根长下影线后，次日跳空涨停，留下一个向上的跳空缺口未补。9月22日，该股虽上涨2.46%，但K线图上大幅高开而收阴线，且上影线较长，全天成交放出巨量，庄家出货特征明显。9月23日该股低开低走，留下一个向下的跳空缺口。裂谷下跌形态成立，该股在2008年最低探至2.40元（还权价格）。

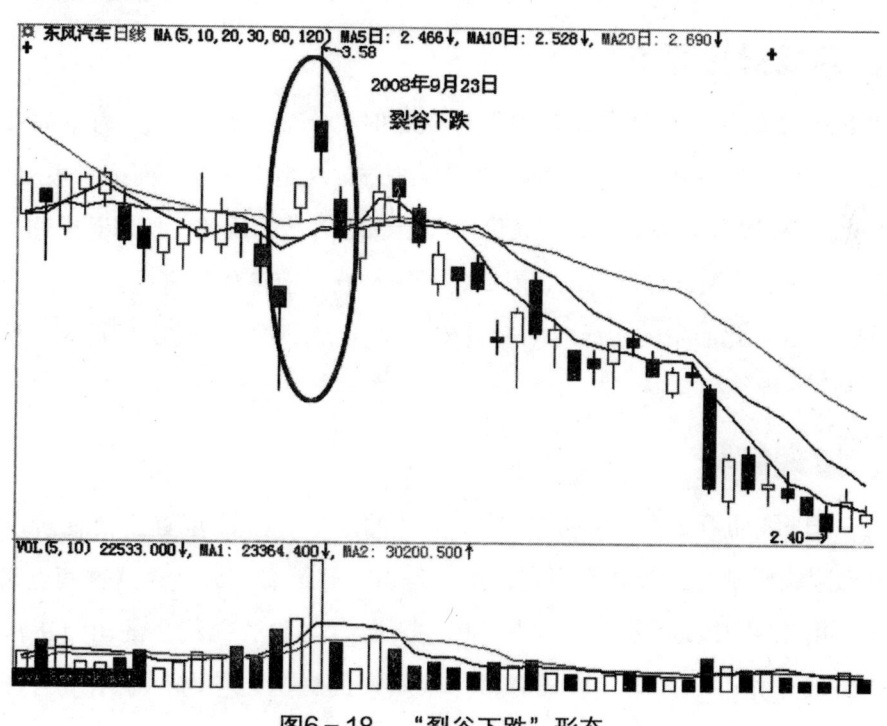

图6-18 "裂谷下跌"形态

两阴一阳

一、图形识别

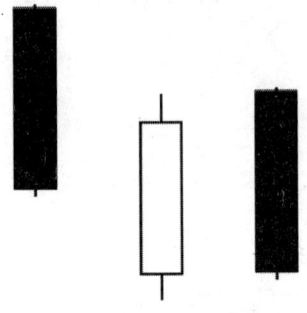

图6-19 两阴一阳

两阴一阳（如图6-19）K线组合形态又称"空方炮"，是一种短线见顶的信号。其技术特征主要有以下几点。

（1）出现在上涨趋势的末端，由3根实体相当的K线组合而成。

（2）第一天收出1根中阴线。

（3）第二天股价拉回，收出1根中阳线。

（4）第三天再次收出1根中阴线，与第一根阴线形成对第二根阳线的夹击之势。

二、实战操作要点

该形态通常发生在某只个股票股价见顶之时，一般是由于空方力量的爆发而出现，短期下跌的可能性极大。其中第一根和第三根K线是中阴线，而第二根K线是中阳线，由于此种K线组合形态很多是在股价大幅上涨之后才构成的，所以其杀伤力就非同小可。投资者一旦看到这种形态正式形成，不要补仓，应该尽快离场。

实战中，由于此形态的构成时间短且成交量异常，是明显的出货行为，所以散户往往事后才会发现，很容易中招。

三、原理解析

两阴一阳K线组合的形成一般要借助高涨的人气，形成位置主要在阶段性的顶部。第一根阴线通常为巨幅高开阴线，主要是由利好消息和人气高涨这两点来达到出货的目的。第二根阳线是主力资金为了稳住人心，实行边拉边出的出货手法，到第三根阴线出现并和第一根阴线形成对第二根阳线的夹击之势时，显示主力资金出货果断。

四、案例分析

如图6-20所示,中信证券(600030)在2008年4月中旬开始逐步走稳,4月24日因为10转增10股派5元的利好刺激,该股无量涨停,股价拔地而起,连续大幅高开,以极强的形态向上突破,短线涨幅惊人。正当散户热情高涨之时,庄家却在悄悄出货,5月6日收出高位长上影,接下来三个交易日走出两阴一阳的走势,庄家逐渐派发。由此股价开始了新的一轮的下跌。

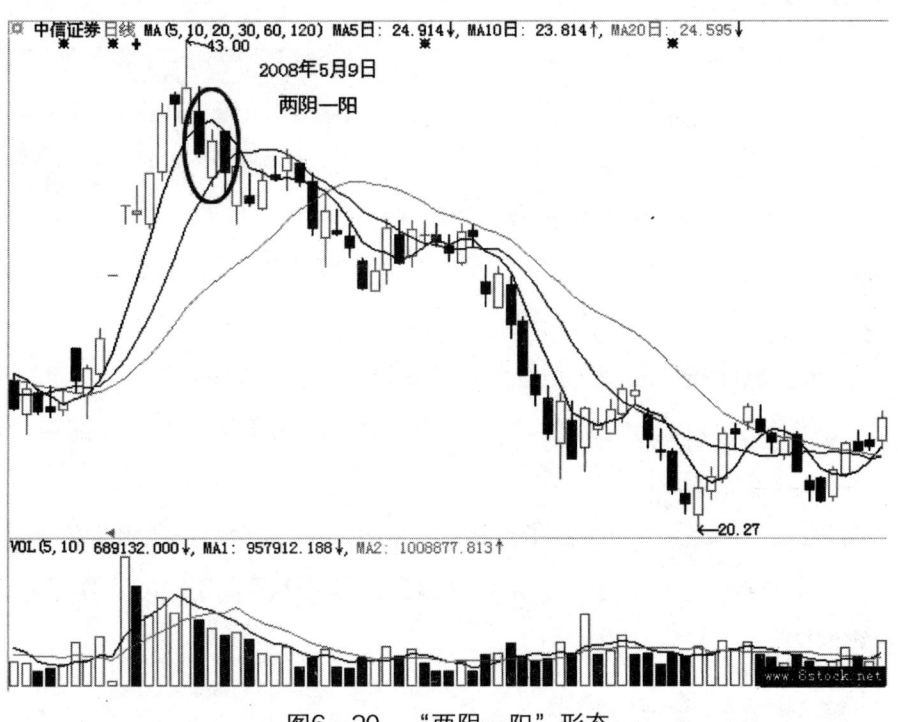

图6-20 "两阴一阳"形态

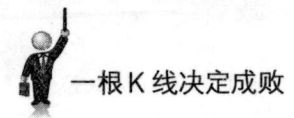

高位避雷针

一、图形识别

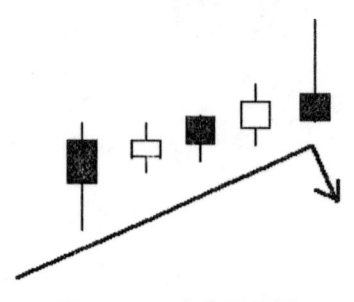

图6-21 高位避雷针

高位避雷针（如图6-21）K线组合形态是庄家经典的出货形态之一，图中形态如同矗立在高位的1根避雷针。这种K线信号，通常意味着头部的到来，是一种确认性的卖出信号。其技术特征主要有以下几点。

（1）此形态通常在升势位期出现，股价已经有了较大的涨幅。

（2）某天出现1根带长上影的K线，伴随着较大的成交量。

（3）这根K线可为阳线亦可为阴线，一般以阴线居多，上影线需超出实体的3~5倍。

相对高位的长上影线，与超买指标相伴，往往是庄家大幅拉高出货所致。该形态与定海神针形态有相似之处，但一个是用于测顶，另一个是用于测底，作用不同，K线的方向也不同。

二、实战操作要点

高位避雷针在实战中意义重大，是庄家出逃时在K线图上留下的痕迹。股价经过一波拉升，突然携量上攻，股价呈加速上扬之势，但冲高回落后，出现放量滞涨。股价往往当日反转向下，当日股价快速拔高之后直线下挫，留下长长的上影线，这是较为经典的见顶形态，此形态通常为庄家逃跑时来不及销毁的"痕迹"，股价短期将见顶，后市极有可能反复下挫，这也是投资者清仓出货的好时机。

实战中，投资者对带长上影的高位避雷针宜保持高度警觉，特别是大批股票同时出现该形态时，大盘见顶的可能性极大。

操作中需注意以下几点。

（1）高位避雷针出现当天，应立即果断清仓。

（2）若当天误入，应第二天开盘即抛，或趁股价惯性上涨时出局。

（3）第二天卖出一般不如高位避雷针出现当天卖出的价位高。如果收盘前10分钟股价仍无回天之力，形不成阳线实体，则不可恋战，"三十六计，走为上策"。

三、原理解析

该形态出现后，一般1~2天后即大幅下跌，使盲目追进者高位套牢，此类形态是典型的庄家大肆出货所留下的痕迹。高位避雷针形成的机理。

1.庄家诱多，这是庄家出货时惯用的伎俩之一。

股价经过持续上扬，面临巨大获利盘和解套的双重抛压，庄家为了顺利出货，在拉升尾段，刻意放量诱多。即在当日早市先大幅拉高，吸引跟风盘涌入，市场敢死队奋勇接盘，待"鱼儿"上钩之后再反手做空，股价先升后跌。股票在高位易手后，庄家放弃护盘，于是股价顺势而下。

2.市场获利盘抛售。

股价连续上升后获利盘丰厚，累积到一定的程度后，市场对后市看法出现分歧，多头阵营出现哗变，短线客纷纷落袋为安，导致股价冲高回落，亦会留下长长的上影线。

四、深度研究

高位避雷针收长上影的过程是庄家的一个诱多过程。在庄家的行为中，诱多的招数很多，如在高位构筑"多头陷阱"，引诱散户上套。

多头陷阱，也被戏称为"多头馅饼"，通俗地说，就是庄家或者庄在某阶段设下一个圈套，引诱投资者买进，然后把买进的投资者一网打尽，牢牢套住。多头陷阱通常发生在指数或股价屡创新高，并迅速突破原来的指数区且达到新高点，随后迅速滑落跌破以前的支撑位，结果使在高位买进的投资者严重被套。

布设陷阱是庄家赚钱的惯用的招式，一般而言，庄家炒作股票，都是为了低位买进高位卖出，从而获取买卖差价。庄家要赚钱，就要让股民亏本。这就要庄家尽其所能地在股票低价时诱骗散户卖出，而在股票价格被拉高后，使散户在高位接货。庄家经常利用散户的惯性思维和浅显的技术分析，制造一个又一个假象，设置一个又一个陷阱，使得散户在低位割肉，高位站岗。

假如一只股票从5元涨到30元，正确的操作应该是：见下页图6-22在5~10元处（图中A区域）建仓，在11~20元处（图中B区域）持股，在21~25元处（图中C区域）派发，在26~30元处（图中D区域）观望；而对于一般散户来说，则一般会在5~10元处

（图中A区域）观望，在11~20元处（图中B区域）少量跟进，在21~25元处（图中C区域）加仓介入，在26~30元处（图中D区域）纷纷抢入。尽管这个过程是假设的，但一般散户在多头陷阱中被套的心理过程却大都如此。

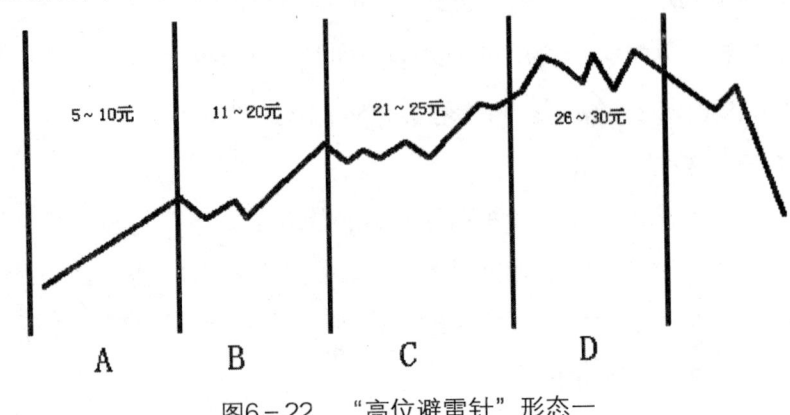

图6-22 "高位避雷针"形态一

1. 多头陷阱的特征。

多头陷阱有以下几个主要特征：

（1）股价前期涨幅较大，并创下阶段性高点，各项短期、中期、长期指标均出现背离或者头部现象；短期、中期、长期均线（日K线图中，主要指5日、10日、20日或30日均线）出现死叉。

（2）股价小幅下跌后未能经过有效调整就出现回升，但各项短期、中期、长期指标都未能修复好；均线系统局部虽得到修复，但均线系统整体向下趋势无实质性改变，长期均线走坏。

（3）升势迅猛，大盘或个股短线失地很快收复。

（4）股价回升时成交量不大，出现萎缩。这就是典型的多头陷阱特征。

（5）常借助利好消息，突破重要关口，日K线图上出现向上跳空缺口。

（6）技术指标在高位强势运行，严重超买。

（7）大盘或个股回调也较为迅猛，常以大阴线杀跌，投资者还未反应过来已深深地被套，标志着行情暂告一段落。中级调整开始，通常情况下需要半年左右时间。

庄家设置多头陷阱的先决条件就是必须要有获利空间。从这个意义上说，多头陷阱的出现并不仅仅是在股价处于高位时，如果庄家有获利空间，即使当股价下跌到低位，也一样会出现貌似反转、实为反弹的多头陷阱。因此，多头陷阱也可以分为两类：一种是股价构筑顶部时的多头陷阱，另一种是股价在下跌过程中形成的中继型多头陷阱。

2. 庄家如何设置多头陷阱。

庄家大多利用资金优势、信息优势和技术优势，通过技术处理手段操纵股价和股价走势的技术形态，使其在盘面中显现出明显做多的势态，诱使中小投资者得出股价将继续上升的结论并蜂拥买入。引诱投资者上当，以达到高位套牢跟风者，实现其盈利目的。

（1）利用技术关口布设的多头陷阱。

在大牛市的后期，庄家会在重要的技术关口布下多头陷阱，将追涨的多头一网打尽。因为在牛市之末，市场热情空前高涨，多头信心比较坚定。即使大盘面临重要技术关口，多头也会认为突破不成问题。这样，庄家就会制造假突破的陷阱，让多头跟进，而其则逢高派发，使跟风者全部掉入其设置的陷阱之中。

如图6-23为2007年10月至2008年年初的上证指数走势图。

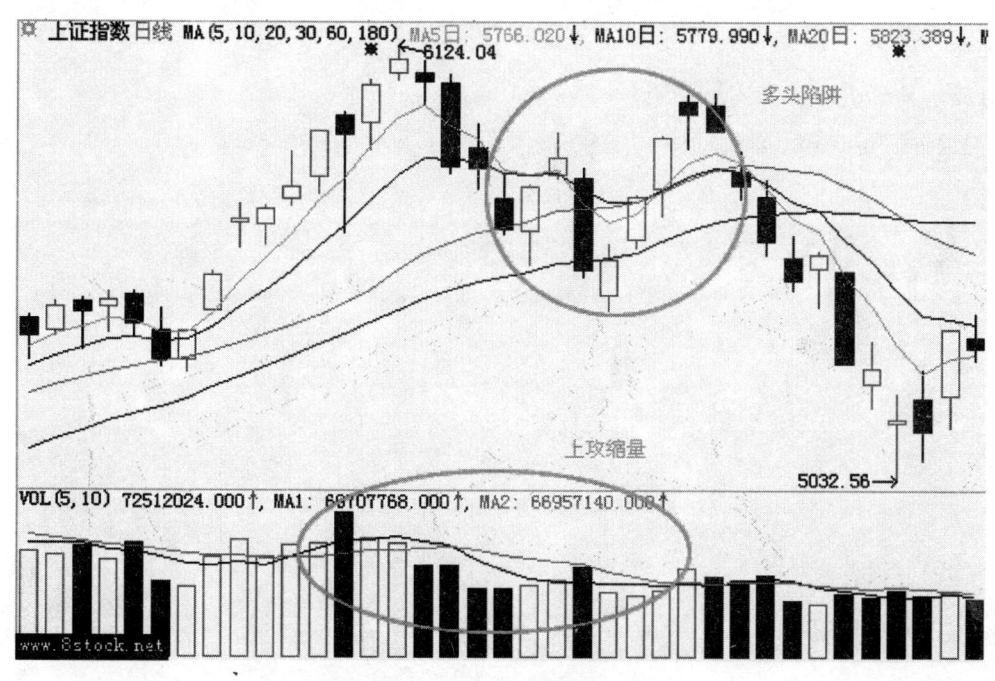

图6-23 "高位避雷针"形态二

2007年10月中旬，上证指数站上了6000点整数关，制造了一个假突破，当时市场上只有一种声音即"要上8000点"，市场人气倍增。而恰恰这时，机构开始悄然出货。跌破6000点后，机构再次制造多头陷阱，连续震荡，并于2007年10月31日对6000点形成反抽。在上攻途中，我们可以看到，成交量大幅萎缩，即使是2007年10月25日的上攻最大成交量也只有原来的2/3左右。

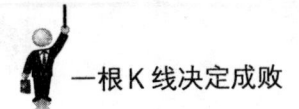

在6000点附近套住了大量的散户后,随后大盘开始漫漫熊途,跌跌不休,2008年年底跌到了1600点附近。

另外,在熊市之初,庄家常会利用重要点位设置多头陷阱。为了给市场人士造成跌不破的假象,庄家会在整数关口、箱体底部、回调位制造反弹,当多头大举杀入,庄家便会抛售,将关口砸破。

如2008年年初的一轮反弹行情。

在2007年12月11日重返5000点后,指数又迅速跌了回来。前期还有资金没来得及跑干净的大小庄家们,自然不会就此善罢甘休。2007年12月19日,上证指数大涨105点,第二天又大涨101点,收盘5043点,再次站上5000点大关。随后1个月时间内,大盘连续上攻,最高摸至5522点,市场欢声雀跃,认为大牛市又回来了。大小庄家们趁机将还余留在手中的筹码大幅拉高派发,这段时间的成交量呈显著放大。广大的散户们还以为是天上掉馅饼,哪里想得到这仅仅是一个大熊市的开始。最后散户手中的"馅饼"又成了一个大大的陷阱。

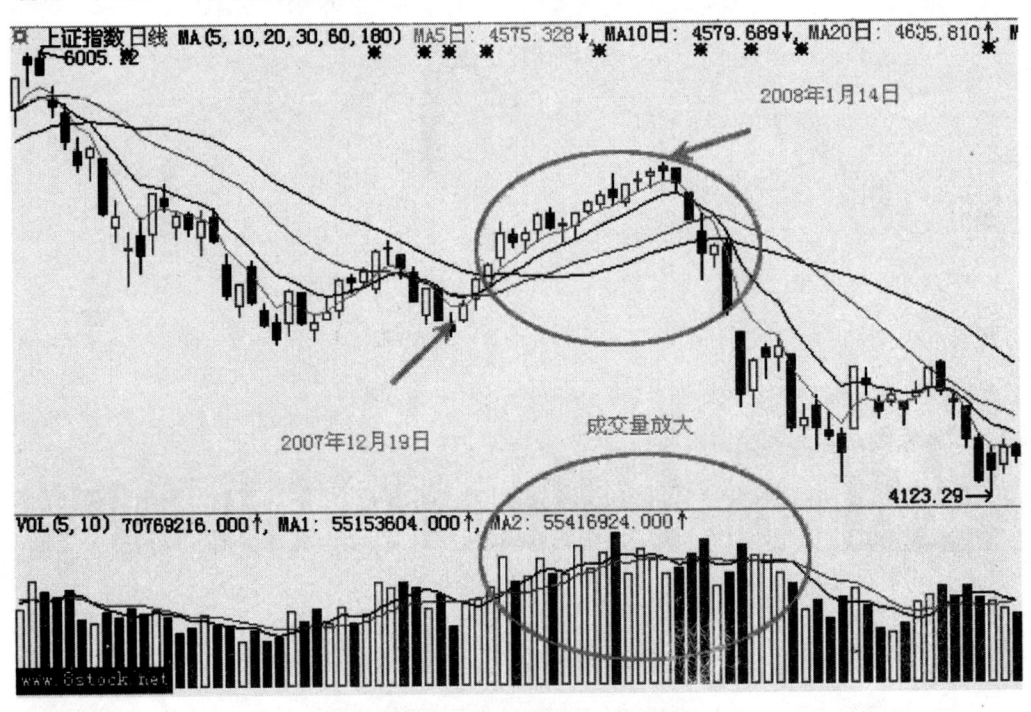

图6-24 "高位避雷针"形态三

下页图6-25是上证指数出现多头陷阱后的缩小走势图。

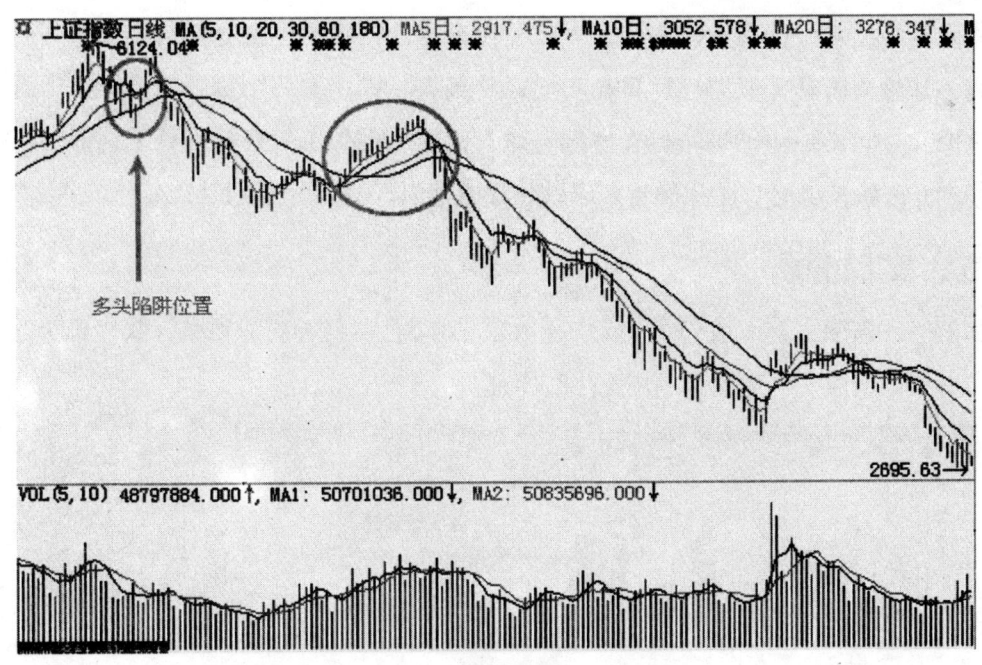

图6-25 "高位避雷针"形态四

（2）利用典型技术形态布设的多头陷阱。

一般来说，看多的典型技术形态有V形底、W底、头肩底、圆底、三重底等底部形态，以及上升三角形整理、上升矩形整理、上升旗形整理、上升楔形整理等上升趋势途中的调整形态。

一般庄家为了在高位派发，往往会借助于散户对各种看多形态（如W底、V底等）的迷信，制造陷阱。看似形成V形反转，不料却又下跌，似乎形成W底，之后却又在构造三重底，三重底之后又有形成大型圆底迹象，在颈线位制造假突破出货。经过精心设置，多头陷阱就大功告成了。

有时候，庄家也可能会利用一些具有看涨意义的典型K线形态来布设多头陷阱。

要识破这些多头陷阱，散户应结合股价所处的位置及成交量变化来综合研判，另外要准确掌握常见看涨形态的典型特征。

（3）利用波浪理论布设的多头陷阱。

庄家需要出货时，为了迷惑波浪理论的追随者，会把回调浪做得像上升浪里的一波小浪，当冲浪一族认为主升浪开始的时候，却发现已经到了峰顶，紧接着便是A浪回调。

（4）利用技术指标布设多头陷阱。

庄家利用技术指标设置多头陷阱时，往往有意让技术指标在底部钝化或让其产生底背离，让投资者认为股票已严重超卖而轻易买入。如庄家要出货，股价处于中高价位，庄家会让日K线的KD等指标在底部钝化，而周K线的KD等指标则处于顶部。在一些短线客介入抢反弹时，庄家便将筹码一一派给他们。

五、案例分析

如图6-26所示，西水股份（600291）在2008年5月14日冲高后回落，收出长长的上影线，全天巨量成交，为典型的庄家出货特征。

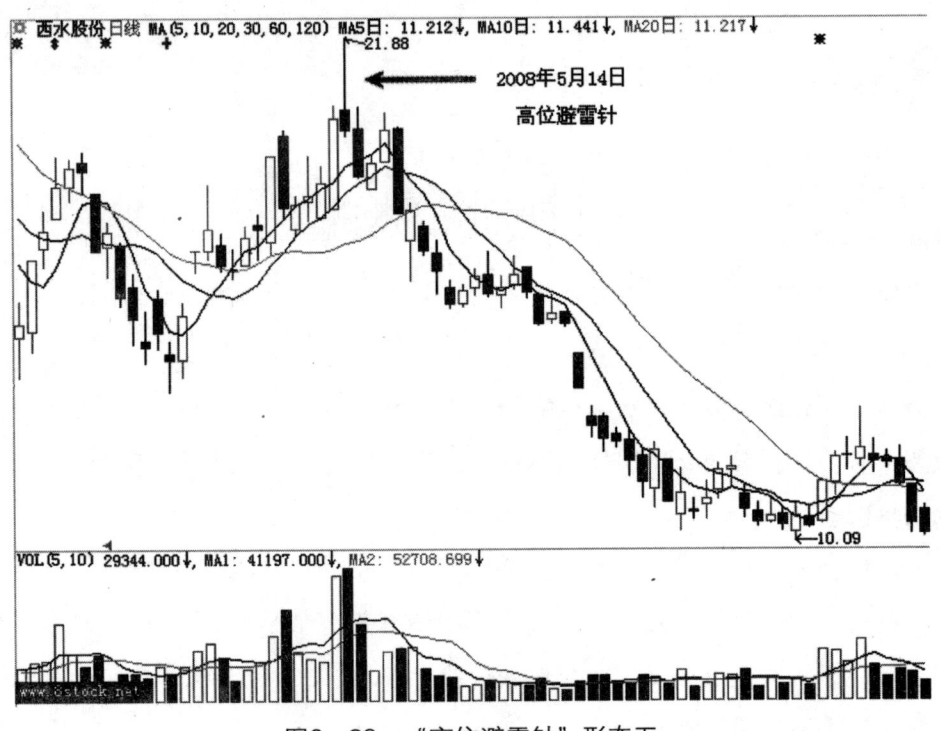

图6-26 "高位避雷针"形态五

后 继 无 力

一、图形识别

后继无力（如图6-27）K线组合形态是股价经过一段时间上涨后创出新高，但多方后继无力的形态，是一种见顶卖出的信号。其技术特征主要有以下几点。

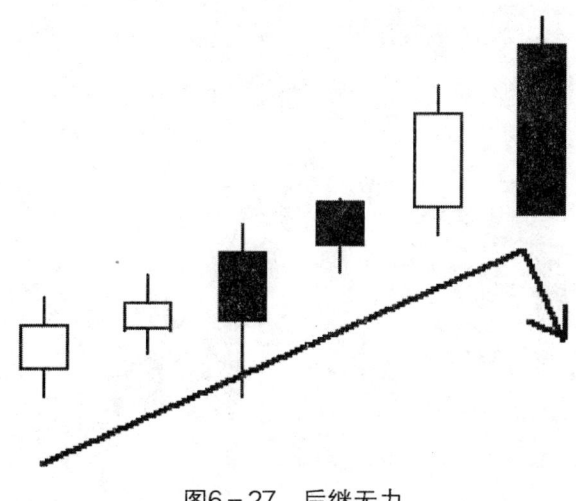

图6-27 后继无力

（1）股价持续上涨一段时间，创出最近3个月的新高。即最近五天的最高价必须是近3个月（一般是66个交易日）以来的最高价。

（2）出现光脚下跌K线，即收盘价等于全天最低价，当日的跌幅要超过3%。

（3）成交量要随着股价的下跌同步放大。

二、实战操作要点

后继无力K线组合出现，往往预示着股价失去上涨动力，即将展开快速下跌行情，往往会形成阶段性顶部，投资者应该结合其他形态进行分析，及时卖出。耐心等待该股止跌企稳之后，再择机买进。

该形态对刚上市的新股和ST股无效，因为新股交易的时间还不到3个月，不能满足K线的技术要求，而ST股容易暴涨暴跌，不能满足形态中的要求。

三、原理解析

后继无力K线组合形态是股价持续上涨一段时间后出现,个股或指数经过一段时间的上涨,创出新高,使得个股或大盘积聚了新的做空力量,从而引发下跌行情。此时累积的获利盘较多,下跌途中不宜盲目抢反弹,可耐心等待股价企稳。

四、案例分析

如图6-28所示,横店东磁(002056)在2007年大牛市走出了翻出数倍的行情,10月8日创出新高后,次日以光脚的长阴报收,显示多方后继无力,股价短线开始了大跌。

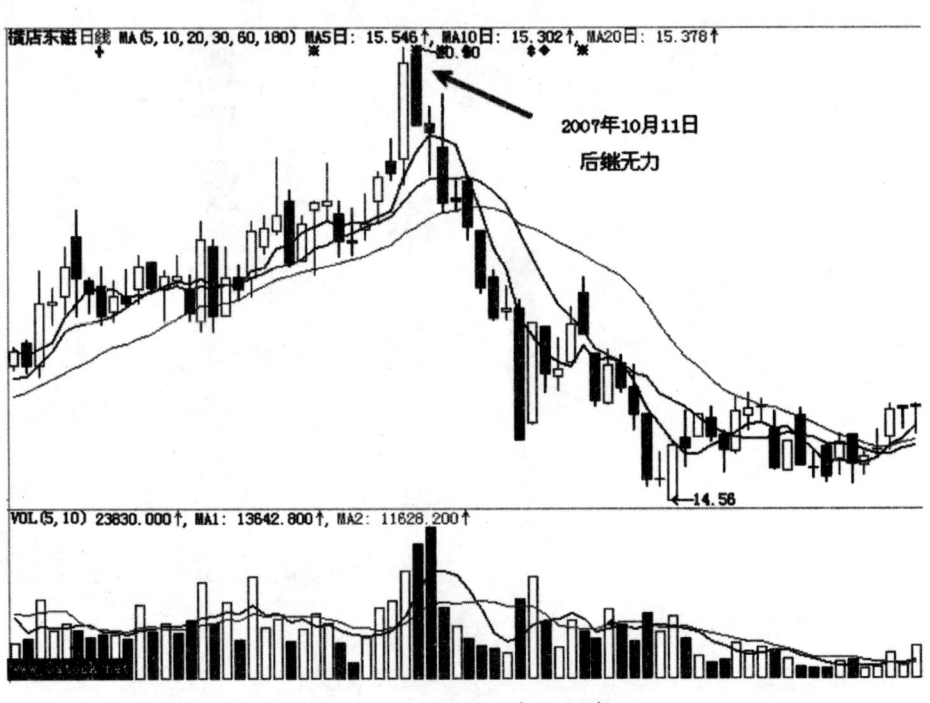

图6-28 "后继无力"形态一

节节败退

一、图形识别

节节败退（如图6-29）K线组合形态预示股价大势已去，开始了逐波下跌，为卖出信号。其技术特征主要有以下几点。

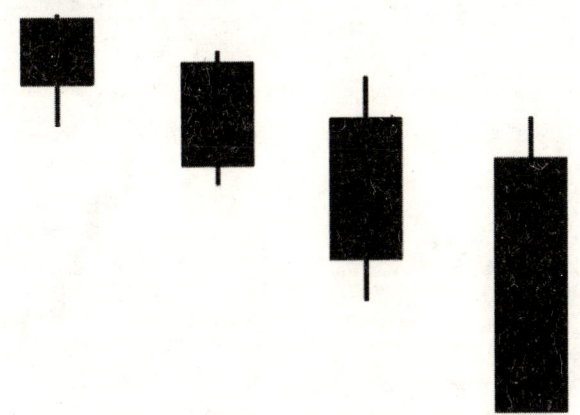

图6-29 节节败退

（1）前期有一定幅度的上涨。

（2）由4根及4根以上的阴线组成，连续4天以上的下跌，K线上有4根或4根以上的阴线。

（3）每一根阴线的收盘价都小于前一天的收盘价。

（4）每一根阴线的实体都大于前一根阴线的实体。

二、实战操作要点

实战中出现该类形态，意味着其原有的上升通道已经被打破，空方连拉数根阴线，说明上档压力十分沉重，使得股价下跌幅度越来越大，后市继续下跌的可能性很大，此时以出局观望为宜。可等待股价企稳后再行买入。

三、原理解析

在股价的不断下跌过程中，连收阴线，而阴线实体也越来越大，使得股价下跌幅度越来越大,表示下跌行情处于不断加速状态中,给人一种"兵败如山倒"的态势。说明空方掌握主动,股价有可能继续下行。

四、案例分析

如图6-30所示,海泰发展(600082)在2008年5月20日出现节节败退K线组合后,显示多方力量严重不足,开始走成了下降通道,后期跌幅巨大。

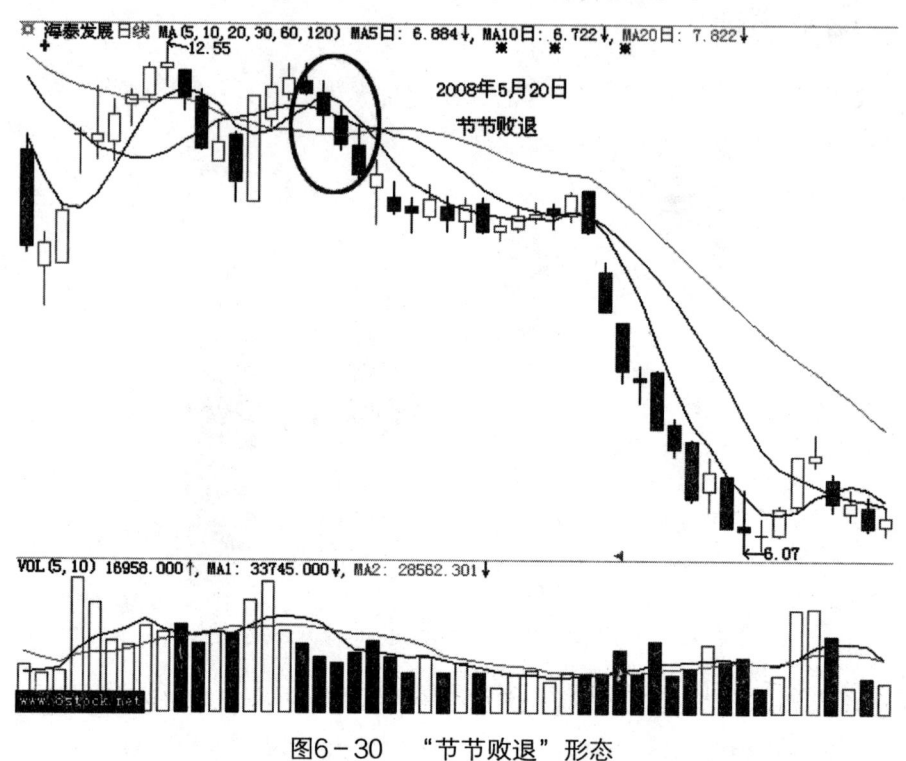

图6-30 "节节败退"形态

平　顶

一、图形识别

平顶（如图6-31）K线组合形态又称钳子顶或平顶线。当某根K线的最高价位（包括上影线在内），与后一根或几根邻近的K线最高价位相同时，就构成了平顶。其技术特征主要有以下几点。

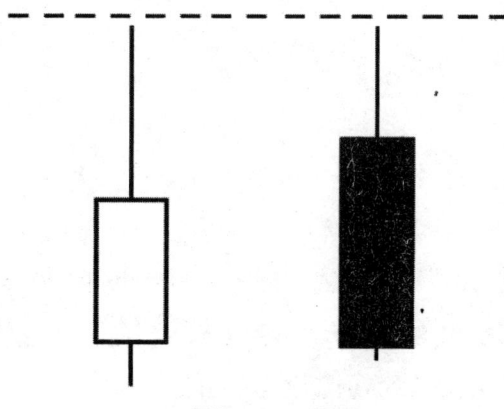

图6-31　平顶

（1）出现在上涨趋势中，近期波段涨幅要超过30%以上，越大越有效。

（2）由两根或两根以上的K线组成。

（3）每根K线的最高价处在同一水平位置。

在不少的理论专著中，并未对平顶K线组合形态的出现时机做过多的限制。依据笔者的实战经验，平顶形态只有出现在高位或波段顶部，才是可信的见顶信号。出现在其他位置不一定是卖出信号。是否处在高位的判断办法，可采用"抱线"来判断高低位置。

平顶形成于涨势市场中，是市场逆转信号，它预示股价见顶回落的可能性很大。平顶K线组合与平底K线组合在外观上刚好相反，在技术含义上也相反。平底K线组合是最低价相同，平顶K线组合是最高价相同。平顶组合意指出现同价的顶部，其后市转向下。平底意指出现同价的底部，预示后市出现反弹。

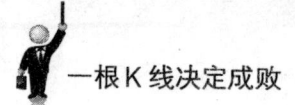

二、实战操作要点

实战中,处在高位出现的平顶形态是非常可信的见顶信号,一般下跌空间较大。平顶形态出现的频率很高,可在任何部位出现,但只有处在天顶和波段峰顶的平顶形态,才是可信的见顶信号,出现在其他部位没有意义。

操作中,需要注意以下几点。

(1)通常而言,假如构成平顶的K线距离太近,或者由连续两根K线组成,其效力可能减弱;相反,如果构成平顶的K线之间有一定距离,则重要性较为显著。

(2)平顶的最佳卖点就是形成平顶线的当日。

(3)平顶线的两条图线不分阴阳,前阴后阳,或前阳后阴,或前后均为同性质的图线,所显示的见顶信号没有差别。

(4)平顶形态一般为两条相连的图线组成,但在个别情况下,第一条线与第二条线之间相隔一两天也可算作平顶形态,只要相隔的两条图线的最高价均为同值就行。这种形态的平顶形态比两条相连的平顶线有效性更高、更可靠。因为这种形态的平顶K线组合形态,实际成为"双顶"图线。一般来说,双顶比平顶线的见顶信号更为强烈,后市股价下跌的可能性要比平顶线大得多。双顶我们在后面将有详细的阐述。

(5)平顶线可以连续出现,即第一组平顶线出现后,接着又出现另一组平顶线,第二组平顶线有时高于第一组,有时低于第一组,但不管高于还是低于,均是强烈的见顶信号。

三、原理解析

平顶形态简单地说,就是股价上升到高位后,出现了两条最高价同值的图线。当第一根K线的最高价确立后,后面的第二根或其他的K线的最高价与第一根K线的最高价相同,处于同一水平线上。这个现象的出现说明了市场上的多方力量每一次上攻到K线的最高价时就受阻回落,经两次或两次以上的攻击都无功而返。它同时反映出股价在这个阻力价位上的抛压很重,当多方力量经两次以上进攻都只能上攻至同一价位后,说明了多方力量经多次尝试都无法克服这个困难,没有办法取得胜利,经过两次以上的上攻已将多头力量慢慢消耗殆尽。与此同时,空方力量逐渐增强,最终出现空方力量打败多方力量,此时股价就由上涨转入下跌。

当股价经过在一段较短时间的拉升行情后,在高位出现这种平顶形态时,预示着股价的强势行情已经见顶,将开始一段比较迅猛的跌势行情。因此,一旦K线在高位出现平顶形态时,应果断并及时地卖出全部股票而短线暂时离场观望。平顶的另一种形态为,股价在中高位进行了一段时间的盘整后,K线出现三平顶翻绿形态,并且股价也几乎同时向下跌破中长期均线,这种平顶形态的出现意味着股价的一轮新的跌势即将开始,应及时清仓观望。

四、深度研究

平顶K线组合有多种变形的形态。

1. 与特殊K线组合。

平顶有时也可能和穿头破脚、吊颈线、射击之星等其他形态同时出现,即形成平顶的连续两根K线之中有十字星、吊锤等特殊K线。如果是这样,则股价下跌的可能性就更大,其转向的机会亦增加。如图6-32,为平顶与十字星K线组合的特殊形态。

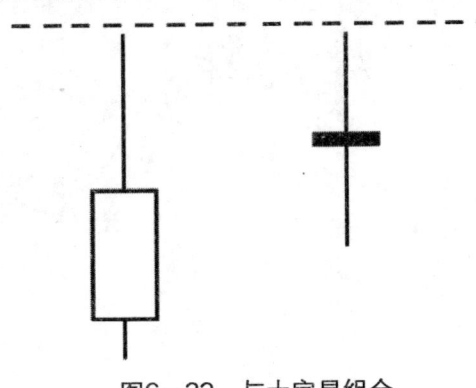

图6-32　与十字星组合

2. 带光头的平台。

该类型也有多种形态,如前一K线为上影线、后一K线为光头的平顶线。或两条K线均为上影线的平顶线,抑或两条K线均为光头的平顶线。此几类形态转势信号和实战意义相差不大。

3. 三平顶。

三平顶形态在多数的经典教程中都单独作为另一个形态进行分析,本书将三平顶与平顶放在一个章节探讨。

所谓三平顶形态是指股价经过一段比较短时间内的快速上升行情后,K线中出现了连续三个或以上、几乎处于同一水平位置的实体很长的K线形态。三平顶有两种形态:一种形态前提条件是股价短期涨幅已经相当大。其研判方法概括如下:当股价经过在一段较短时间内的拉升行情后,在高位出现这种三平顶的形态时,预示着股价的强势行情已经见顶,将开始一段比较迅猛的跌势行情。因此,一旦K线在高位出现三平顶形态时,应果断及时地短线卖出全部股票离场观望。三平顶的另一种形态是股价在中高位进行了一段时间的盘整,K线出现三平顶形态,并且股价也几乎同时向下跌破中长期均线,这种三平顶形态的出现意味着股价一轮新的跌势的开始,应及时清仓观望。

五、案例分析

如图6-33所示,中国国贸(600007)在2008年5月19日与20日两天的K线的上影线的最高价为同一价位,由于此时处在一个波段的顶部,为典型的平顶形态,此后该股一路下跌。

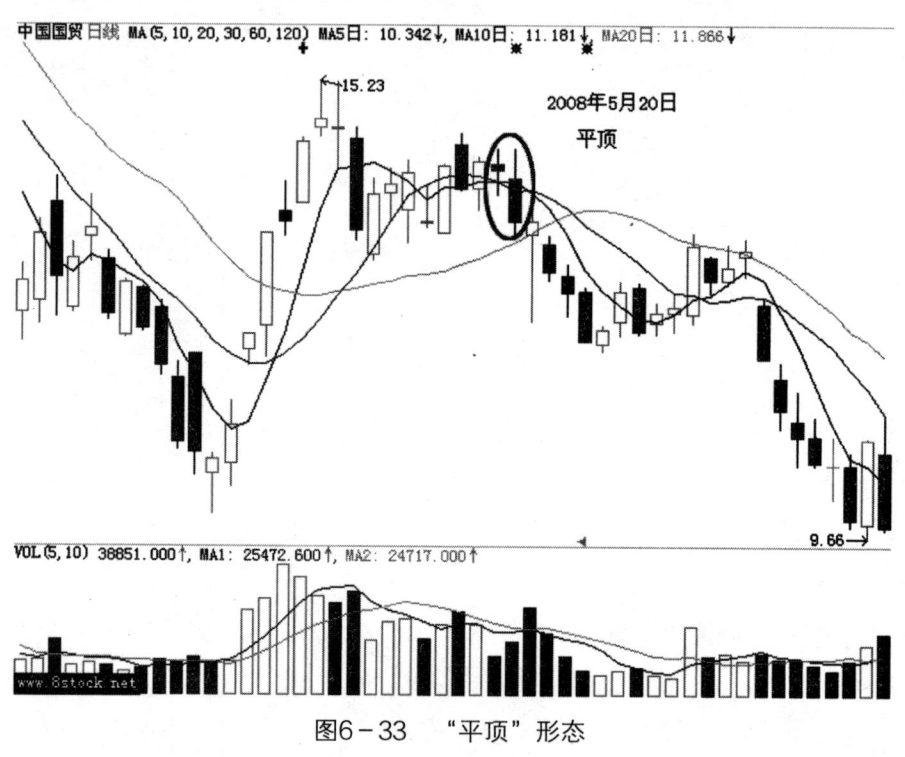

图6-33 "平顶"形态

黑云压城

一、图形识别

黑云压城（如图6-34）K线组合形态在高位阴阳交错，犹如高耸的城墙一般，而又以阴线为主，看上去一片乌黑，好像乌云压城，正所谓"黑云压城城欲摧"，比喻下跌趋势即将形成，其技术特征主要有以处几点。

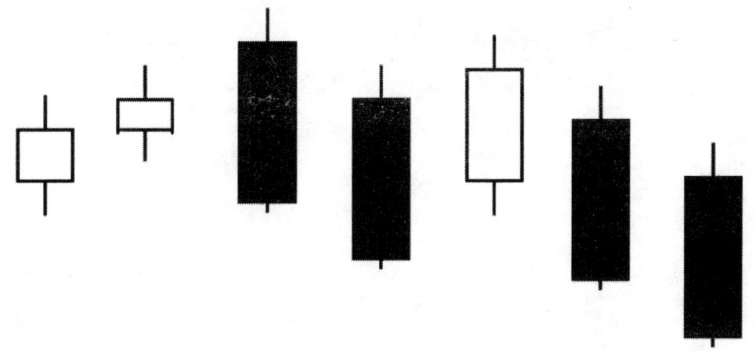

图6-34　黑云压城

（1）股价前期经过了长期的上涨。

（2）在高位连续出现两次滑行线组合。滑行线即1根阴线之后紧接着出现第二根阴线（中间也没有跳空缺口），股价在逐级向下滑落。

（3）两次滑行线期间仅发生过一次微弱反弹，夹杂着1根阳线。

这种K线组合形态是一种典型的见顶信号，预示股价在后期将会出现下跌走势。

二、实战操作要点

实战中，黑云压城K线组合出现的概率并不太高，一经出现，基本可判断此前的高价已是天价，股价已经上涨乏力，即将向下回落。投资者见到此类K线组合形态，应以出局观望为宜，股价很可能由此走向下降通道，其后跌幅绵绵，极具杀伤力。

三、原理解析

滑行线本身即为典型的弱势组合，因为两根阴线组合起来即是一根更大的阴线，

是弱之又弱的走势。表明空头正在向下打压，股价走势疲弱，呈现出底在底下的态势。意味着原来的上升通道已经被打破，加上多次连拉阴线，也说明上档的压力十分沉重，股价将回到下降通道。

四、案例分析

如图6-35所示，中牧股份（600195）在2008年2月初出现了黑云压城的形态，股价此时经过了2007年大牛市的上涨，处在高位，黑云压城显示空方力量开始增大，几根阴线将原有的上升趋势彻底破坏，这时投资者应该及时卖出。该股随后走出了将近1年的下跌行情。

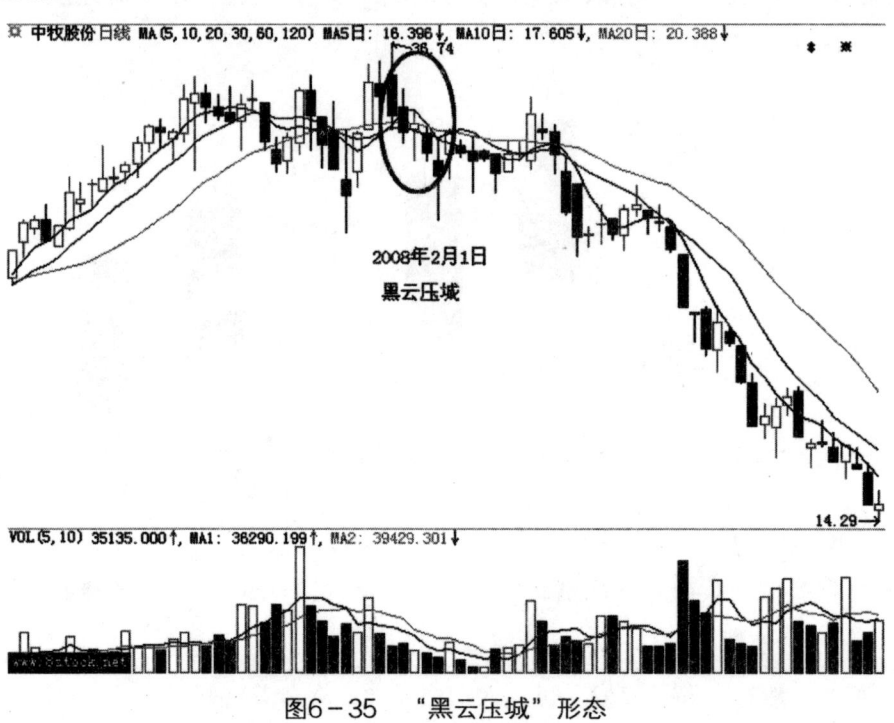

图6-35　"黑云压城"形态

双 顶

一、图形识别

双顶（如图6-36）K线组合形态是最为典型的头部形态之一，因为它很像英文字母M，所以又称为M头。该形态是庄家惯用的出货伎俩，是投资者必须掌握的形态。其技术特征主要有以下几点。

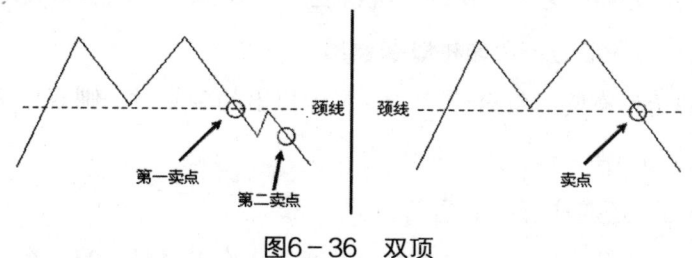

图6-36 双顶

（1）双顶具有两个显著的峰，其价格水平大致相同。

（2）股价第二次反弹上冲时的成交量比第一次上冲时的成交量要小。

（3）股价在第二次碰顶回落时股价需跌破前次回落的低位。

（4）双顶走势跌破颈线位后常有反抽，但反抽时成交量明显萎缩，受阻于颈线位以确认向下突破有效。

双顶突破颈线后有两种走势：一种是突破颈线后股价有一个回抽，这时就会出现明显的两个卖点，如图6-36的左图。另一种是突破颈线后一路直泻，这时只有一个明显的卖点出现，如图6-36的右图。

双顶在图形中是一个主要的转势信号。当价格在某时段内连续两次上升至相同高度时形成的价位走势图形。双顶的形态像两座山头相连，出现在价位的顶部，一旦双顶形成，股价下跌就成了定局。

二、实战操作要点

实战中，该形态出镜率非常高，庄家使用此形态出货屡试不爽。股票原计划目标价位已经达到，可偏偏回调后再次冲高，为的是诱骗一些人钻套，多甩掉些高位筹码。双顶是个顶部转势信号。双顶的使用方法与双底刚好相反，当股价在相对高位出现双顶，则说明股价将下跌，跌幅至少是双顶高点到项线的高度。所以，一旦股价在高位形成双顶，后市下跌的概率相当大，作为一个头脑清醒的投资者在双顶形成之后应果断清仓，卖出点可选择在破颈线的第一卖点处，或反抽时受阻于颈线的第二卖点处。实战中，具体操作要点有以下几点。

（1）假如第一个顶点出现后股价的跌幅较深（第一个顶点与下跌后的最低点相差达8%以上），其后股价再度上升到第一个顶点附近时，而当时的成交量与前期相比显著减少，这就要怀疑它有可能会构成双顶，此时应卖出一些股票，而不要等到双顶形成后才做空。

（2）假如第一个顶点出现后，股价跌到一个相当幅度时，我们突然发现第一个顶点的图形，似乎有构成圆顶的迹象，但这个圆顶尚未完成向下突破，在这个圆形形态中成交量呈现着不规则的变动，其后股价再度上升到第一个顶点附近时，我们也可暂时怀疑它将构成双顶的形态，考虑将股票卖出。

（3）如果股价形态同时符合（1）（2）中提出的条件时，则双顶构成的可能性加大，应采取断然的卖出措施。

在判别双顶时，还需注意以下几点。

（1）双顶的两个高点并不一定在同一高度上，许多时候，第二个头甚至会比第一个头更高一些。

（2）双顶不仅适用在个股日K线形态上，大盘和个股分时走势图同样非常常见，该形态作为第一手段被炒家发挥到极致。双顶在指数或个股分时图当中，也具备很强的测试意义，对于我们成功寻找买卖点，具有很好的实战意义。我们经常看到，分时图当中形成双底之后，股价一般都会急剧拉升，形成双顶后，股价一般会急速回落，这对于我们确定短线买卖点非常有帮助。

（3）双顶形成时，与双底相同。一些常用技术指标也会出现背驰现象，称为"顶背驰"。

（4）双顶最重要的特征是成交量变化也会与股价走势形成"背离"，两个顶部都有较大的成交量，但成交量在股价第二次上升时明显减少，显示市场的购买力在减弱。而下跌时反而增大，尤其是跌破颈线时。

（5）双顶形成的时间以1个月为好。

三、原理解析

双顶和双顶简单地说其原理就是源自波浪理论的精髓：越不过高点一跌，不破前低点一涨。双顶的形成过程是，股价的持续上升为市场的大批投资者带来了丰厚的利润，即市场积累的获利盘越来越多，压力到了一定程度，开始获利回吐，这种抛压令行情上升受阻，于是便出现第一次回落。当股价回落到某一水平时，吸引了短线抄底的投资者大批入场，另外较早前卖出的投资者在这个价位也开始回补，于是行情开始回升。随着市场分歧不断增大，对行情信心不足的投资者开始在上一次高点附近积极卖出，而在第一个低位超跌买进的短线客也开始在高点附近大肆卖出，巨大的抛压令股价无法上升越过上一次的高点。

股价在高点第二次受阻，买方力量已经显得后继无力，市场信心开始动摇，越来越多的投资者决定出货，使股价再次回落到颈线位置。双顶形态宣告形成。

四、案例分析

如图6-37为上证指数2007年牛市的6124点历史大顶。

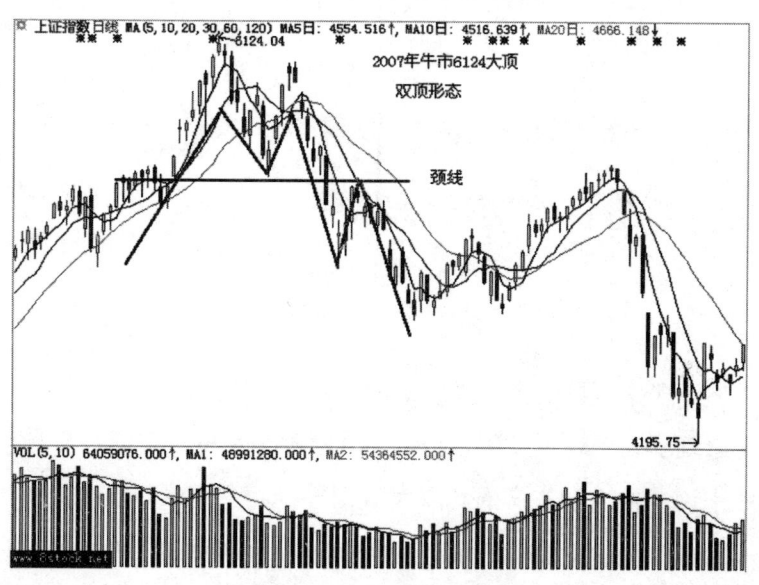

图6-37 "双顶"形态

上证指数在到达2007年11月16日最高点6124点后，快速回落，于11月1日再次冲高至6005点，这两次冲高，形成了一个标准的双顶形态，成为这一轮波澜壮阔、历史罕见的牛市的大顶！股价在跌破了颈线位10月26日低点5462点之后，展开了一波巨大的下跌，1年时间不到，在2008年10月，最低跌至了1664点。这是一个标志形态的双顶，但大部分投资者身在其中却浑然不知，许多所谓的"专家"甚至还在继续吹嘘要上8000点，当时《证券时报》就有一篇文章标题为《"双顶"会再变"双底"吗？》中有总结性的忽悠："……在上述因素支撑下，本次"暴跌"式调整后，牛市或将重扬牛蹄，'双顶'会再变'双底'"。这就是连双顶双底如何区分都没有分清楚的忽悠专家。

头 肩 顶

一、图形识别

头肩顶（如图6-38）K线组合形态，以左肩、头、右肩及颈线组成，曲线犹如人的两个肩膀扛一个头，是极为经典的反转形态，属升势逆转的见顶形态。头肩顶跟随上升市势而行，并发出市况逆转的信号。其技术特征主要有以下几点。

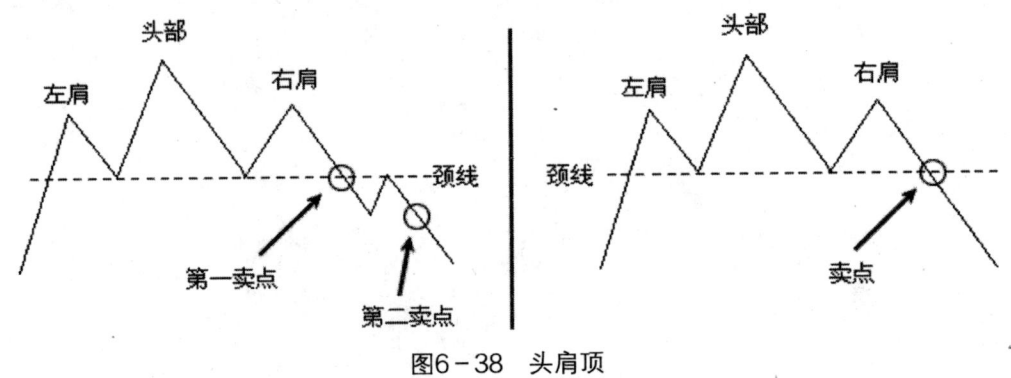

图6-38 头肩顶

（1）多发生于多头行情的末升段或是反弹行情的高点。

（2）股价出现了三个峰顶，这三个峰顶分别称为左肩、头部和右肩。

（3）一般来说，左肩和右肩的高点大致相等，而头部最高点比左肩、右肩最高点要高。注意一下，部分头肩顶的右肩较左肩为低。但如果右肩的高点较头部还要高，形态便不能成立。

（4）股价在上冲失败后向下回落时形成的两个低点又基本上处在同一水平线上。这同一水平线，就是通常说的颈线，当股价第三次上冲失败回落时，这根颈线就会被击破。于是头肩顶形态宣告成立。

（5）在头肩顶形态形成过程中，左肩的成交量最大，头部的成交量略小些，右肩的成交量最小。成交量呈递减现象，说明股价上升时追涨力量越来越弱。头肩顶形成与否，可从成交量上来研判，最明显的特征是右肩量最小。

头肩顶是一种见顶信号，一旦头肩顶正式形成，股价下跌几乎成定局。

二、实战操作要点

实战中,头肩顶是杀伤力很强的一种技术走势,是一个长期性趋势的转向形态,通常会在牛市的尽头出现。头肩顶完成的时间至少要四周以上,形成五次局部的反向运动,即至少应有三个高点和两个低点,完成后的跌幅至少维持三浪以上的下跌。为了避免头肩顶对投资者造成重大伤害,投资者应该认识到大势已定,止损离场是目前的最佳选择。在实战操作时要密切注意以下几个问题。

1. 成交量。

(1)成交量一般情况下,左肩最大,头部次之,右肩最少。根据笔者的实战统计,大约有1/3的头肩顶左肩成交量较头部多,1/3的成交量大致相等,其余的1/3是头部的成交量大于左肩的。

(2)上涨时要放量,下跌时量可放大,也可缩小,对头肩顶这种形态来说,先是用很小的量击破颈线,然后再放量下跌,甚至仍然维持较小的量往下滑落也是常有的事。投资者对此一定要有清醒的认识。

(3)当最近的一个高点的成交量比前一个高点低时,就暗示了头肩顶出现的可能性;当第三次回升股价无法上升至上次的高点时,成交量继续缩小时,有经验的投资者会把握好时机卖出。

2. 卖出点。

(1)当某一股价形成头肩顶雏形时,就要引起高度警惕,这时股价虽然还没有跌破顶线,但可先卖出手中的一些筹码,将仓位减轻,日后一旦发觉股价跌破颈线,就将手中剩余的股票全部卖出,退出观望。

(2)当头肩顶形态的颈线位击破时,就是一个真正的卖出信号,虽然价位和最高点比较,已回落了相当的幅度,但跌势只是刚刚开始,未出货的投资者应继续卖出。

(3)跌破颈线位3%时,形态即可确立。

3. 其他关注点。

(1)当颈线跌破后,我们可根据这形态的最少跌幅量度方法预测股价会跌至哪一水平。这个量度的方法是——从头部的最高点画一条垂直线到颈线,然后在完成右肩突破颈线的一点开始,向下量出同样的长度,由此量出的价格就是该股将下跌的最小幅度。参见图6-39。

(2)头肩顶对多方杀伤力度大小,与其形成时间长短呈正比。因此,投资者不只关心日K线图，对周K线图、月K线图出现的头肩顶更要高度重视。如果周K线图、月K线图形成头肩顶走势，说明该股中长期走势已经转弱，股价将会出现一个较长时间的跌势。

（3）假如股价最后在颈线水平回升，且高于头部，抑或是股价于跌破颈线后回升并高于颈线，这可能是一个失败的头肩顶，不宜信赖。

（4）头肩顶末期的指标超卖信号大多是多头陷阱。由于头肩顶发展到右肩或向下破位时，整个头部区域将变成较大的整理区，因此KDJ、RSI等指标往往在弱势区内运行，这时不要迷恋指标，因为股价略有回抽，指标就能被修复，从而为进一步暴跌腾出较大的空间。参见图6-40中在回抽颈线时的短暂反弹就修复了超卖的KDJ。

三、原理解析

头肩顶是一个不容忽视的技术性走势，我们这里从多空双方的激烈争夺来分析该形态的形成过程。

上涨初期，看好的力量不断推动股价上升，市场投资情绪高涨，出现大量成交。经过一次短期的回落调整后，那些错过上次升势的投资者在调整期间买入，股价继续上升，且攀越过上次的高点。表面看来市场仍然健康和乐观，但成交已大不如前，反映出买方的力量在减弱中。那些对前景没有信心和错过了在上次高点获利回吐的投资者，或是在回落低点买进作短线投机的投资者纷纷沽出，于是股价再次回落。

第三次的上升，为那些后知后觉且错过上次上升机会的投资者提供了机会，但股价无力越过上次的高点，而成交量进一步下降时，可以肯定过去看好的乐观情绪已完全扭转过来。未来的市场将是疲弱无力，一次大幅的下跌即将来临，过去的长期性趋势已扭转过来。

四、深度研究

（一）头肩顶的特殊形态研讨

头肩顶的特殊形态在传统技术理论中未作提及，一般可包括以下几种。

（1）左右两肩的高度不一定等高，颈线亦不一定是水平。如果其颈线向下倾斜，显示市场疲弱无力。

（2）左右肩的数目不一定只有一个，也不一定会呈现对称数目，这种头肩顶可称为复合式头肩顶，如下页图6-39即是复合式头肩顶。

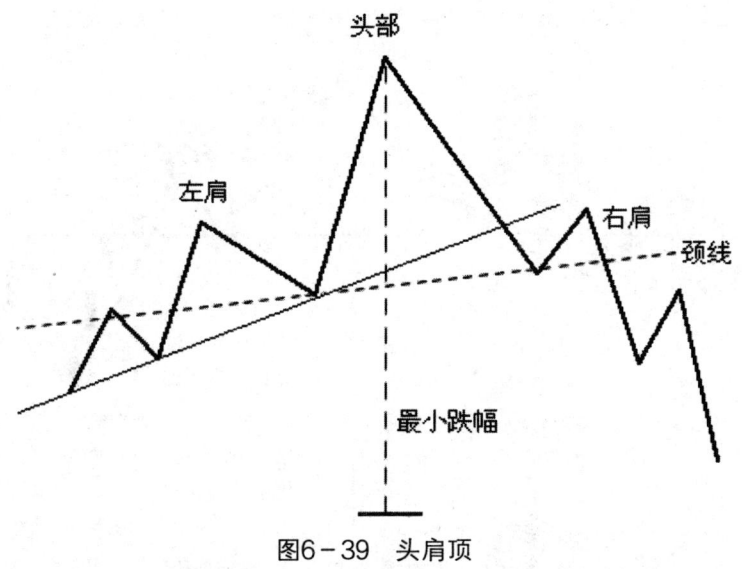

图6-39 头肩顶

（二）头肩底与头肩顶的形态研讨

（1）头肩顶和头肩底的形状差不多，主要的区别在于成交量。

（2）当头肩底颈线突破时，是一个真正的买入信号，虽然股价和最低点比较，已有一段升幅，但升势只是刚刚开始，表示买入的投资者应该继续追入。其最少升幅的量度方法是从头部的最低点画一条垂直线相交于颈线，然后在右肩突破颈线的一点开始，向上量度出同样的高度，所量出的价格就是该股将会上升的最小幅度。

另外，当颈线阻力突破时，必须要有成交量剧增的配合，否则这可能是一个错误的突破。不过，如果在突破后成交逐渐增加，形态也可确认。

（3）一般来说，头肩底形态较为平坦，因此需要较长的时间来完成。

（4）在升破颈线后可能会出现暂时性的回抽，但回抽不应低于颈线。如果回抽低于颈线，抑或是股价在颈线水平回落，无法突破颈线阻力，而且还下跌并低于头部，这可能是一个失败的头肩底形态。

（5）头肩底是极具预测威力的形态之一，一旦获得确认，升幅大多会多于其最少升幅的。

五、案例分析

如下页图6-40为TCL集团（000100）的走势图。

这是一个标准的头肩顶形态。该股在2007年8月间带量上行，价格推动出第一个明显的波峰点。随后，在成交量的逐步萎缩之下，价格回落，在较高的成交量配合下，

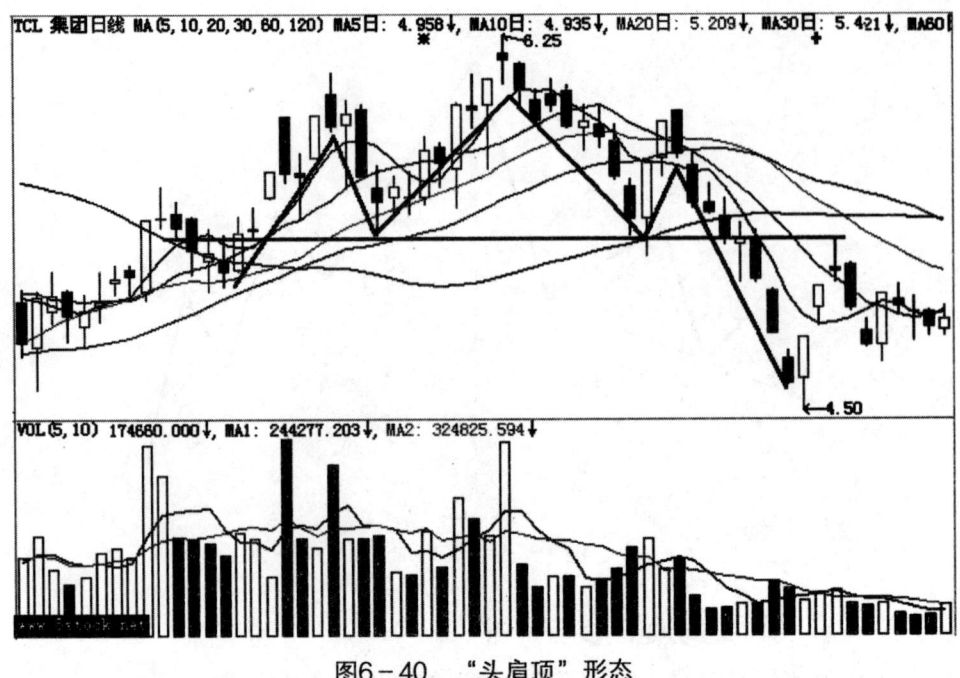

图6-40 "头肩顶"形态

价格又创出新高,形成了头部。从头部回落到颈线,成交量随之萎缩。随后上行,却无力冲击头部高位,形成右肩。成交量在验证这个头肩顶时的表现也相当完美。

圆 弧 顶

一、图形识别

圆弧顶（如图6-41）K线组合形态是指股价或股指呈现出圆弧形状，当股价到达高点之后，涨势趋缓，随后逐渐下滑。圆弧顶形态代表着趋势很平缓的、逐渐的变化。其技术特征主要有以下几点。

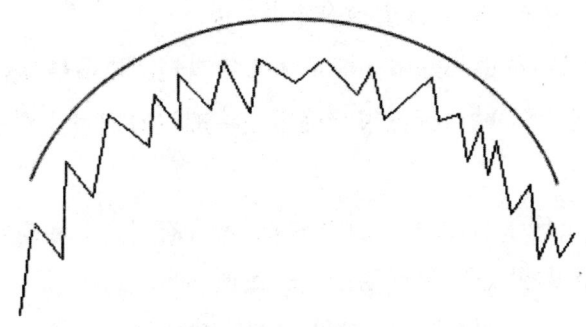

图6-41 圆弧顶

股价在到达圆弧顶的顶点之前，股价呈弧形上升，虽不断创出新高，但上升势头已经放慢，直至处于停滞状态，每一个高点上升不了多少就回落，不断创出新高。随后涨升到顶点附近时卖压加大，高点走平，出现盘局，最后是每波回升点都略低于前点，把这些短期高点连接起来，就形成了圆弧顶。成交量逐级减少，表明追涨乏力，当突破颈线时，技术派会止损出局，成交量会稍有放大，成交量的变化也会有一个圆弧状。

圆弧顶整个形态的完成耗时较长，常与其他形态复合一起出现，市场在经过初期买方力量略强于卖方力量的进二退一式的波段涨升后，买力减弱，而卖方力量却不断加强。中期时，多空双方力量均衡，此时股价波幅很小。后期卖方力量超过买方，股价回落，当向下突破颈线时，就出现快速下跌。有时当圆弧头部形成后，股价并不马上下跌，只反复横向发展形成徘徊区域，这徘徊区称作碗柄。一般来说，这碗柄很快便会突破，股价继续朝着预期中的下跌趋势发展。

圆弧顶是见顶图形，预示后市即将下跌。

二、实战操作要点

实战中，标准的圆弧顶形态比较少见，个股若出现圆弧顶，很可能是庄家温水煮青蛙式的出货。

（1）成交量。在顶部成交量随着市场的逐步转向而收缩，最后，当新的价格方向占据主动时，又相应地逐步增加。圆顶形成时，成交量也可呈圆顶状。但多数情况下，圆顶的成交量无固定特征，一般呈逐级递减。在股价开始上升时成交量增加，升至顶部时显著减少；在股价下滑时，成交量又开始逐渐放大，有时也会出现巨大而不规则的成交量，有时也会呈圆顶形状或V形。

（2）圆弧顶是个顶部转势信号，它形成的时间越长，下跌力度就越大。持股者如在圆顶形成时不卖出股票，将会深度被套牢。

（3）圆弧顶突破后的最小跌幅一般是圆弧颈线到圆弧顶最高点之间的垂直距离。

（4）圆弧顶的理论下跌目标位很难确定，一般只有通过支撑位、百分比和黄金分割等方法来预测。

（5）圆弧顶多出现于绩优股中，由于持股者心态稳定，多空双方力量很难出现急剧变化，主力在高位慢慢派发，K线易形成圆弧顶。

（6）在形态形成的初期市场中往往弥漫着极度乐观的气氛。

操作中，需要注意以下几点。

（1）由于圆弧顶形态耗时较长，没有像其他图形一样有着明显的卖出点，但其有足够的时间让投资者依照趋势线、重要均线系统及其他指标在形成之前及早退出。

（2）圆弧顶卖出点可选择在下跌速度开始加快或圆顶形状已初步构成时。一般来说，当投资者发现某股股价先是放巨量快速上扬，之后上涨的速度开始缓慢，此时就应密切关注其走势的发展，想到是否会形成圆顶，并逐渐抛出股票控制仓位，当股价出现下跌，且下跌速度越来越快，且形成圆顶后，千万不能犹豫不决，要果断停损退出，另觅投资良机。

（3）在圆弧底末期，股价跌到一定程度时，会引起持股者恐慌，使跌幅加剧，出现跳空缺口或大阴线，此时是一个强烈的出货信号，应果断离场。

（4）圆弧顶成交量多呈现不规则状，一旦圆顶右侧量小于左侧量非常明显时，圆弧顶形成的概率就高。随时关注，当感觉有风险时，可考虑提前卖出。

三、原理解析

圆弧顶反转形态不同于头肩形、W形、V形反转形态那样剧烈，它是市场渐进渐变的结果，圆弧顶反转是由上而下进行的，呈现出一种圆弧形的走势。

圆弧顶的形成原理如下：

（1）经过一段买方力量强于卖方力量的升势之后，买方趋弱或仅能维持原来的购买力量，使涨势缓和，而卖方力量却不断加强，最后双方力量均衡，此时股价会保持没有下跌的静止状态。

（2）如果卖方力量超过买方力量，股价开始回落，开始只是慢慢改变趋势，跌势并不明显，但后期则由卖方完全控制市场，跌势便开始转急，说明一个大跌趋势将来临，未来下跌之势将转急变大。

（3）在多空双方拉锯形成圆弧顶期间，影响股价的经济、政治、市场人气、突发消息等各种因素均没有发生，市场只是物极必反的转势心理占据了主导地位。

四、深度研究

圆弧顶与圆弧底也是两种极具威力的反转形态，投资者及市场分析人士应相当重视对这种圆形图形的研判。

在头肩型反转形态中，我们可以发现股价起伏波动较大，表现出供求双方的力量角斗，并最终突破颈线完成形态。而在圆弧顶及圆形底弧态中，市场供求双方势均力敌，使股价维持一段时间的盘局，最终挣脱僵局出现向上或向下的反转行情。

圆弧底形态中，股价在多空争夺下一路缓慢下跌并持续一段时间，大部分欲抛售的卖方筹码已不多，此时由于股价低廉，便不断引进买盘使股价上升，形成了较典型的碗形或碟形股价走势。

圆弧底的成交量曲线，也对应于圆形底的走势，即在底中成交量最小，在股价上升力量形成后，成交量会有大幅增加。这种形态一般意味着一个巨大的升势即将开始，投资者可在成交量放大时买进。

圆弧顶的情况与圆弧底相反。股价先是上涨，上涨到某一水平位置出现盘局，在一段时间内维持一定的高价。

圆弧顶的成交量曲线是：在股价上涨时，成交量相应增加，但接近圆顶部位时，成交量出现萎缩，待卖方力量日益明显地占据上风时，成交量放大，跌势形成。

圆弧反转在股价的顶部和底部均会出现，其形态相似，意义相反。

五、案例分析

如图6-42所示，ST百花（600721）从2008年7月中旬开始，股价不断上升，随后一根K线的高点高于前1根K线高点，缓慢上升。持续一段时间后，7月底至8月初，横向反复徘徊在高位区域，8月7日，以1根长阴突然向下突破徘徊区颈线位，随后低点不断下移，呈下跌趋势，圆弧顶得以确认。

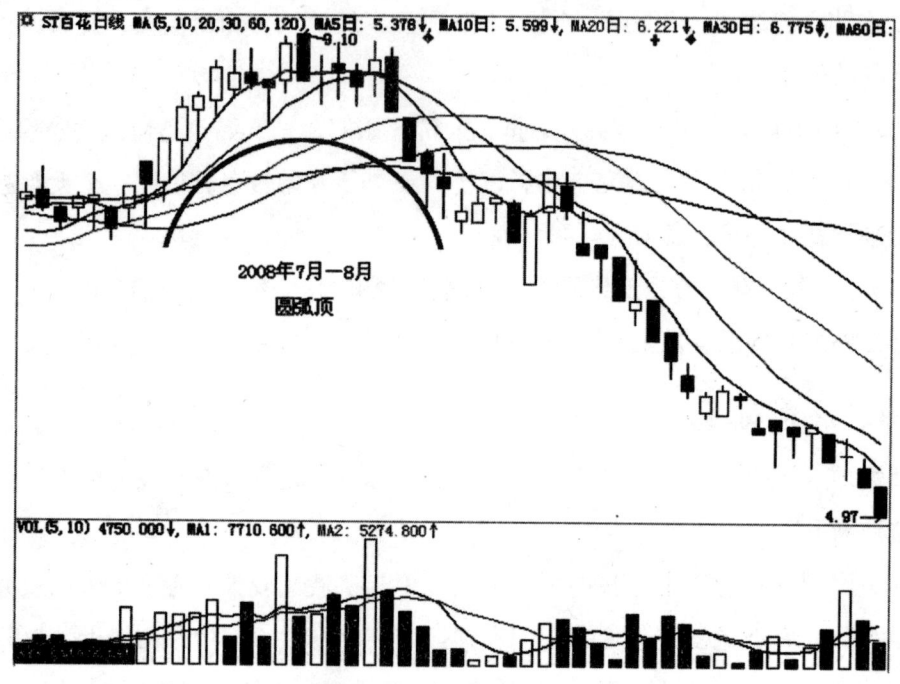

图6-42　"圆弧顶"形态

第 7 章

整理形态K线组合

　　整理K线组合形态的出现，表示股价出现滞涨，空方力量开始强于多方力量，上涨已经遇到强大阻力，短期内走势将会转弱，操作上谨慎做空，伺机卖出。

下降三部曲

一、图形识别

下降三部曲（如图7-1）K线组合形态又叫降势三鹤，由5根K线组成。第一根是长阴，紧接着3根为短小的阳体，第五根又是长阴。卖出信号，后市看跌。其技术特征主要有以下几点。

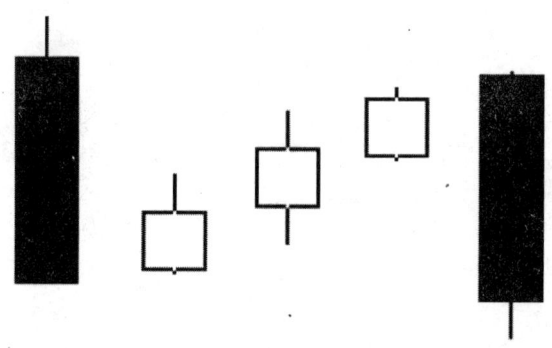

图7-1 下降三部曲

（1）出现在下降趋势中，由5根大小不等的K线组成。

（2）先出现1根大阴线或中阴线。

（3）接着出现3根向上爬升的小阳线，但这3根小阳线都没有冲破第一根阳线的开盘价，最后1根大阴线或中阴线又一下子全部或大部分吞吃了前面的3根小阳线。

二、实战操作要点

实战中，下降三部曲的出现多为庄家设置的多头陷阱。下降三部曲形态常发生在庄家派发股票的初期和中期。在下降途中出现阳线，一些投资者会误认为是另一轮行情的开始，而实际上是庄家拉高出货。这时买进股票的人，都掉进了庄家的多头陷阱。在长阴后面出现红三兵，往往是下降途中派发和换手所致。3根阳线是庄家拉高出货，投资者千万不能盲目跟进，此时的阳线只是庄家构建的多头陷阱上的诱饵而已。

操作中，下降三部曲组合线形的上影线越长，空头气氛越浓，实体越长，空头越强。

与前面章节中的"上升三部曲"相比较，下降三部曲处在股价的下降通道中，而上升三部曲则处在股价的上升通道中。笔者的"曹氏八线理论"中，特别强调一点，即在股价处于下降通道中不要买进股票，在股价上升通道中不要卖出股票。这是曹氏理论的精髓之一，熟记了这一点，投资者就不会掉进上升三部曲或下降三部曲的多头陷阱之中。

三、原理解析

下降三部曲的形成过程是，股价下跌时出现了1根实体较长的阴线，这是空方力量发起强而有力的攻击。接着多方力量连续反击，拉出3根向上走的实体较小的阳线，但最后一根阳线的收盘价仍比前1根长阴线的开盘价要低，这个现象说明了空方力量仍然强于多方力量，这就是"三阳不吞一阴"，空方仍然稳操胜券的结果。在收出3根小阳K线后接着收出1根中阴K线或大阴K线，该根中阴或大阴K线将前面的3根小阳K线吞没，形成"一阴吞三阳"。下降三部曲的出现，表明多方虽然想作反抗，但最终在空方的打击下显得不堪一击。这表明股价还会进一步向下滑落。因此，投资者见此K线图形后应顺势而为，减持手中的仓位。

四、深度研究

下面将对下降三部曲中的两类特殊形态进行研判。

1. 大阴下跌小幅上涨型。

第一根阴K线是大阴K线，它的出现说明了空方力量达到了最大级别的向下攻击，而3根小阳K线的上涨幅度窄小，说明了做多能量衰弱。最后1根阴K线再次收出大阴K线，它的出现说明了空头能量的继续强劲出击。所以此类型的下降三部曲K线组合是空头强势型组合。

2. 中阴下跌大幅上涨型。

第一根阴K线是中阴K线，它的出现说明了空头力量以中等级别的能量向下攻击，而3根小阳K线的上涨幅度较大，几乎要超越第一根中阴K线的开盘价。最后1根阴K线为中阴K线，它的出现说明了市场上的空头力量以中等级别的做空能量朝下进攻。所以此类型的下降三部曲K线组合是空头弱势型组合。

五、案例分析

如下页图7-2所示，永生数据（600613）在2008年8月5日收出1根中阴线后，随后

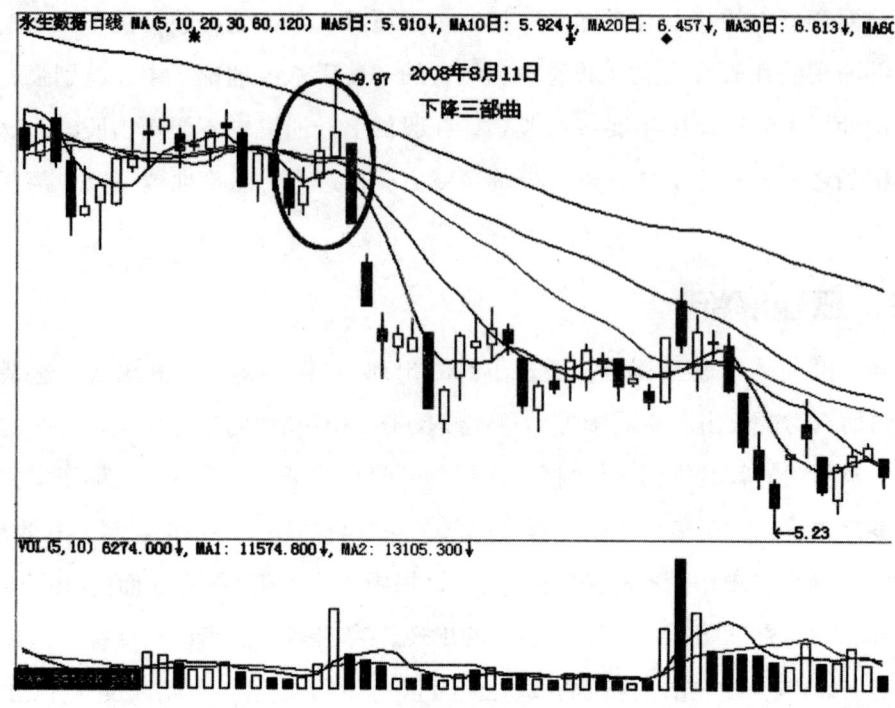

图7-2 "下降三部曲"形态

收出红三兵,但我们看一下8月8日这天的K线,最高价冲至9.97元(还权价格),收出长长的上影线,放出成交巨量,全天换手7.72%,整幅9.37%,是极为明显的庄家拉高出货形态。随后的一个交易日,该股收出了长阴下跌,形成下降三部曲,进一步确定了跌势。

高位五连阴

一、图形识别

高位五连阴（如图7-3）K线组合形态是指在高价区连续出现5根或5根以上的小阴线，是高位滞涨，股价即将下行的信号。其技术特征主要有以下几点。

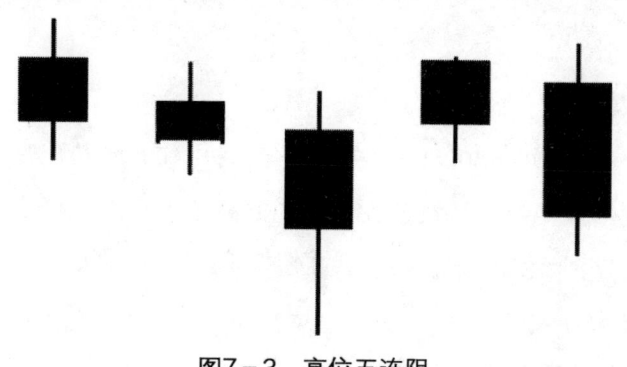

图7-3 高位五连阴

（1）出现在股价连续上涨后的高位区。

（2）连续5天的K线都是阴线。

（3）每天的K线实体跌幅都不超过3%。

二、实战操作要点

高位五连阴K线组合形态在不同股价区域出现，代表着不同的含义。高位五连阴K线组合形态一般出现在高价区和中价区，该形态如果出现在长期上升后的高价区域，是一个重要的卖出信号。如果出现在中价区域，表示股价仍然有下跌趋势，投资者不能轻易介入抢反弹。但当股价位于低价区并严重超跌的时候，不宜应用这种K线，这点必须注意。

实战应用中注意以下几点。

（1）该形态出现在高价区：在经历长期上涨之后，连续收出小阴线，意味着股价即将见顶，空方正逐步积蓄能量准备释放。该信号出现后，未来股价就有机会走出深幅下跌行情。

（2）该形态出现在中价区：股价在下跌到一定程度后，如果连续出现小阴线，通常预示着该位置仍然属于下跌中继形态，后市行情仍然会进一步走弱。

（3）日K线至少需要5天以上收出小阴线，若能达到5天以上连续出现小阴线，则见顶信号更为强烈。

（4）每日的收盘价若接近当日的最低价，效果更佳。

三、原理解析

股价经过一段时间的上涨后，在高位连续收出小阴线，说明该股的抛压严重，出现高位滞涨，卖盘做空力量强劲，顶部即将形成，空方蓄积的能量即将爆发，后市下跌的可能性极大。

四、案例分析

如图7-4所示，王府井（600859）在2008年5月中旬，走势出现高位滞涨，连续收出多根小阴线，同期成交量也持续放大，是庄家高位出货的特征之一。出现高位五连阴后，股价从最高47.89元（还权价格），在短短不到半年时间，至2008年11月7日，最低跌至14.79元，跌幅巨大。

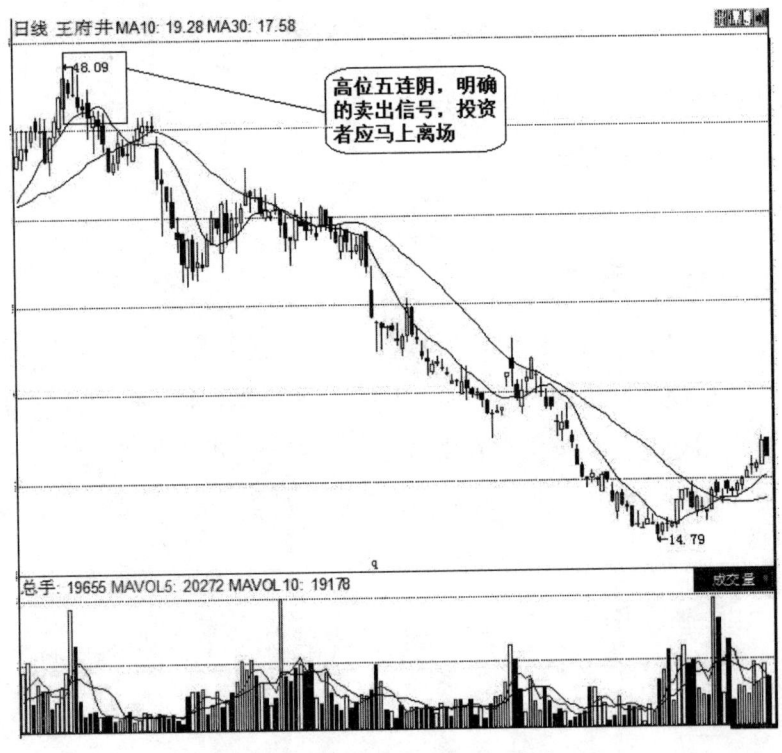

图7-4 "高位五连阴"形态

连续十字星

一、图形识别

连续十字星（如图7-5）K线组合形态是指大盘或个股出现连续两次或两次以上的十字星走势。该形态的技术特征较为简单，也较易识别。根据连续十字星的次数多少和排列状况的不同，可以分出很多种类型，通常较有实际意义的是二连星和三连星。

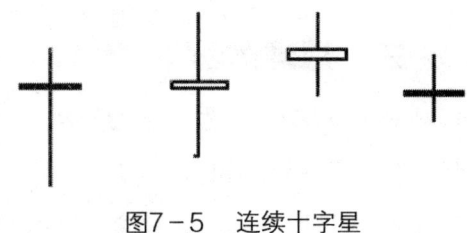

图7-5　连续十字星

二、实战操作要点

十字星的形态很多，比如前面章节提到的"黄昏之星"与"早晨之星"。而连续十字星是所有十字星中最为复杂，走势最不确定，研判最困难的一类十字星走势。实战中，连续十字星通常在个股中出现的次数较多，在大盘指数中出现的概率较小。从统计结果来看，在熊市中大盘走出连续十字星后出现下跌的概率非常大。

在分析连续十字星时，需要参考五方面的因素。

1. 市场环境因素。

一般在市场环境趋暖的情况下，连续十字星会支撑股指上涨，但在市场环境恶劣的情况下，连续十字星会对股指的上涨构成阻力。

2. 行情趋势因素。

股指快速直线上涨途中出现的连续十字星不会对大盘走势构成威胁，十字星会形成上升中继形态；如果股指处于直线跳水式的下跌途中，连续十字星则往往无法遏止大盘的跌势，这时的十字星会形成下跌中继形态。

3. 市场筹码分布因素。

当市场中获利筹码较多时，连续十字星反映出持股的投资者已经对后市行情产生犹豫心理，这时稍有风吹草动，投资者会立即选择卖出。而当市场中获利筹码极为稀少时，连续十字星反映出持股投资者惜售心态严重，这时市场已经缺乏进一步下跌的动力。

4. 位置因素。

行情委靡不振时期，股市处于缩量温和盘整阶段时出现连续十字星，一般容易形成底部。而行情处于大涨之后的徘徊整理阶段时出现连续十字星则很容易构筑阶段性顶部形态。

5. 各个十字星的排列组合因素。

连续十字星是以上涨的组合展现的，表明市场趋势仍然向好；如果连续十字星是以下跌的组合出现的，表明市场趋势正在转弱。

三、原理解析

十字星为转势信号，往往预示着市场到了一个转折点。一般来说，十字星越长信号越强，而小十字星和小阴小阳含义相同，一般为洗盘调整特征。连续十字星则意味着多空双方僵持时间已经很久，绷紧的弦就要断裂。均衡即将被打破，迅猛的变盘就在眼前。

对于十字星的出现，投资者需密切关注，及时调整操盘的策略，做好应变的准备。

四、案例分析

如图7-6所示，上证指数K线走势图。上证指数在2008年8月12日至15日，连续出现数根十字星或类十字星，此时的大盘处在疯熊的下跌途中，根据我们前面的操作要点中的分析，我们不难得出此时的连续十字星为下跌中继，不宜入场。

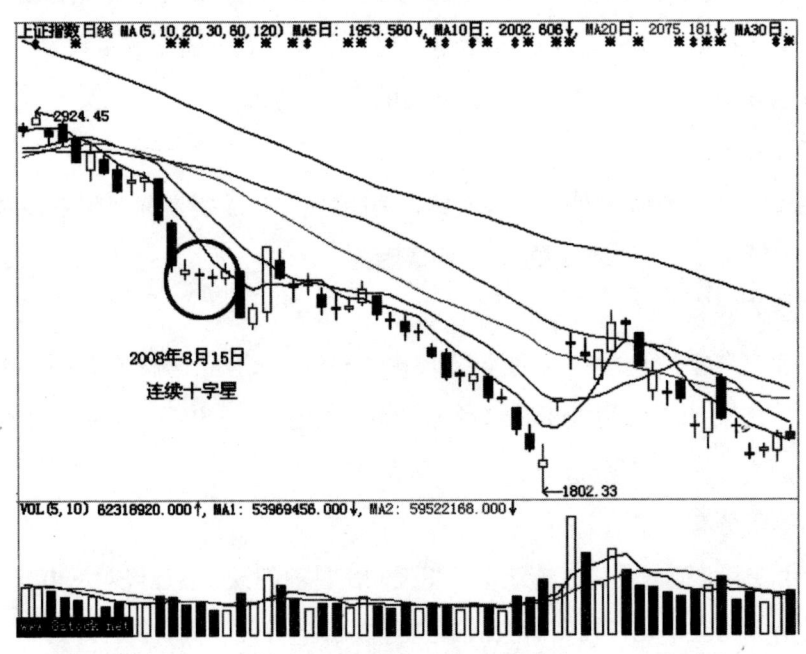

图7-6 "连续十字星"形态

跛脚阳线

一、图形识别

跛脚阳线（图7-7）K线组合形态从图形上看，形成一个"跛脚"形状，故此命名。该形态为顶部滞涨信号，后市看淡。其技术特征主要有以下几点。

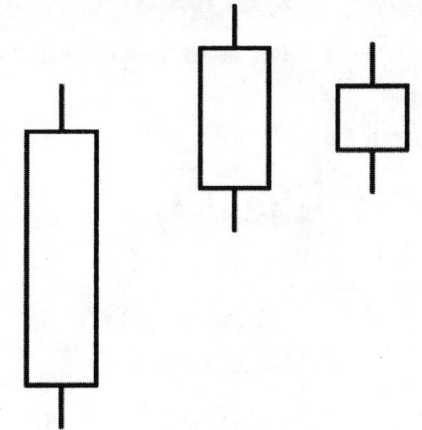

图7-7 跛脚阳线

（1）出现在涨势中。

（2）由3根或3根以上的阳线组成。

（3）最后2根阳线都是低开，且最后1根阳线收盘价比前面阳线收盘价要低。

二、实战操作要点

实战中，该形态显示股价出现了高位滞涨，形态看淡，但转势信号并不强烈。在涨势中出现阳线跛脚形，说明上档抛压沉重，是一种卖出信号，如果它出现在股价有一段较大涨幅之后，这种卖出信号就较为可靠。因此，投资者见此图形后应考虑适时做空，避免股价下跌带来的风险。

三、原理解析

跛脚阳线K线组合形成之前，股价已经有较大的涨幅，处于相对高位。第一天拉出1根阳线，多头继续强势上攻。第二天低开，显示空方力量已在开始反击，虽最后收阳，但因为低开，该阳线的虚假成分较多。第三天继续低开，且收盘价比第二天更低，这已经是1根貌涨实跌的假阳线，显示上方的抛压十分沉重，多方力量日趋强大，股价出现了高位滞涨，后市一旦风吹草动，股价有可能一路向下。

四、案例分析

如图7-8所示，京能热点（600578）在2008年6月24日以长阳涨停，次日低开高走，再收1根阳线，但已显疲态，流出长长的上阴，26日股价继续低开，勉强收出1根阳线，但股价实际下跌了0.46%，为1根假阳线。形成了跛脚阳线的技术形态。随后该股短线下跌后虽顽抗了一段时间，但依然无法改变中线的下跌走势。

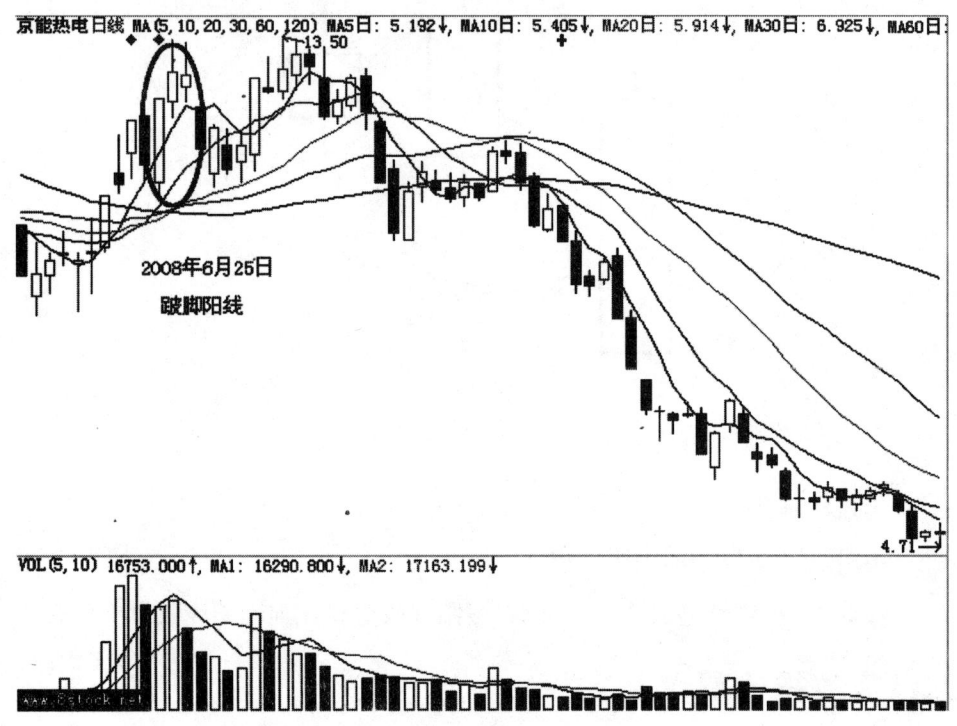

图7-8 "跛脚阳线"形态

下降覆盖线

一、图形识别

下降覆盖线（如图7-9）K线组合形态由4根重心不断下移的K线组成，为见顶滞涨信号，后市看跌。其技术特征主要有以下几点。

（1）在高价区出现，由4根K线组成。

（2）前两根K线为顶部穿头破脚。

（3）第三根K线为中阳线或小阳线，注意阳线开盘价低开、平开、高开均可，阳线实体比第二根阴线实体短。

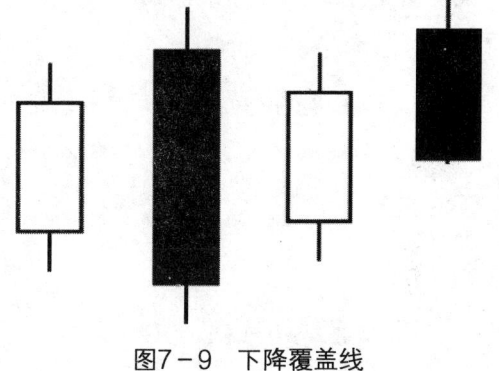

图7-9 下降覆盖线

（4）第四根K线为中阴线或小阴线且阴线实体已深入第三根阳线实体之中。

二、实战操作要点

下降覆盖线K线组合为一种顶部滞涨形态，但严格意义上也可以划归为见顶K线形态，这是因为该形态对后市的杀伤力往往非常大，见顶信号要强于穿头破脚。该形态的K线组合依次为阳阴阳阴，第一根阳线产生一个高点，第二根阴线将第一根阳线的追涨盘全部套牢，第三根阳线是对第二根阴线的反抽，力度不大，第四根阴线彻底将反抽阳线的抢入盘全部套牢。一般第三根阳线是逃命机会。

下降覆盖线出现在技术上是一种见顶信号。股价日后下挫的可能性很大。因此，投资者见此图形应及时停损离场。

下跌覆盖线4根K线为二阳二阴相间排列，且阴线总强度大于阳线总强度。该形态最后1根低收的阴线深入前1根阳线内，深入部分越长，后市转势力度越大。

三、原理解析

下降覆盖线K线组合前两根K线为顶部穿头破脚，股价在高位出现穿头破脚形态，已经显示出转势信号，预示着股价下跌的可能性加大。第三根为中阳线，而第四根为中阴线，且深入第三根阳线的实体内，把阳线实体吃掉了，说明空方能量极强，后市将继续遭遇空方的抛压。

四、深度研究

覆盖线K线组合形态是指股价连续多天上涨之后，第二天以高价开出，随后买盘不想追高，使涨势变为跌势，收盘价跌至前一天的阳线内，有被覆盖之势，所以叫覆盖线。这是超买之后形成的卖压涌现，获利了结的筹码大量释出的缘故，股价的趋势是下跌，因而是卖出的信号。

上文讲到下降覆盖线，就是典型的覆盖线形态中的一种，即股价在高位时，出现1根包容大阴线，且此后第二天又收成一下降阳线，接着又出现覆盖线，表明股价短线已无上升空间，应立即卖出。与此相对的是典型的超越覆盖线，该形态是短线买进信号。

五、案例分析

如图7-10所示，万东医疗（600055）在2008年6月2日出现下降覆盖线后，股价出现了快速下跌。

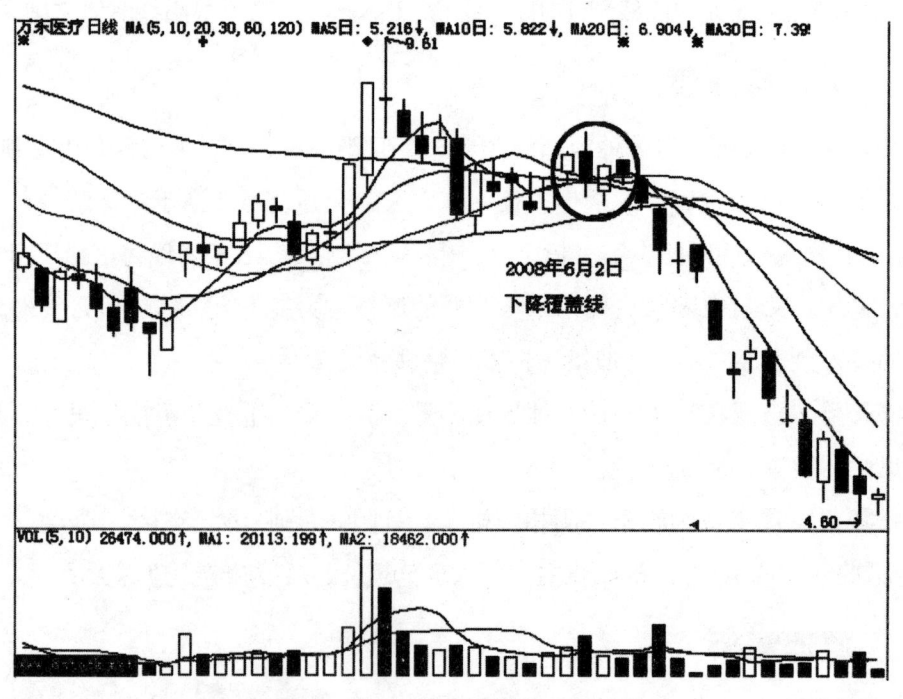

图7-10　"下降覆盖线"形态

上升分离线

一、图形识别

上升分离线（如图7-11）K线组合形态是由两根走势相反的邻近K线组成。其技术特征主要有以下几点。

（1）可出现在股价的任何位置。

（2）由两根邻近的K线组成，这两根K线开盘价相等。

（3）两根邻近的K线的走势相反，一阴一阳，其中前一天是阴线，后一天是阳线，股价朝不同方向发展，如同一种分道扬镳的走势。

图7-11 上升分离线

二、实战操作要点

上升分离线K线组合出现在不同的行情中具有不同的市场意义。因此，不能确定其为反转型K线组合或者是整理型K线组合，而要根据具体情况进行研判分析。

其主要应用法则有以下几点。

（1）如果上升分离线出现在下降趋势中，说明这是变盘的一种征兆，股价在进行最后彻底的整理。

（2）如果上升分离线形态出现前有一段明显的上升趋势，无论这段上升趋势是长或短，在此之后出现该形态说明市场的当前上升趋势仍将继续，第一个阴线说明了涨势目前处于持续整理状态。第二根K线是阳线，开市价就是昨日的开市价，表明强势未改。

（3）上升分离线形态如果出现在前期形态支撑位附近，则其企稳或反转的可能性更加明显。

（4）如果上升分离线形态的第二根阳线实体越长，则说明股价越有可能出现强势上涨行情。

三、原理解析

上升分离线出现在不同的位置，有着不同的市场意义，其形成原理也不一致。

同价开盘的K线在上升趋势中出现，预示着趋势还将延续，第一天阴线的调整属于合理回档，次日以前一天的开盘价开盘，多方的强势未改，将迅速收复失地。

四、案例分析

如图7-12所示，江淮汽车（600418）在2009年3月的上涨途中出现上升分离线组合形态，上升趋势继续延续。

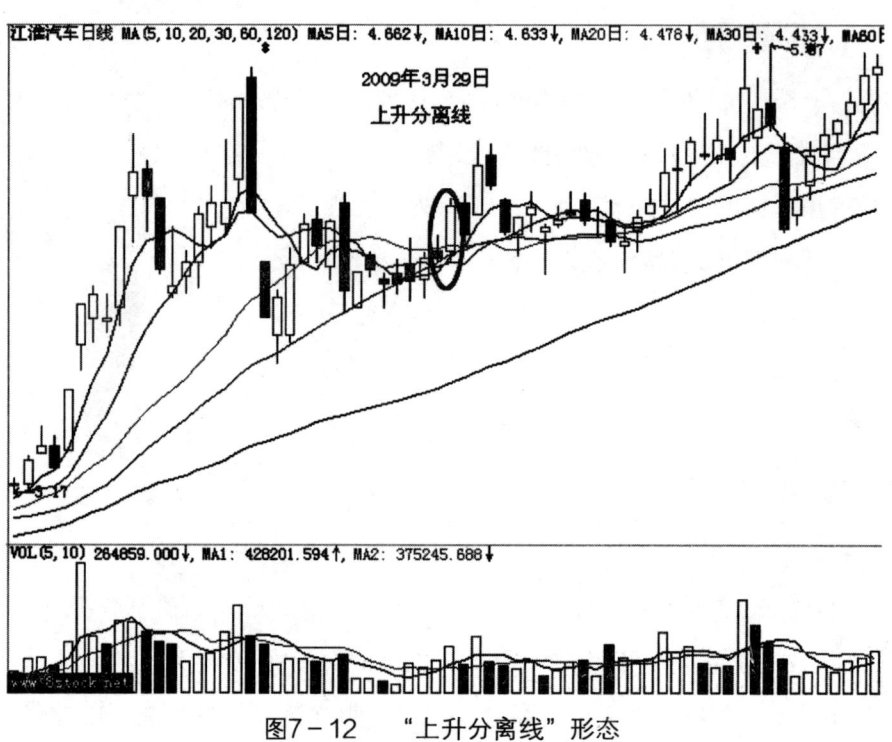

图7-12　"上升分离线"形态

下降分离线

一、图形识别

下降分离线（如图7-13）K线组合形态是一种与上升分离线相反的K线形态。其技术特征主要有以下几点。

（1）可出现在股价的任何位置。

（2）由两根邻近的K线组成，这两根K线开盘价相等。

（3）两根邻近的K线的走势相反，一阳一阴，即前一天是阳线，后一天是阴线。

下降分离线与上升分离线非常相似，两根邻近的K线的开盘价都是相等的。不同之处在于，这两根邻近的K线的走势却是一阳一阴，其中前一天是阳线，后一天是阴线，虽然仅仅是前后顺序的颠倒，但是实际研判意义是完全不同的。

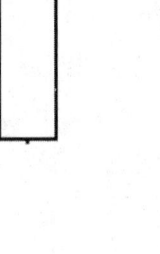

图7-13 下降分离线

二、实战操作要点

与上升分离线一样，下降分离线K线组合出现在不同的行情中具有不同的市场意义。因此，不能确定其为反转型K线组合或者是整理型K线组合，而要根据具体情况进行研判分析。其实战应用法则主要有以下几点。

（1）如果下降分离线出现在上升趋势中，说明这是股价见顶的一个征兆，个股行情有可能在演绎最后的疯狂。

（2）如果下降分离线形态出现前有一段明显的下降趋势，无论这段下降趋势是长还是短，在此之后出现该形态说明市场的当前下降趋势仍将继续。第一根阳线说明了跌市目前处于反弹状态。第二根K线是阴线的，但开市价就是昨日的开市价，表明市场弱势未改。

（3）下降分离线形态如果出现在前期的形态阻力位附近，则其见顶回落的可能性更加明显。

（4）如果下降分离线形态的第二根阴线实体越长，则说明股价越有可能出现破位下跌行情。

三、原理解析

下降分离线出现在不同的位置，其形成原理也不相同。在上升趋势中出现，第一根阳线说明升势延续，多方仍占主动，但次日再收1根与前天的同价阴线，显示经过隔夜的酝酿，空方力量开始进行猛烈的反扑，开市即大幅低开，直接攻陷多方前一天的阵地，接下来的全天走势，继续低开低走，显示多方已经无力回天，弱势尽显。

四、案例分析

如图7-14所示，天津普林（002134）在2008年7月的短暂反弹之后，7月9日与10日的两根K线组成了下降分离线，新一轮跌势开始。

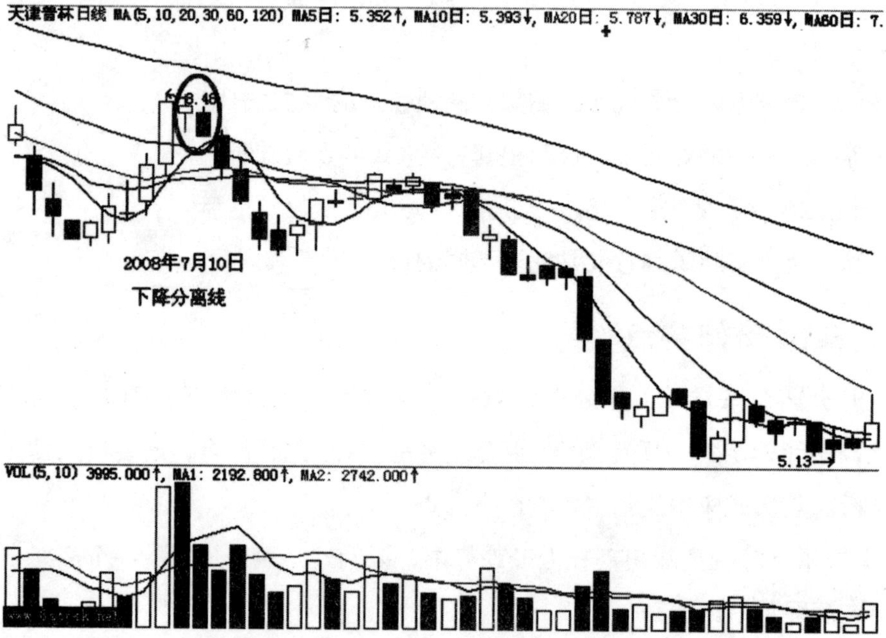

图7-14 "下降分离线"形态

连续假三阳

一、图形识别

连续假三阳（如图7-15）K线组合形态是指股价连续出现3根貌涨实跌的假阳线，是庄家出货的特征之一。其技术特征主要有以下几点。

（1）一般出现在股价有了较大升幅之后。

（2）股价连拉3根阳线，但走势同连拉3根阴线一般，股价一天比一天低。

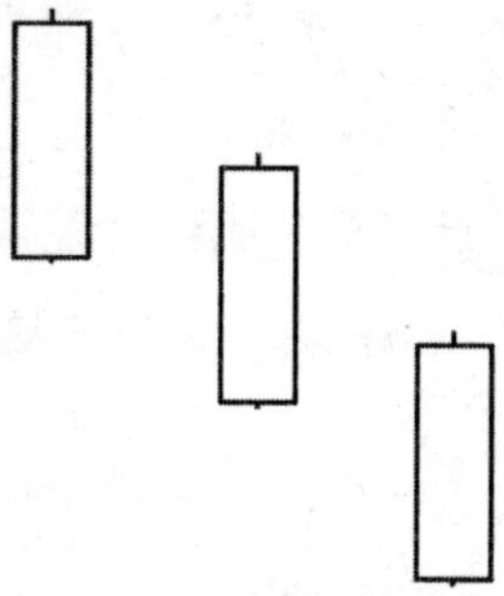

连续假三阳K线组合与通常的连拉3根阳线的走势完全不同，股价实际是跌的。一般而言，倒三阳常出现在庄家股上，这是庄家为了出逃而放出的一颗烟幕弹。

图7-15 连续假三阳

二、实战操作要点

连续假三阳是庄家的出货手法之一，3根红彤彤的阳线图形上很漂亮，也很诱人，主要意图是使不明真相的投资者误以为该类股票已经见底，下方有强支撑，于是纷纷入场抢便宜货。殊不知，这是庄家的骗线手法之一，是庄家精心设置的圈套。

以假阳出货的手法多出现在前期股价已有较大升幅的股票，此类股票由于庄家获利丰厚，常常采取此类出货手法。以杀跌方式出局，一样有获利空间，但为了掩人耳目，故意以大幅低开，甚至以跌停开盘，构造阳线。

投资者在实战操作中需要注意以下几点。

（1）假阳出货的股票，一般到了技术支撑位以盘整为多，其反弹力度小。但成交量有时会很多，这是对冲盘制造的成交量，是庄家对敲做出来吸引跟风盘，千万不要认为成交量较大是逢低有承接盘。

（2）实战操作中，在高位遇到假阳线，即开市大幅低开，收盘最终在日K线图表上收出阳线的个股，此类股票都需要提防，谨防跳水，成了为庄家站岗的哨兵。

（3）倒三阳的出现，意味着股价已步入了跌势，投资者不要受阳线迷惑，趁早卖出股票离场。

三、原理解析

连续假三阳K线组合的三阳线均为低开收阳，并且其收盘价均低于前一天的收盘价，也就是说，虽然收的是阳线，但股价却在下跌。这是庄家的一种高明的"骗线"手法。试想，如果某只股票跳空低开，然后再低走的话，会收出十分明显的跳空阴线，一般投资者都很容易看得出这是出货信号，不会上当。因此庄家在坐庄过程中，为了达到顺利出货的目的，就采取骗线的方式，以大幅跳空低开，然后再稍微拉高一点，虽然股价是下跌的，但最后却收出了阳线，图形上做得很漂亮，以此种掩人耳目的方法来引诱散户接盘。

四、案例分析

如图7-16所示，天润发展（002113）在2007年12月初到2008年1月初，短短1个月时间上涨40%，涨幅巨大，受大盘的拖累，该股高位下挫。之后在2月初出现一轮反弹，反弹途中出现了连续假三阳，收出成交巨量，图形上虽然很漂亮，庄家却是在暗中逃跑，短短几天时间，将前期的筹码尽数派发。该股由此也跌势绵绵。

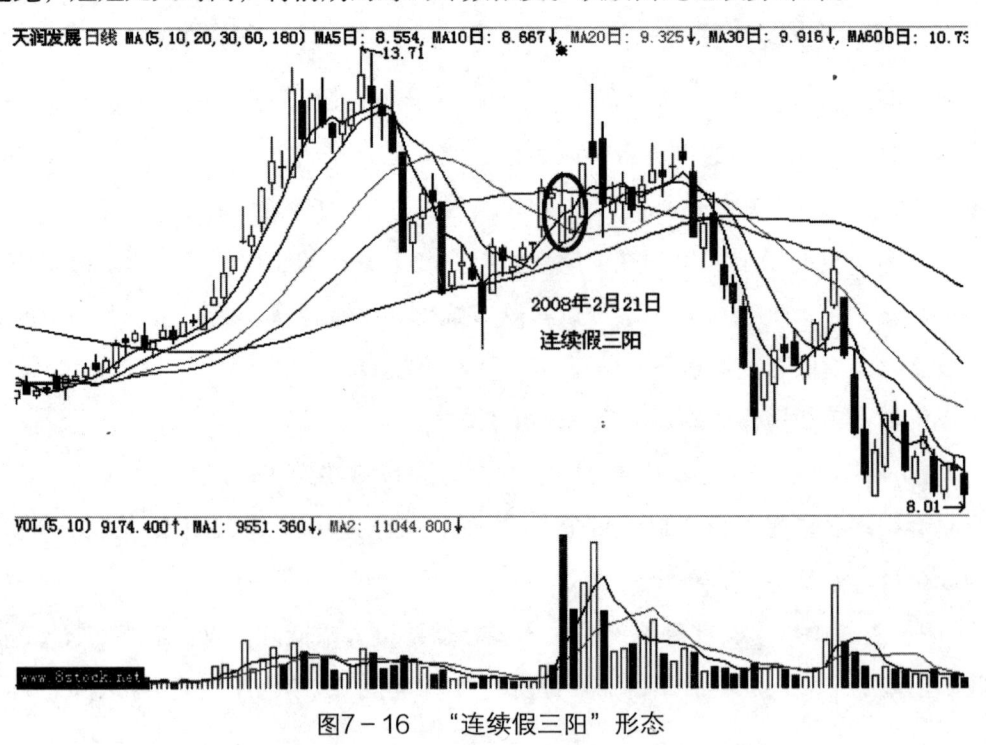

图7-16 "连续假三阳"形态

连续并列线

一、图形识别

连续并列线（如图7-17）K线组合形态是指连续出现多次并列K线的形态。其技术特征主要有以下几点。

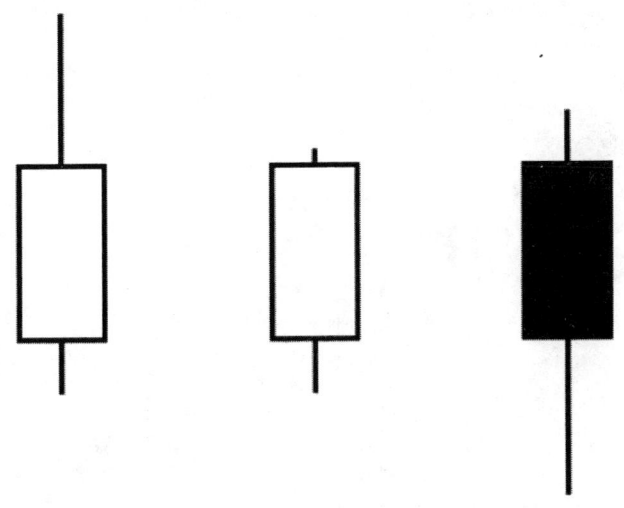

图7-17　连续并列线

（1）3根或3根以上K线组成，这些K线的实体全部相等，而且并排在同一位置。

（2）这些K线的所有开盘价或收盘价的最大值是相等的，而且，所有开盘价或收盘价的最小值也相等。

二、实战操作要点

实战中，该形态出现的概率较低，基本不具备实战意义。从技术上来说，连续并列线是一种典型的上升中继形态，或是下降中继形态。显示股价处于暂时整理的形态，股价原有的运行趋势依然会延续下去，不会对趋势形成扭转。

三、原理解析

连续并列线K线组合组成K线的所有开盘价或收盘价的最大值是相等的，其所有开盘价或收盘价的最小值也是相等，显示多空双方达到一种暂时的平衡状态，难以对股价的趋势形成影响，使股价处于短暂的整理形态中。

四、案例分析

如图7-18所示，宜华木业（600978）在2008年的下跌途中，于10月20日、21日至22日连续三天的K线开盘价或收盘价的最大值是相等的，其所有开盘价或收盘价的最小值也是相等，形成连续并列线K线组合，股价处在一个暂时的整理形态，但并未改变股价的下跌趋势，随后延续了下跌。直到2008年11月4日创出阶段性低点后才开始反弹。

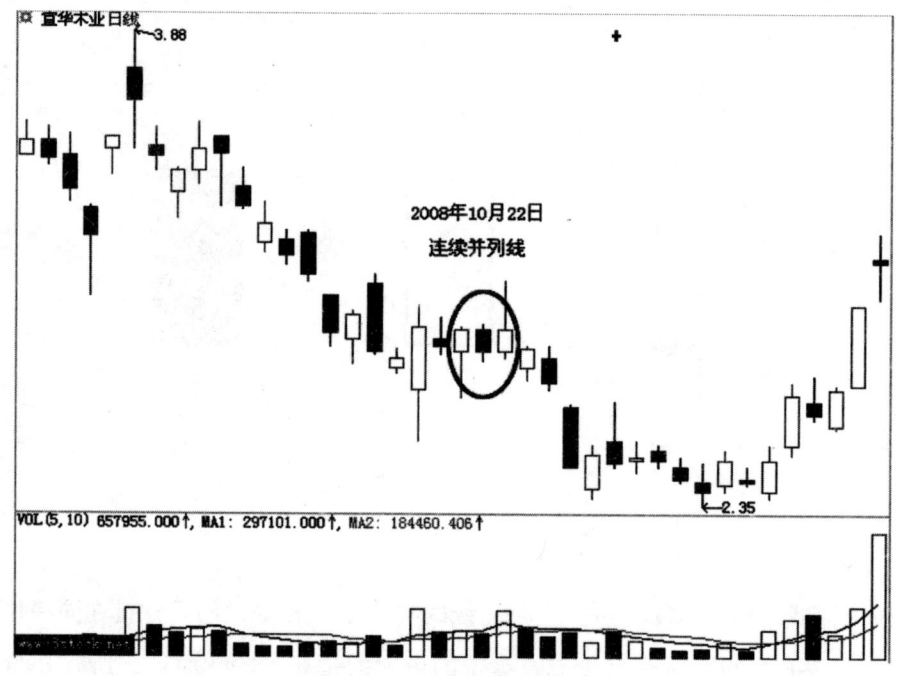

图7-18 "连续并列线"形态

对称三角形

一、图形识别

对称三角形（如图7-19）K线组合形态又称为正三角形或敏感三角形，主要由一系列的价格波动组成，股价在某水平位置附近出现了徘徊争执的局面。其技术特征主要有以下几点。

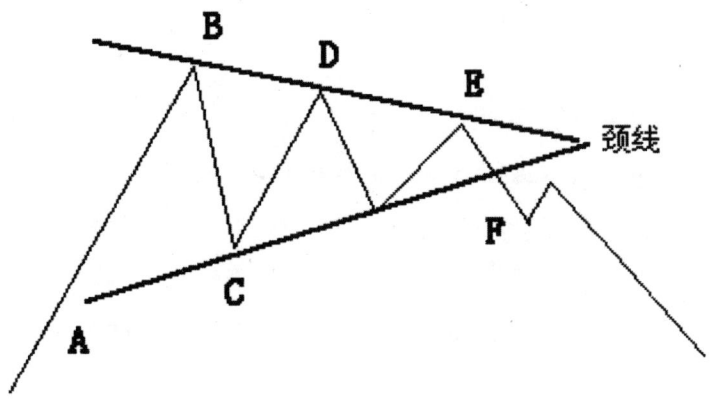

图7-19　对称三角形

股价在经过一段猛烈地上涨或下跌之后进入横盘整理，价格变动幅度逐渐缩小，每次变动的最高价，低于前次的水准，而最低价则比前次水准为高，形成一个由左向右的收敛三角形。如从横的方向看股价变动区域，其上限为向下斜线，下限为向上倾线，把短期高点和低点，分别以直线连接起来，就可以形成一个对称的三角形。对称三角形成交量，因越来越小幅度的股价变动而递减，然后当股价突然跳出三角形时，成交量随之变大。

对称三角形一般情况下属于整理形态，即价格会继续原来的趋势移动，但少数情况下也会演变为转向形态。

如图7-19中，从A点开始，价格进入对称三角形区域整理。趋势线亦在随后两个月出现（A点至C点和B点至D点）。在E点，价位开始穿破阻力线，尝试转势，但不成功，却成为一个假突破。这是一个很好的例子，可提醒投资者必须等待收市后的信号，并留意破位是否准确或是否是一个好的入市价位。在E点，价格在趋势线下开市，确认先前的信号是假的。随后，价格穿破三角形的下点及大量卖盘，这确认了对称三角形的下跌趋势将持续。

对称三角形中有两条聚拢的直线，即上文提到的阻力线，被称为颈线。上面的颈线向下倾斜，起压力作用；下面的颈线向上倾斜，起支撑作用。要求股价在两条直线内应有至少四个以上的转折点，即两个短期高点和短期低点，股价向上遇到颈线掉头向下，遇到下面的颈线掉头向上。

二、实战操作要点

对称三角形技术形态在实战中应用非常广泛，也是投资者必须掌握的一个技术形态。实战中，我们需要注意以下要点。

1. 成交量。

对称三角形成交量有非常明显的规律性。因越来越小幅度的价格变动幅度而递减，反映出多空力量对后市犹疑不决的观望态度，方向不定，多空双方疑惑重重，不敢全力出击，许多投资者退出观望，因此成交量往往随着股价的波动，而逐步减少，成交量从左向右下方逐步递减，当对称三角形发展至形态的尾端时，其价格波动幅度常显得非常平静，成交量极度萎缩，一旦成交量大幅增加，就能改变对称三角形的走势，形成突破。

当价格突然跳出三角形时，成交量随之变大。一般向上突破必须有成交量的配合，即带量突破、快速上升，突破后的回抽确认是买入时机；向下突破则不需要成交量的配合，但突破之后要有补量的过程，这是后知后觉者在大势已去时被动斩仓所致。有一点必须注意，假如对称三角形向下跌破时有极大的成交量，可能是一个错误的跌破讯号，股价在跌破后并不会出现快速回落；倘若股价在三角形的顶端跌破，且有高成交的伴随，情形尤为准确，股价仅下跌一二个交易日后便迅速回升。

2. 突破与假突破。

对称三角形是一种未明朗的形态，发展到一定阶段，将可以产生向上突破或向下突破。

向上突破：通常发生在股价产生了一段升幅，由于涨幅已大，短线获利盘开始获利了结，形成了对股价的打压，但看多者逢低继续买入，便形成了相互拉锯的三角形整理状态，股价运行一段时期后，将在一个较窄的区域内暂时达到平衡，多空双方势均力敌，这时如果出现一种力量（通常是一种外力），加入多方之中，均衡即被打破，产生向上突破，并指示了向上攻击的方向，一波升势又将展开；反之，向下突破，通常是在股价产生了较大跌幅的时候，因跌幅较大，投资者惜售，短线买家入手股价形成三角形整理形态，多空力量暂时平衡，但这只是下跌途中的中转站，一旦新的利空因素产生，稍有卖压，平衡就会被打破，产生向下突破，此时，另一轮跌势又将开始。

假突破：与其他形态一样，对称三角形也存在假突破的问题。虽对称三角形大部分是属于整理形态，不过亦有可能在升市的顶部或跌市的底部中出现。根据统计，对称三角形中大约3/4属整理形态，而余下的1/4则属转势形态。

一般情况下，对称三角形股价会继续原来的趋势移动。只有在股价朝其中一方明显突破后，才可以采取相应的买卖行动。如向上放量冲破阻力，是一个短期买入信号；反之，缩量往下跌破支撑，是一个短期卖出信号。

判断对称三角形是否有效突破，要注意以下三点。

（1）价位产生明显的改变，有明确的突破方向。

（2）向上突破时，必须有较大成交量的支持，成交量增加幅度越大，突破的可信性就越高，向下突破时，可以有较大成交量增量，也可以没有成交量增量，没有成交量增量突破可以成立，如有大成交量的配合，向下突破就更为有力。

（3）突破后3日内，股价没有重新走回对称三角形之内，这样可以确认股价已走出对称三角形，形成了向上或是向下的突破。

对称三角形形态内的第一个高点和低点延伸至三角形顶端的这条直线叫颈线力矩，一个对称三角形其突破信号通常产生于颈线力矩的1/2或3/4处，在这种距离产生的突破，一般较有力度，理论上如果股价超过3/4长度位置后，仍未产生有效突破，股价会缓慢运行至对称三角形顶端，多空力量相互抵消，股价继续横向运动，但在实践中，也经常出现股价直至运行到三角形顶端时，才产生向上或向下的突破。

在对称三角形形态内的投资策略：大部分投资者应遵循等待、观望、休息的策略，直至产生突破方向时，才进入市场。

3. 反抽。

对称三角形产生突破后，经常会有一种反抽现象，上升的回抽止于高点相连而成的颈线，下跌的回抽则受阻于低点相连的颈线，倘若股价的回抽大于上述的位置，则说明形态突破的可能有误。向上突破产生反抽是一个较好的逢低买入点，而向下突破，投资者应坚决离场，不要死等反抽点的出现，因为一旦下跌趋势产生，经常这种反抽根本不会出现。

4. 量度升（跌）幅。

对称三角形突破后，向上和向下的空间是可以度量的。对称三角形突破后量度升跌幅一般有两种方法：

一是测出三角形最宽部分的高度，然后从突破点算起，量出相等的距离，即最小的升跌幅；

二是从三角形转折点中找到那个最高的波峰或最低的波谷，画一条平行于三角形下或上颈线，突破点到这条平行线的垂直高度就是最小价格目标。两者的量度幅度是不相等的，前者是固定数字，后者是不断变动的数字，一般使用前者较多。

5. 骗线。

骗线在上面的章节我们已经重点做了阐述，在对称三角形中，同样存在骗线。当投资者都掌握了投资技巧后，主力有时会逆向操作，先来假突破，在你卖出或买进股票时，股价却又向相反的方向快速发展。有经验的投资者一般是在突破时买进或卖出，这样做虽然减少一部分利润，但成功率却大大提高了。

主力骗线主要有两种可能：向下跌破颈线时成交量放大，可能为假突破；对称三角形形态内的成交量呈现忽大忽小的不规则状时，其如向上突破往往也为假突破。

三、原理解析

对称三角形是因为买卖双方的力量在该段价格区域内势均力敌，暂时达到平衡状态所形成。股价从第一个短期性高点回落，很快便被买方所消化，推动价格回升；但购买的力量对后市没有太大的信心，抑或是对前景感到有点犹疑，因此股价未能回升至上次高点即掉头，再一次开始下跌。

在下跌的过程中，那些卖出的投资者不愿意太低价卖出或对前景仍存有希望，所以回落的压力不强，股价未跌到上次的低点便已告回升，买卖双方的观望性争持使股价的上下小波动日渐缩窄，形成了此形态。

这时如有一种力量加入多方或者空方，天平将马上会产生倾斜，经常是一种外力引发三角形向上或向下突破，突破方向产生后，宣告对称三角形态结束。

成交量在对称三角形成的过程中不断减少,正反映出多空力量对后市犹疑不决的观望态度,使得市场暂时沉寂。

四、深度研究

在前面的章节,我们在探讨上升三角形形态时,为了便于理解,已经对对称三角形作了简单的介绍。在本节中,我们一起来研讨一些其他的三角形形态。三角形是股市图表中比较常见的一种形态,在实际走势中常出现于各个时间段,虽然有时也作为反转形态出现,但大多数时候属于中继整理形态,所谓整理是指股价经过一段时间的快速变动后,即不再前进或后退,而在一定区域内上下窄幅变动,等时机成熟后再继续决定以后的走势。这种显示以往走势的形态称为整理形态。

三角形整理形态大体可分为两类:收敛三角形和发散三角形。收敛三角形中常见的三种形态是:上升三角形、对称三角形和下降三角形。本节我们一起探讨下降三角形形态。

下降三角形通常在回档低点的连线趋近于水平而回升高点的连线则往下倾斜,代表市场卖方的力量逐渐增加,使高点随时间而演变,股价越盘越低,而下档支撑的买盘逐渐转弱,退居观望的卖压逐渐增加,在买盘力量转弱而卖压逐渐增强的情况下,整理至末端,配合量能温和放大,而价格往下跌破的机会较大。

下降三角形的形状与上升三角形的形状恰好相反,价格在某特定的水平出现稳定的购买力,因此每次回落至该水平便告回升,形成一条水平的需求线。

可是市场的沽售力量却不断加强,价格每一次波动的高点都较前次为低,于是形成一条下倾斜的供给线。

下降三角形同样是多空双方较量的表现,然而多空力量却与上升三角表所显示的情形相反。

五、案例分析

如下页图7-20所示,桐君阁(000591)在2009年2月至4月期间,走出了对称三角形形态,延续了整理的走势。

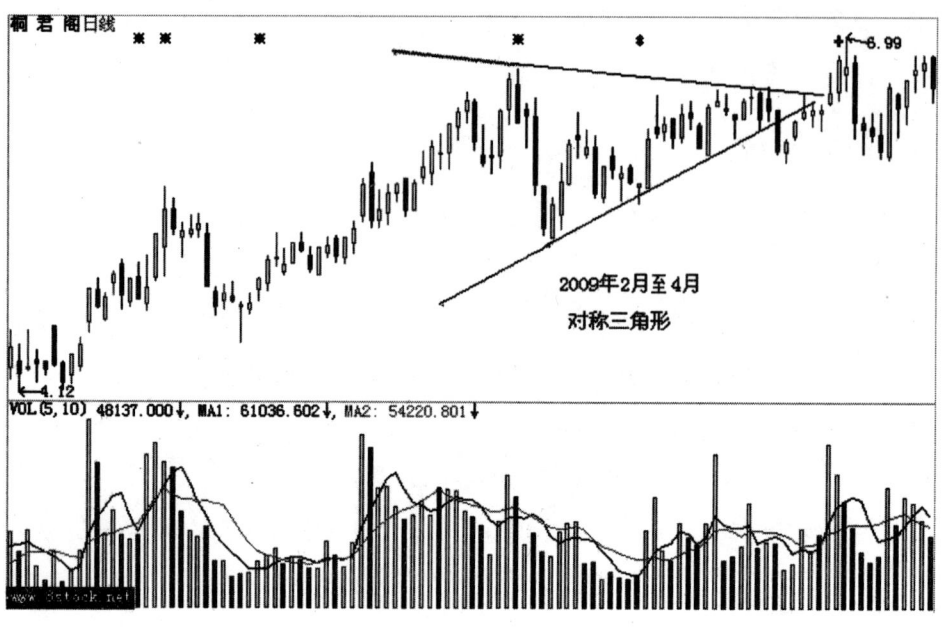

图7-20 "对称三角形"形态

第8章

底升顶落型K线组合

底升顶落型K线组合是一类反转型K线组合，出现在跌势中，股价有可能出现止跌回升。而在涨势中，则多为见顶回落的信号。实战中，应依据出现的位置，决定操作策略。

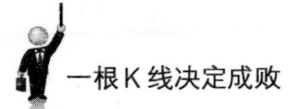

黑 三 兵

一、图形识别

图8-1 黑三兵

黑三兵（如图8-1）K线组合形态也叫绿三兵，由3根小阴线组成，图形上如同三个穿着黑色服装的卫兵在列队，故名黑三兵。其技术形态主要有以下几点。

（1）可在涨势中出现，也可在跌势中出现。

（2）由3根小阴K线排列组合而成。

（3）3根小阴K线的开盘价、最高价、最低价、收盘价依次是1根K线比1根K线低。

黑三兵全一色的绿油油、灰暗暗，给投资者的视觉产生强烈的危险震撼。

二、实战操作要点

黑三兵出现在不同的趋势方向及在趋势的不同位置都具有不同的技术含义。在行情上升时，尤其是在股价有了较大升幅之后出现，预示着行情快要转为跌势，如果在下跌行情中，股价已经有了一段较大跌幅或连续急跌后出现，按时探底行情短期内即将结束，并有可能转为一轮升势。因此，投资者见到黑三兵后，可根据黑三兵出现时的位置，决定操作策略，也就是说在上涨行情中出现黑三兵，要考虑做空，在下跌行情中出现黑三兵，要考虑做多。

三、原理解析

黑三兵K线组合3根K线都是小阴K线，显示了市场上的多头力量与空头力量经过搏杀较量后，空方力量每一次都取得小胜，连续3根小阴K线也从侧积聚，而多方力量正在节节败退，当外在的做空条件成熟时，股价在空头力量的爆发过程中将会继续下跌。而当该形态处在一段下跌行情之后，由于连续做空，空方力量得到了极大的宣泄，极有可能由此进入反弹行情。

四、深度研究

黑三兵的几类特殊形态主要有以下两种。

1. 最低价收盘型组合。

该黑三兵K线组合中后1根小阴K线相比前1根小阴K线都是以最低价收盘。此类型的黑三兵K线组合是空头强势型组合。

2. 带影线型。

每1根小阴K线上都带有很短的上影线或下影线,影线的出现反映了空方力量虽然战胜了多方力量,但在搏杀较量的过程中多头力量还是出现了抵抗。所以此类型的黑三兵K线组合是空头弱势型组合。

五、案例分析

如图8-2所示,同仁堂(600085)在2008年4月经过一轮短线反弹后,5月14日至5月16日,连续三天收出小阴,开盘价、最高价、最低价、收盘价依次降低,形成黑三兵K线组合。股价随机步入新的一轮下跌中。

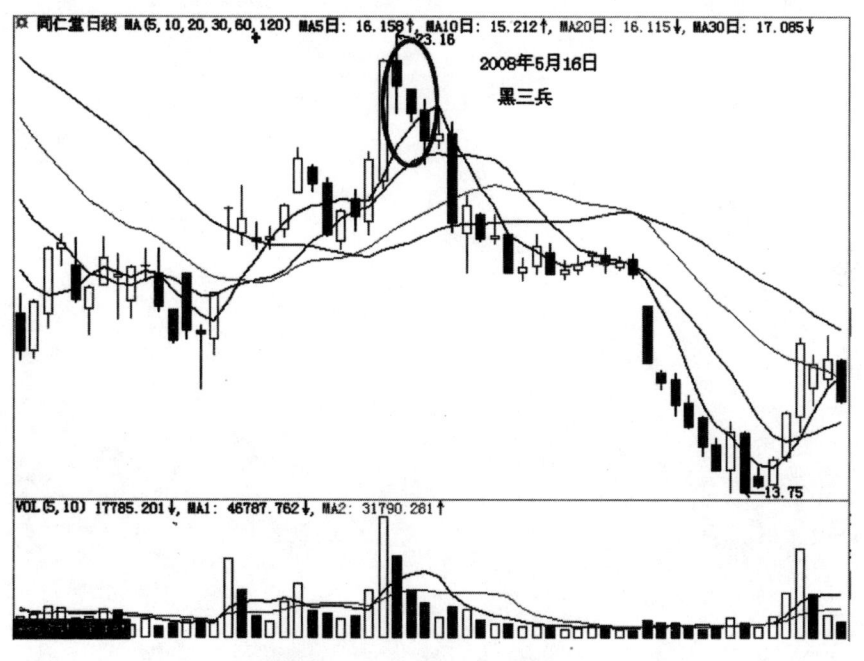

图8-2 "黑三兵"形态一

再如下页图8-3,中信银行(601998)在2008年12月25日出现黑三兵后,股价见底回升,由此在2009年展开了大幅上涨行情。

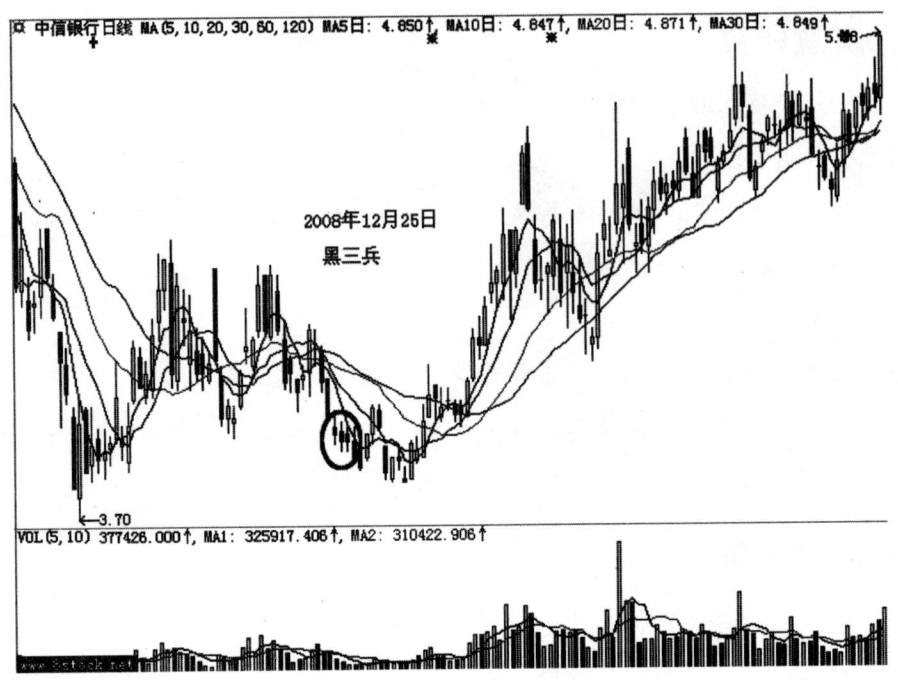

图8-3 "黑三兵"形态二

穿头破脚

一、图形识别

穿头破脚（如图8-4）K线组合形态意即第二根K线将第一根K线从头到脚全部穿在里面了。穿头破脚有两种形态：一种是在底部出现；另一种是在顶部出现。处于不同趋势及不同趋势阶段位置的多头穿头破脚K线组合具有不同的技术含义。

图8-4 穿头破脚

顶部穿头破脚的特征主要有以下几点。

（1）在升势中出现，由大小不等的阴、阳相反的两根K线组成。

（2）第二根K线，即阴线的长度必须足以吞吃掉第一根K线即阳线的全部（上、下影线不算）。

底部穿头破脚的特征主要有以下几点。

（1）在下跌趋势中出现，由大小不等的阴、阳相反的两根K线组成。

（2）第二根K线，即阳线的长度必须足以吃掉第一根K线即阴线的全部（上、下影线不算）。

从技术上来说，底部穿头破脚是股价回升的信号。顶部穿头破脚是股价见顶回落的信号。

二、实战操作要点

穿头破脚形态是底升顶落型K线组合，即底部穿头破脚是股价回升的信号，顶部穿头破脚是股价见顶回落的信号。一般来说，无论是底部的穿头破脚，还是顶部的穿头

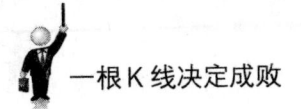

破脚，都是转势信号，即由原来的跌势转为升势，或由原来的升势转为跌势。

实战中，以下因素可导致穿头破脚形态的转势的可能性增强。

（1）第一根K线与第二根K线的长度比例愈悬殊，转向的力度越强。

（2）第二根K线的成交量越大，转向的可能性也越大。

（3）第二根K线包容前面的K线越多，转势机会就越大。

三、原理解析

底部穿头破脚K线组合中，第一根阴K线说明了当天多空双方经过较量搏杀后，空方力量取得胜利。若是收出同价线则是多空较量后的平衡。第二根K线为阳K线，并且是一根低开高走收盘价高于前1根阴K线或同价线开盘价的实体的阳K线。它的出现说明了多方力量经过修整后，多方力量已酝酿着进攻空方的计划，最终多头力量大胜而归。底部穿头破脚K线组合是多方力量远远胜于空方力量的体现。个股的后市行情力道更足。

顶部穿头破脚K线组合中，第一根阳K线说明了当天多空双方力量在较量搏杀过程中多方取得胜利。第二根K线为较大的阴K线，它是一根高开低走的阴K线，且收盘时收盘价在第一根阳K线（或同价K线）的开盘价之下。该根阴K线的跳高开盘是主力庄家的一个骗线诱多动作，而收盘价收在前1根阳K线或同价K线的开盘价之下，则是主力庄家露出狰狞面目之时。高开盘、低收盘是空头力量抛售坚决的表现，也反映了当天的空方力量将多方力量打得惨败，空方力量取得了压倒性的胜利。个股后市不容乐观。

四、案例分析

如下页图8-5所示，北辰实业（601588）经过了2008年的疯狂下跌之后，2008年11月7日探底2.35元（还权）后，收出中阳，与前一天的小阴线形成底部穿头破脚形态，同期成交量也开始放大。该形态出现后，股价打造了一个阶段性的底部，2009年上半年短短几个月股价便已经轻松翻番。

第8章 底升顶落型K线组合

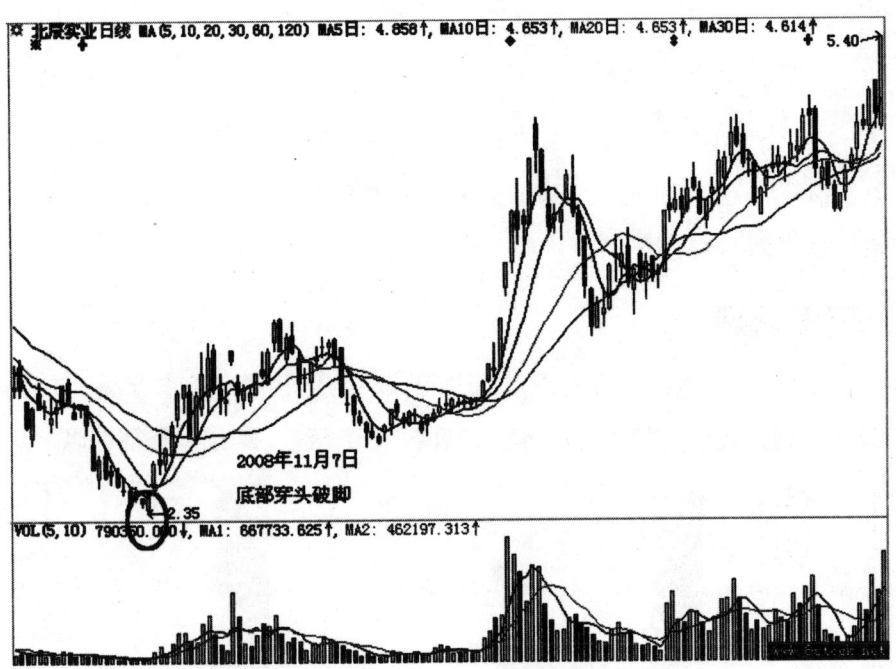

图8-5 "穿头破脚"形态

镊 子 线

一、图形识别

镊子线（如图8-6）K线组合形态从图上看，它的形状像有人拿着镊子，小心翼翼地夹着一块小东西，生怕它掉下去的样子，故名为镊子线。其技术特征有以下几点。

图8-6 镊子线

（1）既可出现在涨势中，也可出现在跌势中。

（2）由3根两大一小的K线组成。

（3）3根K线的最高价几乎处在同一水平位置上。

镊子线在上涨时出现为头部信号；在下跌时出现为底部信号。

二、实战操作要点

镊子线的形态很有意思，如果将"川"字形组合中的中间那根短K线挪到顶部或底部，并使3根K线的顶部或底部同价位，且另一端外边两根K线价位大致相同的话，就像一把镊子"∏"，故此命名。

镊子线中间那根K线，几乎是位于左右两根K线的顶部，而且其3根K线的最高价差不多处于同一个价位。镊子线出现在上涨趋势中，尤其是有了一段较大涨幅后，往往预示着股价将会见顶回落。镊子线出现在下跌趋势中，尤其是在有了一段较大跌幅后，往往预示着股价会是见底回升。实战中，投资者在涨势中看到镊子线就不能再盲目看多，而要进行减仓操作，若发现股价掉头向下，则要果断地抛空离场；投资者在跌势中看到镊子线就不能再盲目看空，待股价企稳时，可适量买进一些股票。实战中，镊子线形态反转上升的力度较小。

三、原理解析

镊子线K线组合，可以想象拿镊子镊东西总是很小心的，一般表示暂停的意思。在升势途中，当出现左阳右阴两根稍长K线中间夹1根小K线，且顶端三个价位大致相同，意味行情摸高见顶，股价行将反转；同理，底部镊子线形态出现于一轮短暂的下降趋势中，两根K线有相同的最低价，意味行情探低见底，股价行将反转上升。

四、案例分析

如图8-7所示，浙江富润（600070）在2008年11月4日的跌势中出现镊子线，由此打造了一个阶段性的底部。

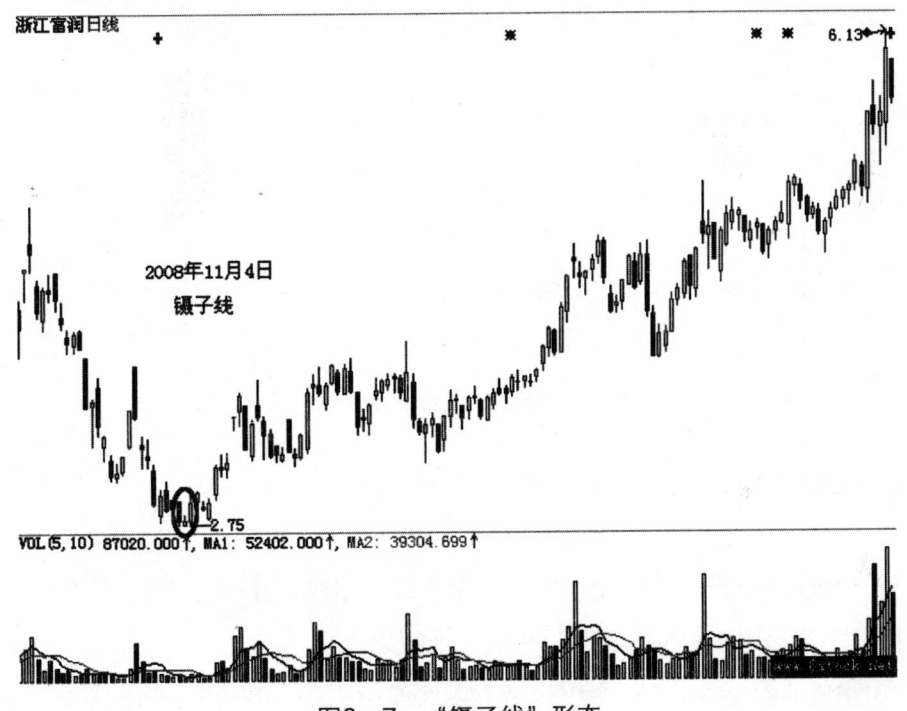

图8-7　"镊子线"形态

尽 头 线

一、图形识别

尽头线（如图8-8）K线组合形态顾名思义就是表示行情到头的意思。在现实生活中的道路上，如果路已经到尽头了，通常会有一块警示牌，显示"此路不通"，股市中也有这样的警示牌，这就是尽头线。其技术特征主要有以下几点。

图8-8　尽头线

（1）既可出现在涨势中，也可出现在跌势中。

（2）由两根一大一小K线组成。

（3）出现在涨势中，第一根K线为大阳线或中阳线，并留有1根上影线，第二根为小十字线或小阳小阴线，依附在第一根的上影线之内。

（4）出现在跌势中，第一根K线为大阴线或中阴线，并留有1根下影线，第二根K线为小十字线或小阳小阴线，依附在第一根K线的下影线之内。

尽头线K线组合如出现在涨势中，是见顶信号；如出现在跌势中，是见底信号。

二、实战操作要点

在上升趋势中，原行情进行得相当顺利，一般都认为这个趋势会继续进行下去，结果在1根长阳的上影线右方，出现了1根完全涵盖上影线范围内的短十字线或小阳线，这形成了尽头线；反之，在下跌趋势中亦然。尽头线是转势信号，它在上涨行情中出现，是预示股价要下跌，这时投资者要考虑卖出。它在下跌行情中出现，则预示股价要上涨，这时投资者要考虑买进。

实战中，标准的尽头线出现机会并不多，大多情况下股市中出现的都是不太标准的尽头线。即如果第二根K线的上下影较长，只要它的实体较短，且完全被第一根K线的影线所包容，也可以看作是尽头线。这种不太标准的尽头线所发出的股价转向信号，对投资者仍然有相当大的参考价值。对于尽头线，投资者都要密切加以关注，在涨势中出现尽头线，要进行减仓操作，并随时做好退场准备；在跌势中出现尽头线，不应再盲目看空，可在股价回升时适时做多。

底部尽头线，特别是大跌后出现更有实战意义，是一个不错的买点，特别是典型组合的买点，稳操胜券。

三、原理解析

尽头线通常是两根K线组成，前1根K线有比较长的上影线，后1根K线的实体在前1根线的上影线里。顶部尽头线如果在前面收出一中阳线，则反转信号更为强烈。此时说明市场人气高涨，但在中阳线第二天，股价在高开或特殊原因低开以后，股价开始急速下跌。这是形成尽头线的第一个信号，它代表着一部分先知先觉的资金在离场。但是做多热情依然高涨，股价在尾盘被买盘重新拉起。最后形成一条带长长下影线的小阳线或十字星线。并且成交量要比前日有所放大，呈现放量滞涨现象，这就形成了尽头线，此线代表趋势将要转变。

上涨尽头线是指股价持续上涨，但阳线实体逐步缩短，某日出现小阳线并无超出前一天高点，其含义就是多方力量有所不足，第一天的上影线表明多方力量已经有所萎靡，第二天不能冲过上影线，进一步瓦解了多方力量，能量变化，势头将转。上涨尽头线说明买盘不继，是回调整理甚至下跌的信号。持续涨升的行情一旦出现此图形，表示上涨力道即将不足，行情将回档盘整，投资人宜先行获利了结。

四、案例分析

如下页图8-9所示，双钱股份（600623）在2008年4月22日开始，出现了一波急促的反弹，在5月13日收出长上影的中阳，次日收出小阳线，且依附在前一天的上影线之内，形成尽头线形态，随后股价出现了顶部反转。

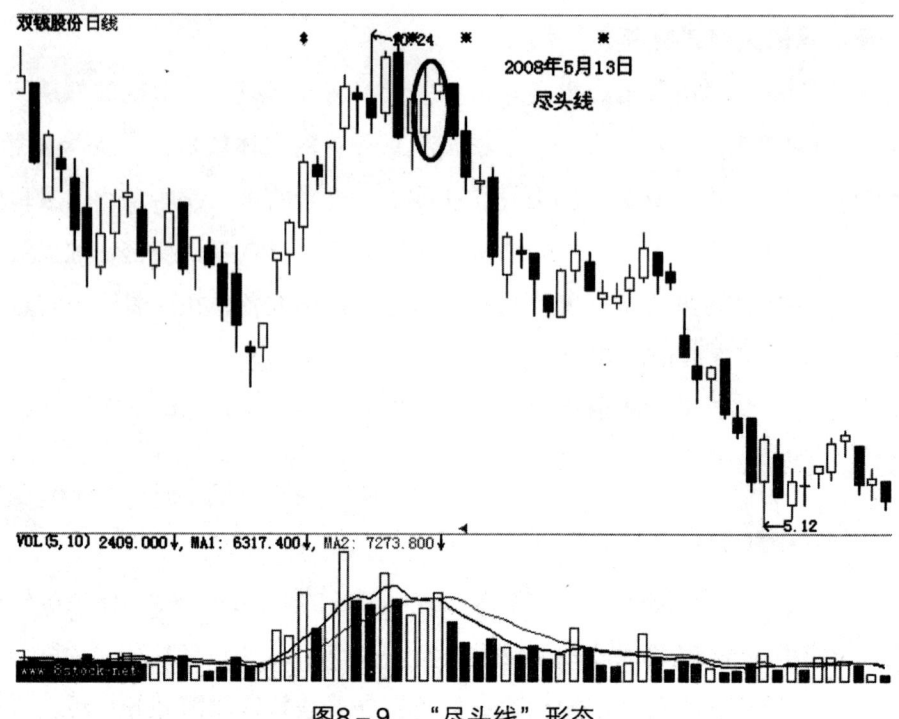

图8-9 "尽头线"形态

身怀六甲

一、图形识别

身怀六甲（如图8-10）K线组合形态又名母子线或孕线。这种形态是由两根K线组成，前1根K线的实体较长，后1根K线的实体相对来说要短一些。两者之间的排列位置比较奇特，后1根K线的最高价与最低价，均未超过前1根K线的最高价与最低价。看上去就好像一个孕妇在怀着小宝宝的模样，因此，被称为"身怀六甲"K线。其技术特征主要有以下几点。

图8-10　身怀六甲

（1）既可出现在涨势中，也可出现在跌势中。
（2）由大小不等的两根K线组成，两根K线可一阴一阳，亦可同是两阳或两阴。
（3）第一根K线实体要能完全包容第二根K线实体。
（4）第二根可以是小阴、小阳线，亦可以是十字线。

身怀六甲K线组合的出现在涨势中，是卖出信号；出现在跌势中，是买进信号。如果身怀六甲中较短K线是1根十字线，我们就称它为十字胎，在后一节中我们将具体阐述十字胎。

二、实战操作要点

身怀六甲K线理论来自海外，海外的技术派人士认为：前1根K线应该完全包含后一根K线，即不光包含实体，还应该包含上、下影线。我们把这个叫做身怀六甲中的"完全形态"。在实战中，我们分析了沪深历年的K线图形，认为身怀六甲只需包含后

1根K线的实体即可，而上、下影线稍有露头也无妨，这比较符合实际情况。

实战中，身怀六甲K线形态运用时应注意以下几方面问题。

1. 成交量。

该K线形态最理想的量能变化是前一个交易日成交量有效放大，而后一个交易日成交量又迅速萎缩，并且如果行情继续调整，则量能也随之减少，这表示后市行情出现反转的可能性较大。

2. 股价或指数。

出现该K线形态后，走势上一般会有一个短期整理的过程，使得原来大幅震荡的走势逐渐平稳，然后再寻求突破方向，投资者一般在方向确认后介入比较稳妥。

3. 市场的环境。

身怀六甲K线形态如果是出现在极度低迷的弱市中时，往往更容易形成强烈的反转行情。

三、原理解析

"身怀六甲"形态的出现，一般预示着市场上升或下跌的力量已趋衰竭，随之而来的很可能就是股价的转势。跌势中的"身怀六甲"形态，第一根K线为阴K线，它说明了当天市场上的空方力量战胜多方力量，空头力量取得最终的胜利；第二根K线为阳K线，当天走势高开高走深入到第1根阴K线的实体之内，是多方力量转强的表现，阳K线收盘价虽未能突破前一根阴K线的开盘价。但多头力量已在其中孕育聚集。

涨势中的"身怀六甲"形态，第一根K线为阳K线，它说明了当天该股中的空方力量被多方力量打败，多方力量取得大胜利。第二根K线为阴K线，并且是一根低开低走的K线。这里的低开低走反映了空方力量在当天是逐渐的壮大，虽然收盘价在前1根阳K线的开盘价之上，但跳低开盘的这一动作反映了空方力量已在孕育。而低开低走再次印证了空方力量的发展壮大。

因此，"身怀六甲"K线形态中孕育的空头力量将会很快释放出来，做多力量转入衰竭。

四、案例分析

如图8-11所示，西山煤电（000983）在2008年11月4日收出长阴，下跌7.43%，次日收出小阳线，形成身怀六甲形态，随后该股快速探底后形成了底部，在2009年反弹强烈。

第 8 章 底升顶落型K线组合

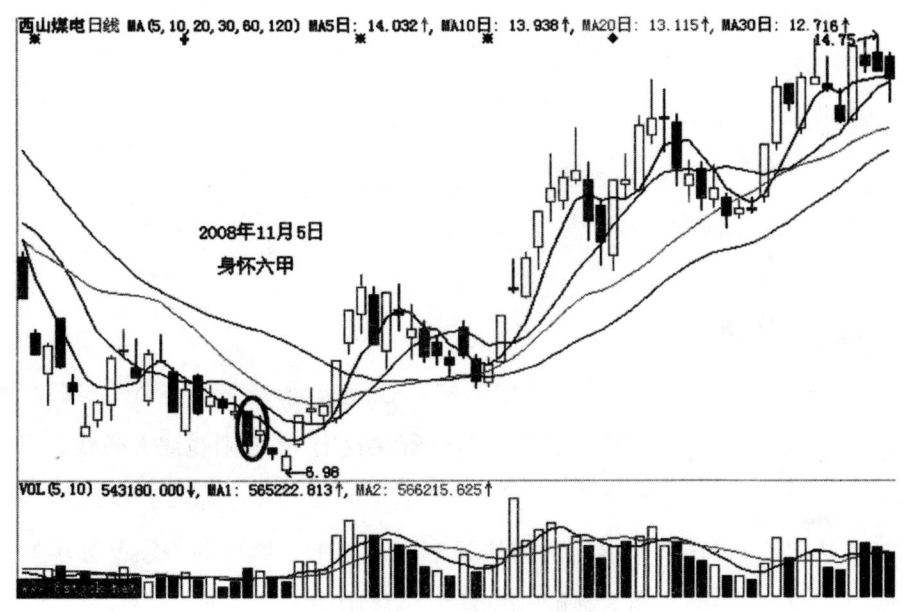

图8-11 "身怀六甲"形态

十 字 胎

一、图形识别

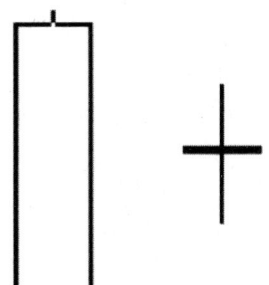

图8-12 十字胎

十字胎（如图6-3）K线组合形态是上一节"身怀六甲"中的一种特殊形态，即股价在收出1根大阳线或大阴线之后，出现了一颗"十字星"。"十字胎"与十字星有相似之处，其区别在于十字出现的位置不同，"十字胎"的十字就如孕妇肚中的婴儿隐藏在前1根K线实体之中。

其技术特征有以下几点。

（1）既可出现在涨势中，也可出现在跌势中。

（2）由大小不等的两根K线组成，第一根K线实体要能完全包容第二根K线实体。

（3）第二根是十字线。

十字胎分两种：一种出现在底部，叫底部十字胎，另一种是买进信号；出现在顶部，叫顶部十字胎，是卖出信号。

二、实战操作要点

十字胎的反转趋势比上一节中的"身怀六甲"要强烈得多，其实战意义也更为重要。底部十字胎表现为，在上涨过程中先出现中阳线或长阳线，随后突然出现跳空低开并收出阴或阳十字，为重要的见顶信号。顶部十字胎表现为，在下跌过程中出现"中或巨阴"，随后突然出现跳空高开并收出阴或阳十字，为重要的见底信号。通常来说，"十字胎"的出现具有以下的市场意义。

（1）十字胎只代表市场原来的趋势难以维持，市场因此处于暂时的停顿，但并不是说市场即刻会发生反转。

（2）十字胎也可能是市场多空力量暂时的平衡点，若市场原有的力量仍占主导，则其演变成盘整状态的可能性较大。

（3）十字胎出现在上升趋势中看跌的效力要比其出现在下跌趋势中看涨的效力要强。

（4）若成交量极度萎缩，表明市场观望气氛较浓，因而等方向明朗之后再介入为妙。

三、原理解析

十字胎K线组合的出现显示原运动趋势出现主动性整理，后市酝酿变盘。同时也表现出持股者对原有走势产生疑虑的心态，该K线形态既可在头部出现，也可在底部出现。如果股价经过持续的涨升之后，到达了一个历史高位。多方能量在上升过程中逐步释放，空方正在逐渐地积蓄力量，等待反攻时机。在高位拉升过程中，某一日突放巨量，但股价却未能大幅拉升，日K线仅收出了1根中阳线或小阳线。虽然走势上形成了一个加速上扬的态势，但意外的是，次日股价却未能上涨，日K线收出1根小星线，成交量明显萎缩。小星线的开盘价、收盘价以及最高价、最低价基本上都包容在前一日的阳线之中，这就是属于头部的"十字胎"K线组合。这是阶段性顶部信号，应及时离场，股价调整期会持续相当长一段时间。

四、案例分析

如图8-13所示，五洲交通（600368）在2008年10月30日出现底部十字胎，由此产生强烈的反弹行情，该股成为一只短线爆发的黑马。

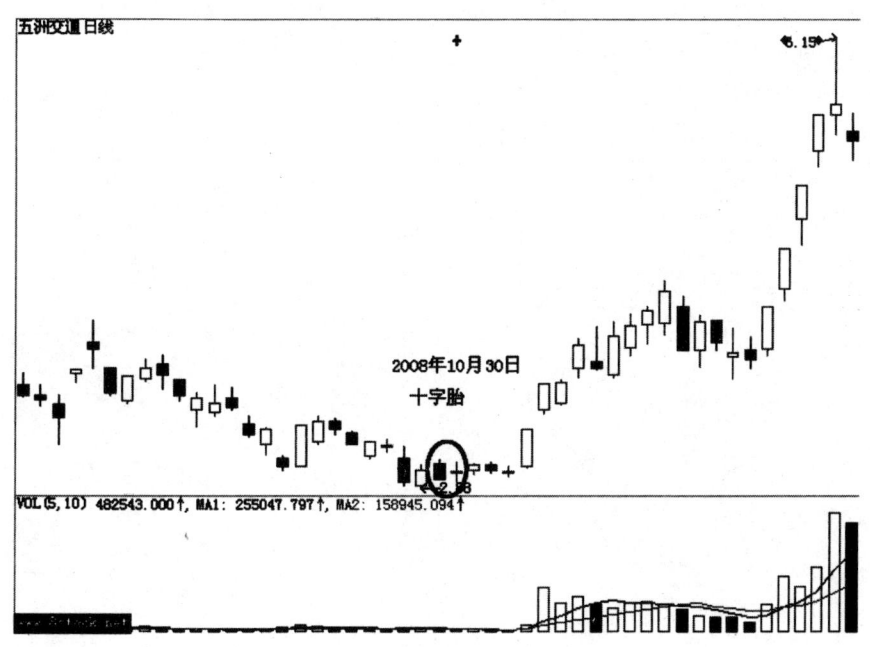

图8-13 "十字胎"形态